INTRODUÇÃO À LOGÍSTICA PORTUÁRIA
E NOÇÕES DE COMÉRCIO EXTERIOR

```
R741i    Rojas, Pablo.
            Introdução à logística portuária e noções de comércio
         exterior / Pablo Rojas. – Porto Alegre : Bookman, 2014.
            xii, 200 p. : il. color. ; 28 cm.

            ISBN 978-85-8260-193-8

            1. Logística portuária. 2. Comércio exterior. I. Título.

                                                CDU 656.615:339.5
```

Catalogação na publicação: Ana Paula M. Magnus – CRB 10/2052

PABLO ROJAS

Introdução à LOGÍSTICA PORTUÁRIA E NOÇÕES DE COMÉRCIO EXTERIOR

Reimpressão 2017

2014

©Bookman Companhia Editora, 2014

Gerente editorial: *Arysinha Jacques Affonso*

Colaboraram nesta edição:

Editora: *Verônica de Abreu Amaral*

Assistente editorial: *Danielle Oliveira da Silva Teixeira*

Leitura final: *Monica Stefani*

Processamento pedagógico: *Aline Juchem*

Ilustrações: *Thiago André Severo de Moura*

Capa e projeto gráfico: *Paola Manica*

Editoração: *Techbooks*

Reservados todos os direitos de publicação à
BOOKMAN EDITORA LTDA., uma empresa do GRUPO A EDUCAÇÃO S.A.
A série Tekne engloba publicações voltadas à educação profissional e tecnológica.

Av. Jerônimo de Ornelas, 670 – Santana
90040-340 – Porto Alegre – RS
Fone: (51) 3027-7000   Fax: (51) 3027-7070

É proibida a duplicação ou reprodução deste volume, no todo ou em parte, sob quaisquer formas ou por quaisquer meios (eletrônico, mecânico, gravação, fotocópia, distribuição na Web e outros), sem permissão expressa da Editora.

Unidade São Paulo
Av. Embaixador Macedo Soares, 10.735 – Pavilhão 5 – Cond. Espace Center
Vila Anastácio – 05095-035 – São Paulo – SP
Fone: (11) 3665-1100   Fax: (11) 3667-1333

SAC 0800 703-3444 – www.grupoa.com.br

IMPRESSO NO BRASIL
PRINTED IN BRAZIL
Impresso sob demanda na Meta Brasil a pedido de Grupo A Educação.

O autor

Pablo Roberto Auricchio Rojas é graduado em Ciências Econômicas pela Universidade do Vale do Paraíba. Especialista em Didática e Metodologia do Ensino Superior (Faculdade Anhanguera de Jacareí) e em Educação a Distância: tutoria, metodologia e aprendizagem (Faculdade Educacional da Lapa), conta com vasta experiência nas áreas de economia e educação. Atua como professor nas Faculdades Anhanguera e INESP em Jacareí, SEST SENAT e no ramo de desenvolvimento e elaboração de materiais didáticos e instrucionais para diversas instituições nacionais.

Prefácio

O comércio internacional brasileiro passa por um período de grande desenvolvimento em razão do crescimento econômico desencadeado em meados da década de 1980 e acelerado na década de 1990. A estabilização da economia e a consolidação da democracia propiciaram a melhoria do poder aquisitivo da população, elevando assim o consumo de todos os tipos de produtos.

O Brasil passou a importar mais produtos manufaturados para atender à crescente demanda da população e às necessidades oriundas da globalização da economia. O país precisou aumentar o número de exportações para compensar a balança de pagamentos, tornando-se um dos maiores fornecedores de matérias-primas e de alimentos do mundo.

A retirada de matérias-primas e de alimentos dos locais onde são produzidos para envio aos compradores passou a ser uma dificuldade. Faltavam investimentos na infraestrutura logística, e o custo do produto brasileiro elevou-se, diminuindo a capacidade competitiva do país.

Em decorrência do grande aumento na movimentação de entrada e saída de cargas, os portos brasileiros tornaram-se ponto de estrangulamento de navios, caminhões e trens transportadores de cargas para exportação e de cargas importadas, gerando grandes prejuízos ao país.

A publicação da Lei nº 12.815, de 05 de junho de 2013, trouxe inúmeras mudanças na forma de gerir os portos brasileiros e evidenciou a necessidade de modernização de todas as operações portuárias e logísticas.

Com o intuito de contribuir para a formação de profissionais qualificados e capazes de enfrentar os desafios impostos pela nova realidade econômica do país, este livro apresenta conhecimentos introdutórios sobre logística portuária e comércio exterior. Trata-se de conteúdo indispensável à capacitação de estudantes dos cursos Técnico em Logística, Técnico em Comércio Exterior, Técnico em Portos, Técnico em Transporte Aquaviário, Auxiliar de Operações e Logística, Operador de Logística Portuária, Auxiliar de Serviços em Comércio Exterior, Despachante Aduaneiro, Auxiliar de Transporte, Movimentação e Distribuição de Cargas.

Sumário

capítulo 1 *Fundamentos da logística e cadeia de suprimentos 1*

Introdução 2
Evolução da logística 2
Modais de transporte 5
Transporte aquaviário 5
Tipos de navios 7
Frete marítimo 9
Transporte ferroviário 10
Frete ferroviário 11
Transporte rodoviário 12
Frete rodoviário 13
Transporte aeroviário 13
Frete aéreo 14
Transporte dutoviário 15
Comparação entre os modais 16
Serviços logísticos integrados 18
Cadeia de suprimentos 19

capítulo 2 *Infraestrutura e tecnologia portuária 23*

Introdução 24
Conceito de porto 24
Sistema portuário brasileiro 28
Abertura de novas instalações portuárias 30
Portos secos 31
Responsabilidades sobre as atividades portuárias 31
Organização administrativa dos portos brasileiros 32
Classificação dos portos 35
O porto e o ISPS CODE 39
Situação atual da infraestrutura portuária brasileira 40

capítulo 3 *Gestão de estoques e armazenagem 41*

Introdução 42
Gestão de estoques 42

O almoxarifado 44
Características do layout de um almoxarifado 45
Método ABC de alocação de materiais em estoques 46
Tipos de almoxarifado 49
Atividades do almoxarifado 50

capítulo 4 *Sistemas de transporte e movimentação de cargas portuárias* 67

Introdução 68
Carga portuária: tipos de cargas e características 68
Equipamentos para movimentação de cargas portuárias 74
Planejamento da operação com carga geral 78
Macroprocesso de carregamento de um navio 80
Macroprocesso de descarregamento de um navio 80
Principais documentos de uma operação de carga geral em um porto 81
Preparação da movimentação de cargas no porto 81
Riscos envolvidos no levantamento de cargas 83
Medidas preventivas nas operações de levantamento de cargas 83
Importância do projeto de pesquisa para a melhoria das operações portuárias 84
Estudo de caso 84
Importância do *draft survey* nas operações portuárias 85
Cálculo de *draft survey* 86

capítulo 5 *Operações portuárias: embarque e desembarque* 87

Introdução 88
Operações portuárias 88
Operação de desembarque de carga geral (conteinerizadas) 91
Operação de desembarque de mercadorias a granel 92
Operação de embarque de carga geral (conteinerizada) 93
Certificação, identificação e numeração de contêineres 95
Certificação de contêineres 96
Identificação e numeração de contêineres 96
Conformação e sinalização dos pátios para contêiner 99
Planos de carga e descarga de navios de contêiner 99
Tipos de operações de estufagem e sestufagem de contêineres 103
Estufagem ou ovação de contêineres em armazéns 103
Desestufagem ou desova de contêineres em armazéns 105

capítulo 6 *Processos de negócios portuários* 107

Introdução 108
Contratos de afretamento de navio 109
Termos de condições de contratação do frete 114
INCOTERMS – Termos Comerciais Internacionais 116
Conhecimento de embarque – *Bill of Lading* – BL 118
Órgãos intervenientes nas atividades portuárias 119
Empresas e profissionais intervenientes na navegação 121

capítulo 7 *Comércio internacional e procedimentos aduaneiros 123*

Introdução 124
A Organização Mundial do Comércio – OMC 124
Zonas de comércio internacional integrado 125
O sistema brasileiro de comércio exterior 126
Câmara de Comércio Exterior – CAMEX 128
Departamento de Defesa Comercial – DECOM 130
Defesa comercial 131
Instrumentos de defesa comercial 131
Sistema integrado de comércio exterior – SISCOMEX 131
Processos e formas de exportação 133
Aspectos administrativos da exportação 134
Documentos necessários à exportação 135
Modalidades de pagamento utilizadas no comércio exterior 137
Negociando a exportação 137
Cálculo do preço de exportação 138
Siscarga 138
Exportação de serviços 139
Incentivos fiscais à exportação 139
Desembaraço aduaneiro 140

capítulo 8 *Custos e tarifas portuárias na comercialização de fretes 143*

Introdução 144
Conceito de custos 144
Classificação dos custos 144
Custos portuários 145
Custos fixos 146
Custos variáveis 146
Custos com a qualidade dos serviços prestados 148
Tarifas portuárias 149
Comercialização de fretes 150
O mercado de fretes 150

capítulo 9 *Qualidade: métodos quantitativos e qualitativos 151*

Introdução 152
Conceito de processo 152
Controle de processo 152
Ferramentas de qualidade utilizadas na gestão de terminais portuários 155
Fluxograma (*Flowsheet*) 156
Diagrama de Pareto 157
Diagrama de causa e efeito (Ishikawa) 157
Diagrama de barras ou histograma 158
Diagrama de dispersão ou correlação 159

Folha de verificação 160
Carta de controle 160
Indicadores de processos 160
Principais atributos dos indicadores 161
Tipos de indicadores 162
Cálculo da eficiência 163
Diferenças entre os indicadores de produtividade e qualidade 164
Principais taxas e métricas para acompanhar o desempenho
operacional de um porto 164
Parâmetros de desempenho operacional e financeiro de um porto 166
Indicadores de desempenho operacional 166
Indicadores de desempenho operacional em terminais particulares 168

capítulo 10 *Sistemas de informações portuárias – TI 171*

Introdução 172
Sistemas eletrônicos de transferência de informação – SETI 172
Rede de computadores 173
Tecnologias da informação 173
RFID – identificação por radiofrequência 174
Componentes da tecnologia RFID 175
Faixa de operação do sistema RFID 176
Intercâmbio eletrônico de dados – Electronic Data Interchange – EDI 176
Mensagens desenvolvidas pela UN/EDIFACT para as atividades
de movimentação de contêineres 177
Benefícios no uso do EDI 180
Implantação de sistemas eletrônicos de informação em portos 181
**Sistema eletrônico de informação – Supervia Eletrônica
de Dados – Porto de Santos 183**
Outros sistemas utilizados nos portos e terminais 184

capítulo 11 *Segurança do trabalho e saúde no trabalho portuário 185*

Introdução 186
Importância da NR 29 186

Referências 191

>> **capítulo 1**

Fundamentos da logística e cadeia de suprimentos

Neste capítulo, serão apresentados os fundamentos da logística e da cadeia de suprimentos. A logística é a atividade que possibilita às organizações realizar seus negócios dentro e fora do país pela utilização de modais de transporte disponíveis e dotados das capacidades necessárias a essas operações de gerenciamento de cargas e produtos. Tal gerenciamento é atribuído à cadeia de suprimentos, a qual é formada pela empresa, pelos seus clientes e fornecedores, que, juntos, desempenham atividades que geram resultados a todos os que dela participam.

Desse modo, as atividades portuárias estão intimamente ligadas às atividades da logística, junto à cadeia de suprimentos, pois é a partir do porto que é recebida grande parte dos produtos importados pelas empresas e é exportada grande parte dos produtos fabricados por elas.

Objetivos de aprendizagem

» Demonstrar conhecimentos sobre a logística, sua evolução e importância para a economia das empresas e do país.

» Identificar o modal de transporte adequado às operações logísticas desenvolvidas pelas empresas.

» Compreender as formas de negociação de fretes de cada modal de transporte.

» Entender os processos envolvidos nos serviços logísticos integrados e o gerenciamento da cadeia de suprimentos.

>> Introdução

A atividade logística tem suas origens nas atividades militares. Do grego *logistikos*, do qual o latim *logisticus* é derivado, surge a palavra *logística*, compreendida como cálculo e lógica, na acepção matemática da expressão. Essa palavra era usada entre os militares do exército romano antigo, no sentido de "analisar matematicamente".

A logística passou a ser um termo que definia algumas atividades de planejamento durante a guerra, quando, em 1670, na França, Luís XIV criou uma nova estrutura de assistentes para tentar resolver os crescentes problemas administrativos enfrentados pelo exército. Na época, Luís XIV criou o posto de "Marechal General de Logis", cujo título advém do verbo *loger*, que, em francês, significa "alojar" (no caso, alojar as tropas militares). Suas obrigações incluíam a responsabilidade pelo planejamento das marchas, pela seleção de acampamentos e pela organização do transporte e dos suprimentos.

Depois, a palavra logística passou a ter um significado mais amplo, tanto no contexto militar, quanto no contexto das organizações civis, sendo compreendida como a arte de administrar o fluxo de materiais e informações, desde a sua origem até o usuário final. Ao termo logística foi dada uma boa definição pelo *Council of Logistics Management*:

Logística é o processo de planejamento, implementação e controle do fluxo e armazenamento eficiente e econômico de matérias-primas, materiais semiacabados e produtos acabados, bem como as informações a eles relativas, desde o ponto de origem até o ponto de consumo, com o propósito de atender às exigências dos clientes.

>> **NO SITE**
O *Council of Logistics Management* transformou-se no *Council of Supply Chain Management Professionals* (CSCMP). Para saber mais informações sobre sua atuação, acesse o ambiente virtual de aprendizagem www.grupoa.com.br/tekne.

>> Evolução da logística

Até a década de 1940, havia poucos estudos e publicações sobre logística. As atividades empresariais eram voltadas para a alta produção, o sistema de distribuição de produtos era de baixa capacidade e não existia uma grande preocupação com custos.

>> CURIOSIDADE

A Segunda Guerra Mundial (1939-1945) trouxe um grande impulso à tecnologia, bem como a necessidade de aprimoramento das formas de suprir as tropas em combate. Novamente, relaciona-se o meio militar às atividades logísticas.

Nos anos 1950 e 1960, o aumento da demanda por produtos e da concorrência entre eles levou as empresas a darem atenção à satisfação do cliente e à qualidade de seus produtos, o que resultou no desenvolvimento dos conceitos utilizados na logística empresarial. Quanto à qualidade de um produto ou serviço, esta é avaliada a partir de dois pontos de vista:

1. Do ponto de vista do produtor, a qualidade se associa à concepção e à produção de um produto que vá ao encontro das necessidades do cliente.

2. Do ponto de vista do cliente, a qualidade está associada ao valor e à utilidade reconhecida ao produto, estando, em alguns casos, ligada ao preço. Neste caso, o consumidor força os preços dos produtos para baixo e as empresas são obrigadas a diminuir seus custos de produção e seu

custo total. Além disso, os clientes também forçam as empresas a desenvolverem seus canais de distribuição.

O canal de distribuição está inserido na **cadeia logística**, e seus participantes são: fabricantes; atacadistas/ distribuidores; varejistas e consumidor final (Figura 1.1).

Os objetivos do canal de distribuição são:

- disponibilizar produtos com rapidez;
- reforçar o potencial de vendas;
- fortalecer a cooperação entre os componentes da C. L.;
- facilitar o fluxo de informação e material;
- reduzir os custos de forma integrada.

Em economia, demanda é a quantidade de um bem ou serviço que os consumidores desejam adquirir por um preço definido em um dado mercado, durante uma unidade de tempo.

A demanda pode ser interpretada como procura, mas nem sempre como consumo, uma vez que é possível demandar (desejar) e não consumir (adquirir) um bem ou serviço. A quantidade de um bem que os compradores desejam e podem comprar é chamada de quantidade demandada.

As funções do canal de distribuição são:

- induzir a demanda;
- satisfazer a demanda;
- disponibilizar serviços pós-compra;
- trocar informações.

>> **DEFINIÇÃO**
O termo cadeia logística refere-se ao canal de movimento do produto ao longo do processo industrial até os clientes, mas pode-se dizer, simplesmente, que ela é a sucessão de manuseios, movimentações e armazenagens pelas quais o produto passa desde que é matéria-prima até chegar ao cliente final.

>> **DICA**
A satisfação dos clientes não é uma opção: é uma questão de sobrevivência para qualquer organização. A alta administração necessita liderar o processo para a busca contínua de satisfação do cliente.

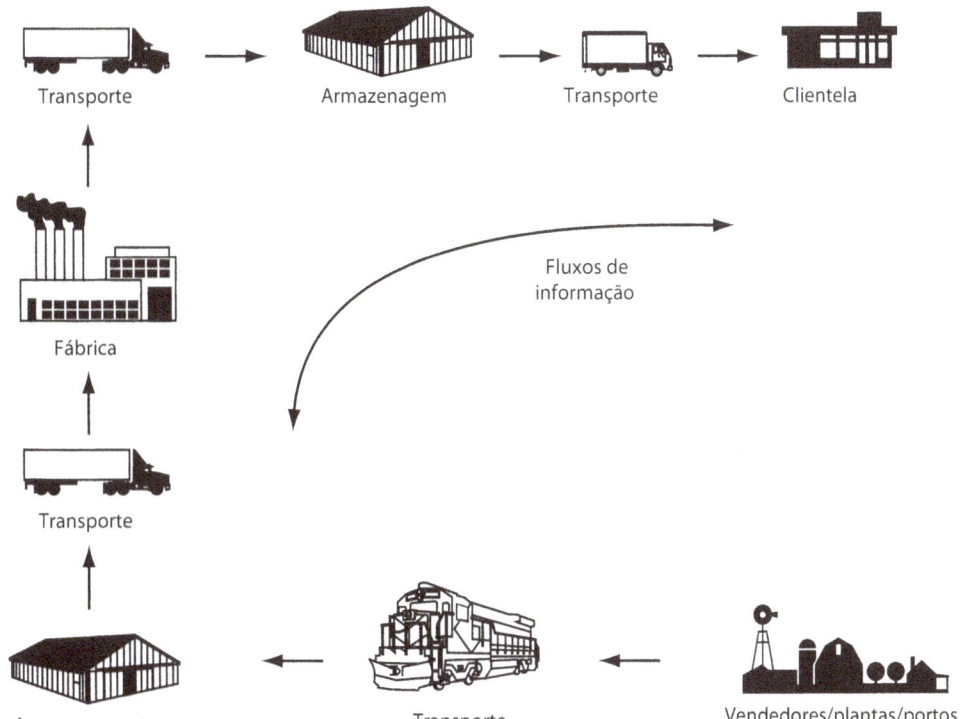

Figura 1.1 Cadeia logística.
Fonte: Adaptada de Ballou (2006).

>> **DICA**
A preocupação com o serviço ao cliente tornou-se a base da administração da logística.

Os participantes de um canal de distribuição podem ser:

- Participantes primários: fabricantes, atacadistas e varejistas.
- Participantes especializados: prestadores de serviços aos participantes primários (transporte, armazenagem, montagem, atendimento, apoio em finanças, informação, publicidade, seguro, entre outros).

Na década de 1970, a logística passou a ter grande importância em virtude da crise do petróleo. Nessa época, foram muitos os esforços para melhorar a produtividade e minimizar os efeitos dos aumentos de fretes. Também cresceram os custos de mão de obra e os juros internacionais. A economia balançou e foram necessárias novas formas de gestão.

Diversos métodos, técnicas de gestão e ferramentas de informação surgiram nesse período, mostrando a eficácia das práticas logísticas e a necessidade do relacionamento entre logística, marketing, produção e outras funções empresariais. Para isso, foram criados *softwares* para gestão e planejamento das necessidades materiais, como o *material requirement planning* – MRP.

Além disso, surgiram novas formas de agilizar a produção e de trabalhar com um baixo volume de estoques de matérias-primas e componentes, como os sistemas *Just in time* e *Kanban*. Essas metodologias tiveram sua origem no Japão e são adotadas nas indústrias do mundo todo.

Operador logístico é o fornecedor de serviços logísticos especializado em gerenciar todas as atividades logísticas, ou parte delas, nas várias fases da cadeia de abastecimento de seus clientes, agregando valor ao seu produto. Ele deve ter competência para, no mínimo, atender simultaneamente as três atividades consideradas básicas: controle de estoque, armazenagem e gestão de transporte.

Já a logística como conhecemos hoje teve seu impulso na década de 1980, em virtude do aumento da demanda mundial gerada pela globalização da economia. A aplicação de seus conceitos e ferramentas foi facilitada pelo uso de computadores na administração e pelo aperfeiçoamento das tecnologias da informação e da comunicação.

No Brasil, o desenvolvimento da logística aconteceu a partir dos anos 1990, com a estabilização da economia. Essa atividade teve como foco inicial a administração de custos e o desenvolvimento de *softwares* para o gerenciamento de armazéns, códigos de barras e sistemas de roteirização. Além disso, houve a entrada de novos operadores logísticos internacionais e o desenvolvimento de empresas nacionais, que possibilitaram a ampliação do sistema logístico no país.

» NO SITE
Para saber mais sobre os *softwares* de gestão MRP, MRP II e ERP, acesse o ambiente virtual de aprendizagem.

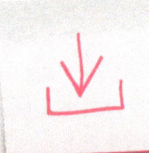

» DEFINIÇÃO
Kanban, palavra de origem japonesa, significa, literalmente, registro ou placa visível.
Just in time é um sistema de administração da produção que determina que nada deve ser produzido, transportado ou comprado antes da hora exata.

» PARA REFLETIR

Atualmente, no Brasil, para suportar as operações logísticas, o governo tem investido constantemente em rodovias, portos, telecomunicações, ferrovias e terminais de contêineres. Percebemos que muitas atividades foram privatizadas e muitos investimentos têm sido feitos em melhorias dos processos e no monitoramento de cargas.

>> *Modais de transporte*

Os modais de transporte são estudados a partir de cinco meios básicos de movimentação de cargas e pessoas que, historicamente, surgiram e se desenvolveram de acordo com a necessidade e o avanço tecnológico. Eles são classificados segundo o ambiente que utilizam: aquaviário (marítimo e hidroviário); terrestre (ferroviário, rodoviário e dutoviário); e aéreo, cada qual apresentando custos e características operacionais próprias.

>> Transporte aquaviário

O transporte aquaviário é o mais antigo modal de transporte de cargas e passageiros utilizado. Ele é dividido em:

Lacustre: é restrito a algumas regiões do planeta onde existem grandes lagos que servem de ligação entre cidades, países ou continentes, por exemplo, entre Canadá, Estados Unidos, Europa e Ásia. No Brasil, há a Lagoa Mirim, que liga o Brasil ao Uruguai, e a Lagoa dos Patos, que liga Rio Grande a Porto Alegre. Na Bolívia, há o Lago Titicaca, que liga a Bolívia ao Peru. Este tipo de transporte normalmente exige um modal complementar para trazer a carga até o lago e retirar as cargas transportadas.

Fluvial: é limitado pela posição do rio e exige que o usuário esteja localizado em suas proximidades, ou utilize outro modal complementar para trazer a carga até o rio e retirar as cargas transportadas. As hidrovias são indicadas para longas distâncias. Em condições semelhantes de carga e distância, um conjunto de barcaças consome menos da metade do combustível de um comboio ferroviário. Atualmente, no Brasil, existem três projetos modernos de transporte por hidrovias: Tietê-Paraná, Paraná-Paraguai e Madeira-Amazonas.

>> **DEFINIÇÃO**
Modal Complementar é o modal necessário para realizar a operação de transporte por um modal que possui local específico para sua utilização.

>> CURIOSIDADE

O Brasil tem 45.000 km de rios navegáveis, mas apenas 28.000 km são utilizados. Existem muitos problemas para ampliar a navegação fluvial no país: restrições de calado, limitações das eclusas, espaços limitados entre vãos de pontes, falta de infraestrutura (dragagem, derrocamento, sinalização e terminais), entre outros.

Marítimo: é o modal mais utilizado no transporte de cargas do comércio internacional, pois permite transportar diferentes tipos de cargas em grandes quantidades. O transporte marítimo é dividido em cabotagem e navegação de longo curso.

- **Cabotagem**: segundo a Lei nº 10.893, de 13 de julho de 2004, "navegação de cabotagem é aquela realizada entre portos brasileiros, utilizando exclusivamente a via marítima ou as via navegáveis interiores". Esta é dividida em:
    - Grande cabotagem: é realizada entre os portos brasileiros e entre estes e os portos da Costa Atlântica da América do Sul, das Antilhas e da Costa Leste da América Central, excluídos os portos de Porto Rico e Ilhas Virgens.
    - Pequena cabotagem: é realizada entre os portos brasileiros. A embarcação não se afasta mais de 20 milhas náuticas da costa e faz escala em portos cuja distância não exceda 400 milhas náuticas. Nela está inclusa a navegação realizada com fins comerciais entre a costa brasileira e as ilhas oceânicas brasileiras.

>> **NO SITE**
Para conhecer a Lei nº 10.893/2004, que dispõe sobre o Adicional ao Frete para a Renovação da Marinha Mercante – AFRMM e o Fundo da Marinha Mercante – FMM, acesse o ambiente virtual de aprendizagem.

> **NO SITE**
> Para assistir a dois vídeos sobre a navegação de cabotagem, acesse o ambiente virtual de aprendizagem.

As atividades de cabotagem são classificadas em:

- Alto Mar: realizada fora da visibilidade da costa.
- Costeira: realizada ao longo do litoral brasileiro, dentro dos limites de visibilidade da costa.
- Apoio Marítimo: realizada entre os portos ou terminais marítimos e as plataformas tripuláveis.

Os principais portos onde a cabotagem é constante no Brasil são apresentados na Figura 1.2.

Navegação de longo curso: "é aquela realizada entre portos brasileiros e portos estrangeiros, sejam marítimos, fluviais ou lacustres", segundo a Lei nº 10.893/2004. Este tipo de navegação é feito por meio de navios que realizam tráfego regular, pertencentes a Conferências de Frete, Acordos Bilaterais e *outsiders*.

> **DICA**
> A cabotagem doméstica está hoje concentrada na movimentação de granéis sólidos e líquidos e em alguns produtos eletrônicos e automotivos. O Brasil atravessa um momento de grande crescimento na cabotagem doméstica, mas os investimentos não têm sido suficientes para suportar a demanda.

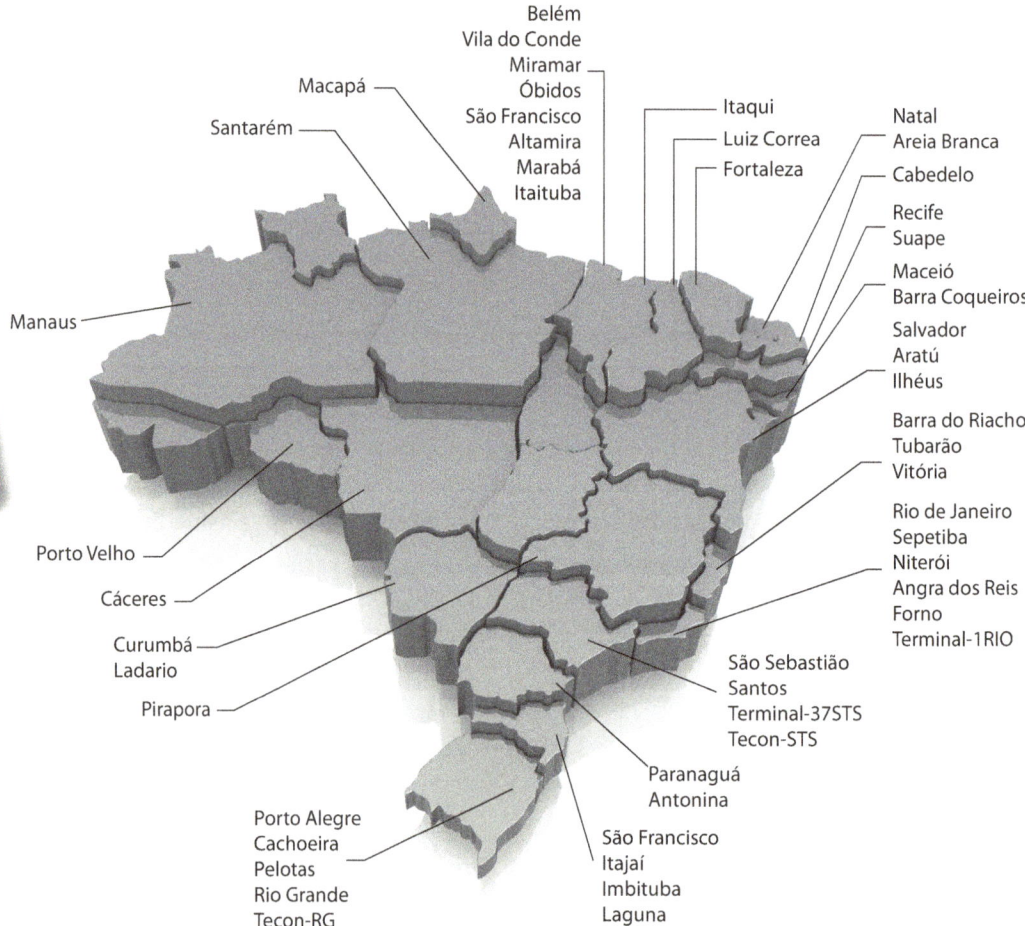

Figura 1.2 Portos de cabotagem no Brasil.
Fonte: Do autor.

» Tipos de navios

A classificação mais comum de navios se dá segundo a sua finalidade e atividade. Mundialmente, existe uma classificação composta por quatro grupos de navios destinados a atividades predeterminadas:

Militar: navios destinados a operações militares controlados e geridos pelo Ministério da Marinha (Figura 1.3).

Figura 1.3 Navio de guerra.
Fonte: Thinkstock.

Comércio: navios destinados a atividades comerciais para transporte de:

- Passageiros (Cruzeiro): navios de luxo que navegam em rotas marítimas agradáveis e muito procuradas pelos viajantes e turistas em seus períodos de férias (Figura 1.4).

Figura 1.4 Cruzeiro marítimo.
Fonte: Thinkstock.

Carga: dividem-se em:

- Graneleiros: petroleiros (Figura 1.5), graneleiros sólidos, químicos, gases liquefeitos, combustíveis.

Figura 1.5 Navio petroleiro.
Fonte: Thinkstock.

- Carga unitizada:
  - Porta-contentores (Figura 1.6).
  - Ro-Ro-*roll-on/roll-off*: a carga entra e sai dos porões na horizontal ou quase horizontal e geralmente sobre rodas (como os automóveis, autocarros e caminhões).
  - Porta-barcaças.

Figura 1.6 Navio porta-contentores.
Fonte: Thinkstock.

- Carga geral:
  - *Multi Purpose*: alcançam uma velocidade de cerca de 15 nós e apresentam um arranjo de porões que permite várias combinações de carga.
  - *Box type*: estão adaptados ao transporte de cargas unitizadas como contentores, paletes, fardos e produtos siderúrgicos.
  - *Heavy lift* (peso excessivo).
  - *Reefer* (refrigerado).

Indústria:
- Pesca.
- FPSO: *Floating Production, Storage and Offloading* é um navio flutuante usado na exploração de petróleo e gás em alto mar para o processamento de hidrocarbonetos e o armazenamento de óleo (Figura 1.7).
- *Shuttle tankers*: é um navio projetado para o transporte de petróleo extraído em alto mar.
- Dragas.
- Lança-cabos.

Figura 1.7 Navio FPSO utilizado nos campos de petróleo e gás.
Fonte: Thinkstock.

Auxiliares:
- Rebocadores (Figura 1.8).
- Pilotos.
- *Supply:* navio de apoio a plataformas marítimas.
- Salvamentos.
- Combate a incêndios.
- Combate à poluição.
- Quebra-gelos.
- Pesquisa.

Figura 1.8 Rebocador.
Fonte: Thinkstock.

Quanto às suas características operacionais, o modal aquaviário apresenta vantagens e desvantagens, conforme o Quadro 1.1.

Quadro 1.1 » Vantagens e desvantagens do modal aquaviário

Vantagens	Desvantagens
Maior capacidade de carga	Necessidade de transbordo nos portos
Carrega qualquer tipo de carga	Distância dos centros de produção
Menor custo de transporte	Maior exigência de embalagens
	Menor flexibilidade nos serviços, aliados a frequentes congestionamentos nos portos

Fonte: Adaptado de Fleury et al. (2000).

» Frete marítimo

O frete marítimo é cobrado de acordo com os critérios abaixo:

- **Frete básico**: valor cobrado com base no peso ou no volume da mercadoria (cubagem), prevalecendo sempre o que propiciar maior receita ao armador.
- ***Ad valorem***: percentual que incide sobre o valor FOB da mercadoria. Aplicado normalmente quando esse valor corresponder a mais de US$ 1.000 por tonelada.
- **Sobretaxa de combustível (*bunker surcharge*)**: percentual aplicado sobre o frete básico, destinado a cobrir custos com combustível.
- **Taxa para volumes pesados (*heavy lift charge*)**: valor cobrado sobre cargas individuais, excessivamente pesadas (em geral acima de 1.500 kg), ou que exijam condições especiais para embarque/desembarque ou acomodação no navio.
- **Taxa para volumes com grandes dimensões (*extra length charge*)**: valor aplicado geralmente a mercadorias com comprimento superior a 12 metros.
- **Sobretaxa de congestionamento (*port congestion surcharge*)**: percentual incidente sobre o frete básico para portos onde existe demora em atracação dos navios.
- **Fator de ajuste cambial – CAF (*currency adjustment factor*)**: fator utilizado para moedas que se desvalorizam sistematicamente em relação ao dólar norte-americano.
- **Adicional de porto**: taxa cobrada quando a mercadoria tem como origem ou destino algum porto secundário ou fora da rota.
- **Adicional de risco contra guerra**: taxa cobrada quando há riscos iminentes de guerra em áreas de perigo.
- **Taxa adicional de frete para renovação da marinha mercante – AFRMM**: taxa cobrada conforme Lei nº 10.893/2004. Trata-se de um percentual cobrado sobre o frete para a navegação de longo curso entre portos estrangeiros e brasileiros, sejam marítimos, fluviais ou lacustres. Nessa Lei, estão discriminados os percentuais cobrados em cada situação de acordo com o conhecimento de embarque.

O valor da AFRMM é cobrado do consignatário da carga importada pela empresa de navegação, que o recolhe posteriormente. Esse valor é devido no porto brasileiro de descarga e na data da operação (início efetivo da operação de descarregamento).

> » **DEFINIÇÃO**
> Free On Board (FOB) designa uma modalidade de repartição de responsabilidades, direitos e custos entre comprador e vendedor no comércio de mercadorias. O remetente da mercadoria (exportador) é responsável pelos custos de transporte e seguro da carga até que ela seja embarcada no navio; a partir daí, o comprador (importador) torna-se responsável por esses custos.

> » **IMPORTANTE**
> Estão isentos de recolhimento da AFRMM: bagagem, livros, jornais, periódicos, papel de imprensa, alguns tipos de embarcações, doação, carga consular, eventos culturais e artísticos, atos e acordos internacionais (quando especificado no escopo do acordo), drawback, reimportação, carga militar, cargas em trânsito, unidades de carga (contêineres), admissão temporária, loja franca, Befiex, Zona Franca de Manaus, importações do Governo Federal, amostras, remessas postais e os bens destinados à pesquisa científica ou tecnológica.

» Transporte ferroviário

O modal ferroviário é utilizado para o transporte de pessoas, produtos e materiais (Figura 1.9). Esse tipo de transporte é realizado por meio de vias férreas (estradas de ferro – transporte sobre trilhos), em vagões adaptados às características do tipo de produto que irão transportar (vagões fechados, plataformas, tanques, etc.).

Os trens, em geral, são compostos por conjuntos de até 100 vagões com capacidade de carga de aproximadamente 72 toneladas em cada vagão, e viajam a uma velocidade média de 30 a 40 km/h, exigindo um tempo maior para sua carga e descarga.

» CURIOSIDADE

A malha ferroviária brasileira possui aproximadamente 29.000 km; só no Estado de São Paulo, cerca de 5.400 km, o que corresponde a quase 20% do transporte ferroviário do país.

O modal ferroviário, em geral, é utilizado para o transporte de produtos volumosos e pesados que possuem baixo valor agregado e precisam ser levados a longas distâncias. O custo desse tipo de transporte é baixo e permite grande flexibilidade de cargas, podendo, em uma única composição, transportar diversos tipos de cargas (contêineres, cargas a granel, cargas líquidas, paletes, passageiros, etc.).

Figura 1.9 Trem de carga no porto.
Fonte: Thinkstock.

O Quadro 1.2 indica para quais empresas a malha ferroviária brasileira está privatizada.

Quadro 1.2 » **Empresas concessionárias de serviços ferroviários**

ALL – América Latina Logística	Ferronorte – Ferrovias Norte Brasil
CFN – Companhia Ferroviária do Nordeste	Ferropar – Ferrovias do Paraná
CVRD/EFC – Cia. Vale do Rio Doce – Estrada de Ferro Carajás	FTC – Ferrovia Tereza Cristina
	MRS Logística
CVRD/EFVM – Cia. Vale do Rio Doce – Estrada de Ferro Vitória Minas	Ferrovia Novoeste
	Ferrovia Norte-Sul – administrada pelo Governo Federal
FCA – Ferrovia Centro Atlântica	
Ferroban – Ferrovia Bandeirantes	Portofer – administra a malha ferroviária do Porto de Santos

Quanto às suas características operacionais, o modal ferroviário brasileiro apresenta vantagens e desvantagens, conforme o Quadro 1.3.

Quadro 1.3 » **Vantagens e desvantagens do modal ferroviário**

Vantagens	Desvantagens
Adequado para longas distâncias e grandes quantidades	Diferença na largura de bitolas (distância interna da face interior dos trilhos)
Menor custo de seguro em virtude do baixo índice de roubos/furtos e acidentes	Menor flexibilidade no trajeto
Menor custo de frete	Necessidade maior de transbordo
Baixo consumo energético por unidade transportada	Elevado custo de manutenção e funcionamento de todo o sistema

Fonte: Adaptado de Fleury et al. (2000).

» Frete ferroviário

O frete ferroviário é calculado com base no peso da mercadoria e na distância entre os pontos de embarque e desembarque. Este tipo de frete varia segundo a ocupação do vagão:

- Ocupação total (carga cheia): frete menor.
- Ocupação parcial: frete maior.

As taxas de transbordo e estadia podem incidir sobre o frete, que é baseado em dois fatores:

1. Quilometragem percorrida: distância entre as estações de embarque e desembarque.
2. Peso da mercadoria: cálculo efetuado pela multiplicação da tarifa ferroviária de acordo com o peso ou o volume, utilizando aquele que proporcionar maior valor. O cálculo também pode ser feito pela unidade de contêiner, independentemente do tipo de carga, peso ou valor da mercadoria.

Sobre o frete ferroviário, não incidem taxas de armazenagem e manuseio, mas pode ser cobrada taxa de estadia do vagão.

» DICA
O modal rodoviário é o meio de transporte menos competitivo para longas distâncias devido à pequena capacidade de carga e ao valor elevado dos fretes.

» Transporte rodoviário

O transporte rodoviário é feito por ruas, estradas e rodovias, sejam elas pavimentadas ou não. No Brasil, o modal rodoviário é o principal meio de transporte de cargas, produtos, matérias-primas, pessoas e animais, sendo o mais utilizado para transportar mercadorias para curtas e médias distâncias e cargas de maior valor agregado.

O custo do transporte rodoviário é onerado pelos seguintes fatores:

Humanos: Falta de capacitação de grande parte dos proprietários de veículos de transporte de cargas. Estima-se que 51% dos proprietários dos veículos são autônomos com baixo nível de escolaridade (76% possuem apenas o ensino fundamental).

Empresariais: Apenas 20% dos veículos de transporte rodoviário pertencem às empresas que os utilizam; somente 29% dos veículos pertencem às transportadoras. Os 51% restantes da frota pertencem a motoristas autônomos que não possuem preparo para trabalharem com a qualidade exigida pelo mercado.

Outros: Problemas que elevam o custo do transporte rodoviário:

- Má conservação das rodovias (o que ocasiona acidentes e exige muita manutenção).
- Elevado índice de roubos de carga.
- Composição da frota por veículos antigos (idade média de 18 anos).

Quanto às suas características operacionais, o modal rodoviário brasileiro apresenta vantagens e desvantagens, conforme o Quadro 1.4.

Quadro 1.4 » Vantagens e desvantagens do modal rodoviário

Vantagens	Desvantagens
Flexibilidade de acesso a diferentes pontos, sem necessidade de infraestrutura complexa, como a de outros modais	Elevado custo para transporte em grandes distâncias
Possibilidade de transporte de diferentes tipos de carga, como paletizadas, conteinerizadas, a granel e líquidas	Baixa capacidade de carga
Possibilidade de transporte de lotes de pequenas quantidades	Frete alto em relação a outros modais, como ferroviário e aquaviário
Rapidez na entrega em distâncias reduzidas	Modal de grande poluição em relação à quantidade de carga transportada
Menor manuseio da carga, pois é possível oferecer o serviço porta a porta, ou seja, a carga é levada de um ponto ao outro diretamente (ponto de partida até seu destino final)	Na questão internacional, o transporte rodoviário enfrenta as dificuldades das diferenças de legislações entre países quanto à dimensão das estradas, ao peso bruto permitido, à capacidade de pontes, aos limites de altura permitida, etc.
Menor custo com embalagens	

Fonte: Adaptado de Fleury et al. (2000).

» Frete rodoviário

No transporte rodoviário, as tarifas de frete são determinadas pelo transportador (autônomo ou empresa), sendo normalmente considerados no cálculo o peso a ser transportado, o volume da mercadoria e a lotação do veículo.

» Transporte aeroviário

O modal aéreo é indicado para transportar mercadorias que possuem as seguintes características:

- Alto valor agregado.
- Alta rotatividade.
- Pequeno volume.
- Pequeno prazo de armazenagem
- Necessidade de entrega imediata.

O uso do transporte aéreo para produtos com essas características tem aumentado, apesar de suas tarifas serem muito maiores do que as tarifas de outros modais (Figura 1.10).

> **» IMPORTANTE**
> Optar pelo transporte aéreo traz grande impacto no custo logístico total, logo, a gestão das atividades envolvidas deve ser feita com foco na obtenção de um *trade-off* entre custos de frete e armazenagem + manutenção de estoques. Ao realizar o *trade-off*, ou compensação, o resultado incorre em um aumento de custos em uma determinada área a fim de obter vantagem em relação às outras (em termos de aumento de rendimento e de lucro). Fique atento para não elevar os custos de áreas que não trarão retorno, pois isso pode comprometer os resultados finais desejados.

Figura 1.10 Transporte aéreo de cargas.
Fonte: Thinkstock.

Quanto às suas características operacionais, o modal aeroviário apresenta vantagens e desvantagens, conforme o Quadro 1.5.

Quadro 1.5 » Vantagens e desvantagens do modal aeroviário

Vantagens	Desvantagens
Velocidade	Alto custo operacional e de manutenção
Não exige embalagem especial	Infraestrutura complexa e cara para a operação
Alto nível de segurança contra acidentes e roubos	Baixa capacidade de carga em comparação com os modais ferroviário e aquaviário
Baixo custo de seguros	Restrição às cargas perigosas:
Baixo custo de estocagem	classe 1: explosivos;
	classe 2: gases;
Atende regiões de difícil acesso com outros modais	classe 3: líquidos inflamáveis;
	classe 4: sólidos inflamáveis,
Modal ideal para remessa de amostras, brindes, bagagem desacompanhada, partes e peças de reposição, mercadoria perecível, animais, etc.	classe 5: combustíveis e materiais oxidantes;
	classe 6: substâncias tóxicas e infecciosas;
	classe 7: materiais radioativos;
	classe 8: corrosivos;
	classe 9: mercadorias perigosas diversas.

Fonte: Adaptado de Fleury et al. (2000).

» Frete aéreo

O cálculo do frete aéreo é feito por meio do peso ou do volume da mercadoria (cubagem), sendo considerado aquele que proporcionar o maior valor. Para saber se devemos considerar o peso ou o volume, a IATA (*International Air Transport Association*) estabeleceu a seguinte relação entre peso e volume:

$$\text{IATA (peso/volume): } 1 \text{ kg} = 60.000 \text{ cm}^3 \quad 1 \text{ ton.} = 6 \text{ m}^3$$

» EXEMPLO

Se uma embalagem apresenta um peso de 1 kg, mas seu volume é maior que 6.000 cm³, considera-se o volume como base de cálculo do frete. Se o peso for de 1 kg, e a embalagem apresentar volume menor que 6.000 cm³, considera-se o peso.

As tarifas, baseadas em rotas, tráfegos e custos, são estabelecidas no âmbito da IATA pelas empresas aéreas para serem cobradas uniformemente, conforme as seguintes classificações:

» CURIOSIDADE

A IATA é uma entidade internacional que congrega grande parte das transportadoras aéreas do mundo, cujo objetivo é conhecer, estudar e procurar dar solução aos problemas técnicos, administrativos, econômicos ou políticos surgidos com o desenvolvimento do transporte aéreo.

Tarifa geral de carga (*general cargo rates*):
- Normal: aplicada a cargas de até 45 kg.
- Tarifa de quantidade: para pesos superiores a 45 kg.

Tarifa classificada (*class rates*): percentual adicionado ou deduzido da tarifa geral cobrada no aeroporto onde é colocada a carga. Incide sobre o transporte de mercadorias específicas (produtos perigosos, restos mortais e urnas, animais vivos, jornais e periódicos e cargas de valor acima de US$ 1.000/kg).

Tarifas específicas de carga (*specific commodity rates*): tarifas reduzidas aplicáveis a determinas mercadorias entre dois pontos determinados (transporte regular).

Tarifas ULD (*Unit Load Device*): transporte de unidade domicílio a domicílio, aplicável a cargas unitizadas, em que o carregamento e o descarregamento das unidades ficam por conta do remetente e do destinatário (prevista a cobrança de multa por atraso por dia ou fração até que a unitização esteja concluída).

Tarifa mínima: representa o valor mínimo a ser pago pelo embarcador. Não é classificada pela IATA.

No transporte aéreo, a forma de pagamento do frete pode ser:
- Pré-pago (*freight prepaid*): frete pago no local de embarque.
- Frete a pagar (*freight collect*): frete pago no local de desembarque.

» DICA
Os modais hidroviário, ferroviário e aeroviário devem, em geral, estar conjugados entre si e, sobretudo, com o modal rodoviário, para que os pontos de origem e de destino sejam interligados.

» Transporte dutoviário

O modal dutoviário é o transporte feito por dutos, os quais são chamados de gasodutos, oleodutos e minerodutos. Para serem transportados por este modal, os produtos precisam apresentar consistência gasosa ou líquida. No caso do mineroduto, este opera com água misturada com minério, formando uma pasta fluida, conhecida como *slurry*, que pode ser transportada a extensões acima de 300 km.

» DICA
Este modal também está sendo estudado para o transporte de grãos; porém, ainda não foi homologado.

Quanto ao duto, este é feito com canos/tubos cilíndricos ocos desenvolvidos de acordo com normas internacionais de segurança (Figura 1.11). As dutovias são compostas por três elementos:

1. terminais, que fazem a propulsão dos produtos;
2. tubos; e
3. juntas de união.

Figura 1.11 Construção de dutos.
Fonte: Thinkstock.

Quanto às suas características operacionais, o modal dutoviário apresenta vantagens e desvantagens, conforme o Quadro 1.6.

Quadro 1.6 » **Vantagens e desvantagens do modal dutoviário**

Vantagens	Desvantagens
Transporte ininterrupto do produto	Limitação do uso pelo tipo de produto
Baixo custo operacional	Disponibilidade depende da utilização por outros usuários
Alta confiabilidade, pois há poucas possibilidades de interrupção da operação	Baixa velocidade (5 a 6 km/h)
Baixo risco de danos ou perdas de produtos	Pode ocasionar um grande acidente ambiental caso suas tubulações se rompam
Dispensa armazenamento e a carga e a descarga são simplificadas	Custos fixos elevados

Fonte: Adaptado de Fleury et al. (2000).

» DICA
Para escolher o modal de transporte adequado ao produto a ser transportado, é preciso considerar as características de cada um, de modo a optar corretamente por aquele que atende às expectativas de serviço desejadas pelo cliente.

» *Comparação entre os modais*

Para auxiliar na escolha do modal de transporte adequado ao produto, são apresentados, a seguir, quadros comparativos entre itens e características dos modais de transporte.

Quadro 1.7 » **Comparativo entre modais da característica velocidade**

Modal	Velocidade	Análise
Aquaviário	Baixa	A velocidade refere-se à rapidez da movimentação em determinada rota, também conhecida como *transit time*. O modal aéreo é o mais rápido.
Ferroviário	Média	
Rodoviário	Alta	
Aeroviário	A mais alta	
Dutoviário	A mais baixa	

Fonte: Adaptado de Fleury et al. (2000).

Quadro 1.8 » Comparativo entre modais da característica frequência

Modal	Frequência	Análise
Aquaviário	A mais baixa	A frequência relaciona-se à quantidade de movimentações programadas, e o modal dutoviário lidera esse item.
Ferroviário	Baixa	
Rodoviário	Alta	
Aeroviário	Média	
Dutoviário	A mais alta	

Fonte: Adaptado de Fleury et al. (2000).

Quadro 1.9 » Comparativo entre modais da característica perdas e danos

Modal	Perdas e Danos	Análise
Aquaviário	Baixa	Perdas e danos são mínimos na operação com os dutos, porque líquidos e gases não estão sujeitos a danos no mesmo grau que os produtos manufaturados, e os perigos que podem ocorrer nessa operação são menores.
Ferroviário	A mais alta	
Rodoviário	Alta	
Aeroviário	Média	
Dutoviário	A mais baixa	

Fonte: Adaptado de Fleury et al. (2000).

Quadro 1.10 » Comparativo entre modais da característica custo

Modal	Custo	Análise
Aquaviário	O mais baixo	O custo é comparado em toneladas transportadas x quilômetro. O modal aquaviário vence nessa categoria, e o aeroviário é o que apresenta o custo mais alto.
Ferroviário	Médio	
Rodoviário	Alto	
Aeroviário	O mais alto	
Dutoviário	Baixo	

Fonte: Adaptado de Fleury et al. (2000).

» IMPORTANTE
No transporte intermodal, o operador organiza todo o processo com o emprego de contêineres e outros equipamentos projetados especialmente para as operações de transferência de carga de um modal para outro. O transporte combinado difere dos serviços integrados, uma vez que naquele ocorre o uso de diferentes modais em uma única operação de transporte, com baixa eficiência de transferência e sem equipamentos especializados para tal operação.

» Serviços logísticos integrados

Serviços logísticos integrados são aqueles que utilizam mais de um modal de transporte na mesma operação, configurando o transporte intermodal.

Uma característica importante nos serviços logísticos integrados é a troca de equipamentos entre os diversos modais. No serviço logístico integrado, uma carreta rodoviária, por exemplo, pode ser embarcada num trem ou num navio. Nesse tipo de operações, acontece a **intermodalidade** (Figura 1.12).

Figura 1.12 Logística integrada.
Fonte: Thinkstock.

O **transporte multimodal** é realizado sob um enfoque sistêmico, e é muito importante para um país de dimensões continentais como o Brasil, além de ser um modelo indispensável no comércio internacional. Suas principais vantagens são:

- Melhor desempenho operacional.
- Menor risco de avarias e danos.
- Mais rapidez e agilidade.
- Melhor qualidade no processo de transporte.

Nas operações integradas, o principal equipamento é o contêiner, pois ele permite vários tipos de combinações multimodais. A carga acondicionada em contêineres não necessita de manuseios custosos e possibilita o serviço porta a porta quando a combinação de modais utiliza caminhões. Os serviços integrados são oferecidos por diversas empresas de nagevação que operam navios porta-contêineres.

Os tipos de contêineres encontrados nas operações dos portos brasileiros são os seguintes:

Dry Container 20' e 40': possui estrutura em aço carbono com medidas de 20' (o mais curto) e 40' (o mais longo). É um equipamento muito utilizado para o carregamento de carga seca em geral, desde produtos químicos até produtos alimentícios não perecíveis. Tem capacidade para cargas de 24.000 até 30.480 kg (subtraindo deste peso a tara do equipamento).

High Cube Container 40': possui 9,6´ de altura e tem a mesma finalidade do *Dry Container* de 40'. Possui capacidade maior em sua cubagem. As unidades de fabricação desde 2012 têm sido produzidas com capacidade para carregar cargas de até 32.500 kg (subtraindo deste peso a tara do equipamento). As unidades de 40´DRY mais novas têm a mesma capacidade. A vantagem deste tipo está na altura, não no MGW (*Max Gross Weight*), capacidade total do contêiner.

Open Top 20' e 40': possui estrutura em aço carbono com medidas de 20' (o mais curto) e 40' (o mais longo). É utilizado para cargas que têm excesso de altura e não podem ser molhadas, como

» DICA
Em geral, os contêineres são padronizados de acordo com normas internacionais — padrão internacional ISO (*International Standards Organization*) — e são compatíveis com as carretas rodoviárias.

vidro, mármore, maquinários, etc., pois possui uma abertura superior coberta por uma lona que facilita o içamento da carga. Tem capacidade para cargas de até 30.480 kg (subtraindo deste peso a tara do equipamento).

Flat Rack **20' e 40'**: possui estrutura em aço carbono com características de uma prancha, com laterais abertas e sem cobertura. Possui medidas de 20' (o mais curto) e 40' (o mais longo). É um equipamento utilizado para o carregamento de cargas pesadas ou maquinários do tipo empilhadeiras, tratores, geradores, etc. O de 20' tem capacidade para cargas de até 34.000 kg, e o de 40', de até 50.000 kg (subtraindo deste peso a tara do equipamento).

Todas as informações sobre o contêiner constam na porta do equipamento: Valor da Tara – peso do equipamento -, *Pay Load* – capacidade de carga do equipamento em geral especificada em Kg e em Libras – e MGW, que é o valor da Tara.

O Quadro 1.11 apresenta as dimensões dos diversos tipos de contêineres empregados nos serviços logísticos integrados em todo o mundo.

» DICA
Os serviços de reparo em *containers* do tipo estrutural, de corte, solda e lona são feitos sempre respeitando o padrão IICL (*Institute of International Containers Lessors Ltd.*).

» *Cadeia de suprimentos*

Existe uma grande diferença entre logística e cadeia de suprimentos. A logística, como vimos anteriormente, trata da movimentação e da armazenagem de produtos e, para tais operações, utiliza modais de transporte, sistemas de informações, recursos humanos e outras ferramentas para executar suas atividades. Desse modo, a logística é apenas uma parcela envolvida com as atividades existentes em uma cadeia de suprimentos.

Já as atividades da cadeia de suprimentos estão ligadas à estratégia da empresa e são divididas em:

Planejamento: deve ser feito sob a consideração de três aspectos:

- Previsão de demanda: criação de previsões realistas de onde e quanto produto será necessário.
- Precificação: participação do processo de valoração do produto. Para manter-se competitiva, a empresa precisa continuar aprimorando suas eficiências por intermédio de menos gastos com estoques e, ao mesmo tempo, utilizar da melhor maneira possível seus ativos.
- Gestão de inventário: determinação da quantidade de material que será armazenada e de seu fluxo para atingir as metas planejadas.

Compras: definição de fornecedores (parceiros), observando a velocidade na entrega, a qualidade do produto fornecido e a flexibilidade de produção. Para isso, deve-se considerar dois aspectos:

- Seleção de fornecedores: avaliação dos possíveis fornecedores não só pelo melhor preço, mas também pela garantia de um fluxo correto de materiais.
- Contas a pagar: integração do fluxo de materiais com as atividades de contas a pagar.

Produção: seu foco deve ser a demanda de produtos pelo mercado e o desejo dos clientes.

- Desenvolvimento de produtos: idealização de produtos que possam ser desenvolvidos com custos logísticos aceitáveis.

» DEFINIÇÃO
Cadeia de suprimentos pode ser definida como um grupo de firmas interligadas por vários processos, e assim obter o produto final (HAUSMAN, 2000).

Quadro 1.11 » Tipos de contêineres e medidas

Container 20 Dry						
Dimensões	**Largura (m)**	**Comprimento (m)**	**Altura (m)**	**Cap. Cúbica (m³)**	**Cap. Carga (ton)**	**Tara (ton)**
Externa	2,438	6,06	2,59	33	22,1	1,9
Interna	1,34	5,919	2,38	-	-	-
Porta	2,34	-	2,283	-	-	-
Container 20 Dry Granel						
Dimensões	**Largura (m)**	**Comprimento (m)**	**Altura (m)**	**Cap. Cúbica (m³)**	**Cap. Carga (ton)**	**Tara (ton)**
Externa	2,352	5,88	2,385	32	18	2,33
Interna	2,232	5,77	2,37	-	-	-
Porta	2,34	-	2,283	-	-	-
Container 40 Dry						
Dimensões	**Largura (m)**	**Comprimento (m)**	**Altura (m)**	**Cap. Cúbica (m³)**	**Cap. Carga (ton)**	**Tara (ton)**
Externa	2,438	12,92	2,59	67,3	27,3	3
Interna	2,34	12,05	2,38	-	-	-
Porta	2,34	-	2,275	-	-	-
Container 40 HC						
Dimensões	**Largura (m)**	**Comprimento (m)**	**Altura (m)**	**Cap. Cúbica (m³)**	**Cap. Carga (ton)**	**Tara (ton)**
Externa	2,438	12,92	2,896	76	29,4	2,9
Interna	2,347	12,05	2,695	-	-	-
Porta	2,34	-	2,585	-	-	-
Flat Rack 20						
Dimensões	**Largura (m)**	**Comprimento (m)**	**Altura (m)**	**Cap. Cúbica (m³)**	**Cap. Carga (ton)**	**Tara (ton)**
Externa	2,438	6,06	2,59	32	29,5	3
Interna	2,352	5,9	2,31	-	-	-
Porta	-	-	-	-	-	-
Open Top 20						
Dimensões	**Largura (m)**	**Comprimento (m)**	**Altura (m)**	**Cap. Cúbica (m³)**	**Cap. Carga (ton)**	**Tara (ton)**
Externa	2,438	6,06	2,59	32,6	21,7	2,3
Interna	2,352	12,024	2,26	-	-	-
Porta	2,32	-	2,25	-	-	-
Open Top 40						
Dimensões	**Largura (m)**	**Comprimento (m)**	**Altura (m)**	**Cap. Cúbica (m³)**	**Cap. Carga (ton)**	**Tara (ton)**
Externa	2,438	12,192	2,59	28,1	67,3	4,2
Interna	2,352	12,024	2,26	-	-	-
Porta	2,32	-	2,25	-	-	-
Refrigerated 20						
Dimensões	**Largura (m)**	**Comprimento (m)**	**Altura (m)**	**Cap. Cúbica (m³)**	**Cap. Carga (ton)**	**Tara (ton)**
Externa	2,438	6,06	2,59	28,1	21,8	3,2
Interna	2,285	5,45	2,26	-	-	-
Porta	2,32	-	2,25	-	-	-
Refrigerated 40						
Dimensões	**Largura (m)**	**Comprimento (m)**	**Altura (m)**	**Cap. Cúbica (m³)**	**Cap. Carga (ton)**	**Tara (ton)**
Externa	2,438	6,06	2,59	67,3	26,28	4,2
Interna	2,285	5,9	2,25	-	-	-
Porta	2,29	-	2,265	-	-	-
Power Pack 20						
Dimensões	**Largura (m)**	**Comprimento (m)**	**Altura (m)**	**Cap. Cúbica (m³)**	**Cap. Carga (ton)**	**Tara (ton)**
Externa	2,438	6,58	2,59	28,1	8,5	2,4
Interna	2,35	5,89	2,36	-	-	-
Porta	2,32	-	2,25	-	-	-

Fonte: Adaptado de Hannes (2014).

- Cronograma de produção: definição do cronograma de produção (em função da demanda) para redução de custos da operação.
- Gestão de instalações: apoio à gestão de equipamentos, suprimentos e consumíveis.

Entrega: aproximadamente 30% do custo de um produto está no transporte; logo, o uso do modal de transporte correto é fundamental.

- Gestão de transportes: coordenação da movimentação de materiais pelos diversos meios disponíveis.
- Gestão de pedidos e entregas: coordenação junto às áreas administrativas dos pedidos dos clientes a fim de melhorar o tempo de entrega mantendo os custos operacionais sob controle. Os prazos de entrega proporcionados ao cliente afetam diretamente os prazos de entregas subsequentes, e também a velocidade e a flexibilidade de toda a cadeia de suprimentos. Com a diminuição do prazo de entrega, as empresas ganham muito em competitividade.

A gestão da cadeia de suprimentos é conhecida como SCM (*Supply Chain Management*). Esta atividade é responsável pelo fluxo de informação e materiais desde o fornecedor até o cliente, logo, para que ela funcione adequadamente, é necessário gerenciá-la (Figura 1.13).

Segundo o CSCM (*Council of Supply Chain Management*):

> O gerenciamento da cadeia de suprimentos engloba o planejamento e a gestão de todas as atividades envolvidas em identificar fornecedores, comprar, fabricar e gerenciar as atividades logísticas. Inclui também a coordenação e a colaboração entre os parceiros do canal, que podem ser fornecedores, intermediários, provedores de serviços e clientes.

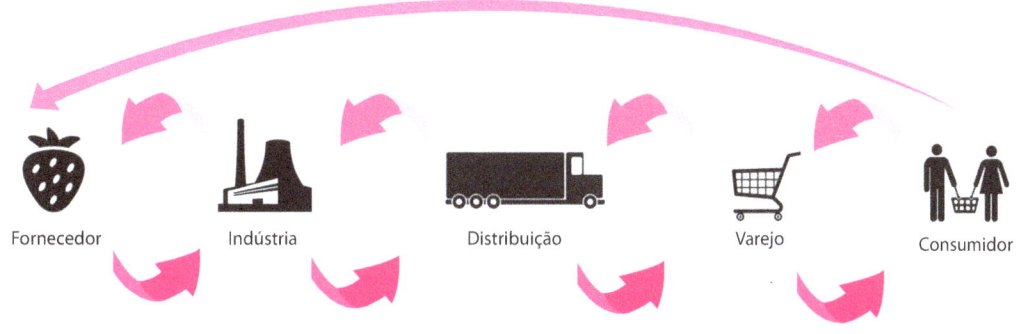

Figura 1.13 Cadeia de suprimentos.
Fonte: Thinkstock.

O *Supply Chain Management* é uma abordagem integral de todo o composto de logística e planejamento (componente estratégico), que envolve questões relacionadas à cadeia de abastecimento: estratégias funcionais, estrutura organizacional, tomada de decisão, administração de recursos, funções de apoio, sistemas e procedimentos.

> **» DICA**
> A área de SCM gerencia os processos ao longo de toda a cadeia de suprimentos por meio da coordenação dos serviços, desde os fornecedores até a entrega do produto acabado ao cliente final.

> **» IMPORTANTE**
> O SCM é uma tecnologia de administração orientada para a integração dos principais processos de negócios existentes entre os elementos de uma cadeia logística, desde os fornecedores iniciais até os consumidores finais, em um modelo de negócio harmônico e de alto desempenho.

capítulo 2

Infraestrutura e tecnologia portuária

Neste capítulo, serão tratados os principais aspectos pertinentes à infraestrutura portuária e à tecnologia utilizada pelos portos em suas operações. Os portos são essenciais à cadeia de suprimentos global e possuem um importante papel na integração da economia mundial. A globalização da economia transformou os portos, de meros locais de movimentação, armazenamento e transbordo de cargas, em um componente fundamental da matriz de transporte do país. Para atender seus clientes com qualidade e eficiência, os portos, públicos ou privados, estão investindo fortemente na melhoria de sua infraestrutura e na modernização de seus equipamentos e de suas tecnologias.

Objetivos de aprendizagem

» Conhecer o funcionamento de um porto e como está organizado o sistema portuário brasileiro.
» Classificar os tipos de portos.
» Saber as normas de segurança internacional de acordo com o ISPS Code.
» Reconhecer a situação atual da infraestrutura portuária brasileira e a sua importância para o comércio exterior do país.

>> Introdução

O sistema portuário brasileiro foi criado em 1808 por D. João VI, quando ele promoveu a abertura dos portos e inseriu o país no comércio internacional. Em 1869, foi promulgada a Lei das Concessões, a fim de permitir o financiamento privado de obras de expansão nos principais portos da época.

Na década de 1930, o Estado assumiu o papel de financiador e operador dos portos e criou a Portobras para cuidar da exploração do cais comercial (operador portuário) e atuar como autoridade portuária nacional (administrava os 35 principais portos comerciais do país). Em 1990, a Portobras foi extinta, e o sistema portuário brasileiro passou por uma grave crise, solucionada com a publicação da Lei de Modernização dos Portos, em 1993, a qual redefiniu os papéis da autoridade portuária, do operador portuário e do próprio Estado na gestão e na regulação do sistema.

>> **NO SITE**
Para conhecer os motivos da vinda de D. João VI para o Brasil, acesse o ambiente virtual de aprendizagem www.grupoa.com.br/tekne.

>> CURIOSIDADE

A Portobras explorava os portos por meio de subsidiárias – companhias docas – e fiscalizava as concessões estaduais e os terminais de empresas estatais e privadas.

Em 2013, novamente foram redefinidos os objetivos e a forma de gestão dos portos com a publicação da Lei nº 12.815, de 5 de junho de 2013.

>> **NO SITE**
Para assistir ao vídeo do pronunciamento de Pedro Brito, Ministro-Chefe da Secretaria Especial de Portos (SEP), em comemoração aos dois séculos de abertura dos portos brasileiros, acesse o ambiente virtual de aprendizagem.

>> Conceito de porto

O porto é uma área abrigada das ondas e das correntes marítimas e fica localizada, na maioria das vezes, à beira de um oceano, lago ou rio, destinada ao atracamento de barcos e de navios. O porto é um local para transbordo de mercadorias e produtos de vários tipos, destacando-se: granéis sólidos e líquidos; bens de capital; e contêineres. Este transbordo pode ser de um navio para outro; de um trem para um navio; de um caminhão para um navio; e vice-versa. É, portanto, uma estrutura intermodal por excelência.

Para que um porto funcione, são necessárias pessoas para executar os serviços de carga e descarga e o manuseio e controle de estoque temporário, bem como instalações adequadas ao movimento de pessoas e de cargas. No Brasil, prevalece o conceito de porto organizado, definido pela Lei nº 8.630, de 25 de fevereiro de 1993, em seu artigo 1º, parágrafo 1º, inciso I:

> I – Porto organizado: construído e aparelhado para atender às necessidades da navegação e da movimentação e armazenagem de mercadorias, concedido ou explorado pela União, cujo tráfego e operações portuárias estejam sob a jurisdição de uma autoridade portuária.

Essa definição prevaleceu até o advento da MP 595, de 2012, transformada na Lei nº 12.815/2013, que revogou a Lei nº 8.630/93 e deu a seguinte definição para porto organizado:

> Art. 2º Para os fins desta Lei, consideram-se:
>
> I – porto organizado: bem público construído e aparelhado para atender às necessidades de navegação, de movimentação de passageiros ou de movimentação e armazenagem de mercadorias, e cujo tráfego e operações portuárias estejam sob a jurisdição de autoridade portuária.

>> **DEFINIÇÃO**
O porto marítimo é um conjunto de terminais agrupados que utilizam a mesma infraestrutura (vias de acesso rodoviário e ferroviário e facilidades do canal de acesso marítimo).

Esta lei, ainda em seu artigo 2°, também estabeleceu a área do porto organizado:

II – área do porto organizado: área delimitada por ato do Poder Executivo que compreende as instalações portuárias e a infraestrutura de proteção e de acesso ao porto organizado.

Na seção IV, no artigo 15°, a lei trata da definição da área de porto organizado nos seguintes termos:

Art. 15. Ato do Presidente da República disporá sobre a definição da área dos portos organizados, a partir de proposta da Secretaria de Portos da Presidência da República.

Parágrafo único. A delimitação da área deverá considerar a adequação dos acessos marítimos e terrestres, os ganhos de eficiência e competitividade decorrente da escala das operações e as instalações portuárias já existentes.

Componente importante do modal de transporte aquaviário, o porto organizado depende da existência de:

Infraestrutura aquaviária: composta por:

- Anteporto ou barra: local que demarca a entrada do porto e onde se torna necessária uma adequada condição de sinalização. Trata-se da área abrigada antes do canal de acesso e das bacias existentes.
- Bacia de evolução: área fronteiriça às instalações de acostagem, reservada para as evoluções necessárias às operações de atracação e desatracação dos navios no porto.
- Bacia de fundeio ou ancoradouro: local onde a embarcação lança sua âncora e que pode permanecer parada por vários dias fazendo reparos ou aguardando atracação no porto. A bacia de fundeio é uma área predeterminada pela autoridade marítima local, no caso, a Capitania dos Portos.
- Canais de acesso e atracagem: caminhos naturalmente mais profundos no leito oceânico, utilizados para a aproximação, a saída ou o fundeamento de embarcações que aguardam vez no porto. Permitem o tráfego das embarcações desde a barra até as instalações de acostagem, e vice-versa.
- Berços de atracação: locais de parada para carregar ou descarregar navios por meio manual ou mecânico (Figura 2.1).

Figura 2.1 Berço de atracação do Porto de São Sebastião – SP.
Fonte: Acervo do Porto de São Sebastião.

- Cabeço: equipamento localizado no berço de atracação cuja finalidade é receber as amarras das embarcações.

- Quebra-mar: construção de concreto que recebe e rechaça o ímpeto das ondas ou das correntes marítimas, defendendo as embarcações que se recolhem no porto. O quebra-mar se diferencia do molhe por não possuir ligação com a terra.
- Cais ou píer: áreas onde estão localizados os berços de atracação e os equipamentos de movimentação de carga e descarga de mercadorias.
- Docas: parte de um porto de mar ladeada de muros ou cais em que as embarcações recebem ou deixam as cargas.
- Dolfin: estrutura fora do cais onde se localiza um cabeço para amarração do navio.

A empresa de praticagem possui técnicos altamente qualificados responsáveis por orientar o comandante na manobra de atracação e desatracação do navio no porto. Eles possuem um grande conhecimento náutico, pois são, normalmente, Oficiais de Marinha Mercante ou Militares aprovados em concurso público realizado pela Diretoria de Portos e Costas (DPC), órgão vinculado ao Ministério da Marinha. O uso dos práticos é obrigatório nos portos brasileiros e onera bastante os custos operacionais.

Infraestrutura portuária: composta pelos ativos fixos sobre os quais é realizada a movimentação de cargas entre os navios e os modais terrestres.

- Pátios ou armazéns: áreas utilizadas para acomodação das cargas a serem embarcadas ou desembarcadas dos navios.
- Equipamentos portuários: guindastes, empilhadeiras, transportadoras, correias, tubulações e qualquer outro equipamento utilizado na movimentação de carga.

Superestrutura portuária: equipamentos portuários para movimentação e armazenagem de mercadorias (Figura 2.2). Estes equipamentos são divididos conforme sua função: para movimentação vertical (entre o porto e o navio, localizados na faixa do cais) e para movimentação horizontal (no caso de movimentação de carga entre os pátios e armazéns para o berço de atracação).

Figura 2.2 Equipamentos de superestrutura portuária para a movimentação de carga.
Fonte: Thinkstock.

Terminais: pontos isolados que compartilham pouca ou nenhuma infraestrutura com outros pontos e que, em geral, são especializados na movimentação de cargas de grande volume e baixo valor agregado. Os terminais estão situados em área de mar, ao longo da costa e perpendicular a ela.

>> **NO SITE**
No Brasil, de acordo com a Lei nº 9.537, de 11 de dezembro de 1997, que dispõe sobre a segurança do tráfego aquaviário em águas sob a jurisdição nacional, foi instituída a obrigatoriedade de utilizar os serviços de profissionais conhecidos como "práticos" ou de "empresas de praticagem". Para saber mais sobre esse assunto, acesse o ambiente virtual de aprendizagem.

>> **DICA**
A maior parte da superestrutura portuária no Brasil é operada por empresas privadas. Os componentes da infraestrutura são imobilizados, isto é, não podem ser colocados facilmente em uso em outros lugares ou em outras atividades.

Trata-se de uma plataforma afastada, em ilha artificial longe da costa, com passarela de acesso, em forma de bacia interna fechada ou aberta (Figura 2.3).

Figura 2.3 Terminal petrolífero de São Sebastião.
Fonte: Acervo do Porto de São Sebastião.

Infraestrutura terrestre: permite o transporte de bens entre os navios e os limites da área do porto, por meio não somente de vias ferroviárias e rodoviárias, dutos e correias transportadoras, mas também de pátios de terminais de embarque e desembarque de cargas e passageiros e de pátios de áreas de armazenagem.

- Retroporto: área interna do porto reservada para a instalação de serviços e o estacionamento de caminhões.
- Vias perimetrais rodoviárias e férreas: estruturas de acesso terrestre ao retroporto e à própria área do porto localizadas em paralelo ao cais. A Figura 2.4 mostra o projeto de acesso rodoviário ao porto de São Sebastião, localizado no Estado de São Paulo.

Figura 2.4 Projeto de acesso rodoviário ao porto de São Sebastião.
Fonte: Imagem cedida por DERSA – Desenvolvimento Rodoviário S/A.

- Centros administrativos e operacionais: aparelhado para atender às necessidades de navegação, movimentação e armazenagem de mercadorias.

>> **NO SITE**
A operação da superestrutura portuária é regulamentada pelo Decreto nº 6.620, de 29 de outubro de 2008, disponível no ambiente virtual de aprendizagem.

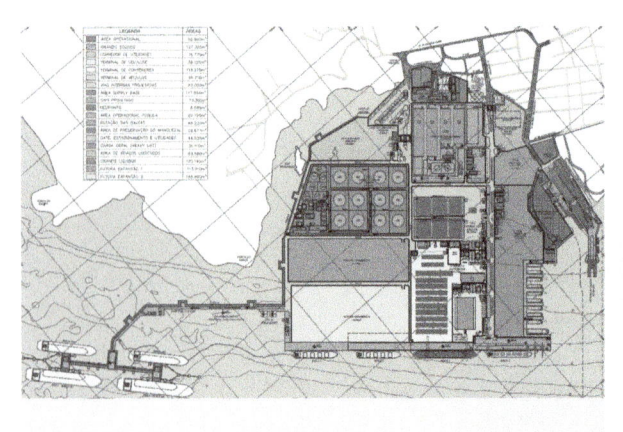

Figura 2.5 Perspectiva do porto de São Sebastião após ampliação*.
Fonte: Acervo do Porto de São Sebastião.

Sobre a função das instalações dos portos, a Lei nº 12.815, de 5 de junho de 2013, em seu artigo 2º, define:

> III – instalação portuária: instalação localizada dentro ou fora da área do porto organizado e utilizada em movimentação de passageiros, em movimentação ou armazenagem de mercadorias, destinadas ou provenientes de transporte aquaviário;
>
> IV – terminal de uso privado: instalação portuária explorada mediante autorização e localizada fora da área do porto organizado;
>
> V – estação de transbordo de cargas: instalação portuária explorada mediante autorização, localizada fora da área do porto organizado e utilizada exclusivamente para operação de transbordo de mercadorias em embarcações de navegação interior ou cabotagem;
>
> VI – instalação portuária pública de pequeno porte: instalação portuária explorada mediante autorização, localizada fora do porto organizado e utilizada em movimentação de passageiros ou mercadorias em embarcações de navegação interior;
>
> VII – instalação portuária de turismo: instalação portuária explorada mediante arrendamento ou autorização e utilizada em embarque, desembarque e trânsito de passageiros, tripulantes e bagagens, e de insumos para o provimento e abastecimento de embarcações de turismo.

» Sistema portuário brasileiro

Segundo a Secretaria Especial de Portos (BRASIL, 2012), o sistema portuário nacional possui 34 portos públicos (administrados pelo Estado) marítimos e fluviais. Entre os 34 portos, existem 16 delegados, concedidos ou administrados, mediante autorização, pelos governos estaduais e municipais.

Os outros 18 marítimos são administrados diretamente pelas **Companhias Docas**, sociedades de economia mista que têm como acionista majoritário o Governo Federal e, portanto, estão diretamente vinculadas à Secretaria de Portos.

A Secretaria de Portos da Presidência da República (SEP/PR) é responsável pela formulação de políticas (formas de conduzir e gerir os portos brasileiros por meio da ANTAQ) e pela execução de medidas, programas e projetos de apoio ao desenvolvimento da infraestrutura dos portos marítimos. Compete a ela a participação no planejamento estratégico e a aprovação dos planos de outorgas,

---

* N. de E.: Para visualizar o projeto em cores, acesse o ambiente virtual de aprendizagem.

buscando garantir a segurança e eficiência no transporte marítimo de cargas e de passageiros. Vinculadas à SEP, as Companhias Docas (empresas públicas estaduais) são os atuais administradores dos portos públicos organizados por delegação do Ministério dos Transportes. Essas companhias assumem o papel de AP nos portos sob sua jurisdição e exercem a gestão dos destinos e da exploração do porto. Elas são responsáveis por administrar as áreas portuárias comuns e aplicar as tarifas previstas nos regulamentos, entre outras funções.

Ao todo, são sete Companhias Docas, assim distribuídas:

- Companhia Docas do Pará (CDP): Portos de Belém, Santarém e Vila do Conde.
- Companhia Docas do Ceará (CDC): Porto de Fortaleza.
- Companhia Docas do Rio Grande do Norte (CODERN): Portos de Natal e Maceió, além do Terminal Salineiro de Areia Branca.
- Companhia Docas do Estado da Bahia (CODEBA): Portos de Salvador, Ilhéus e Aratu.
- Companhia Docas do Espírito Santo (CODESA): Portos de Vitória e Barra do Riacho.
- Companhia Docas do Rio de Janeiro (CDRJ): Portos do Rio de Janeiro, Niterói, Angra dos Reis e Itaguaí.
- Companhia Docas do Estado de São Paulo (CODESP): Porto de Santos.

Na Figura 2.6, há o mapa com os 34 portos públicos que compõem o sistema de portos brasileiro.

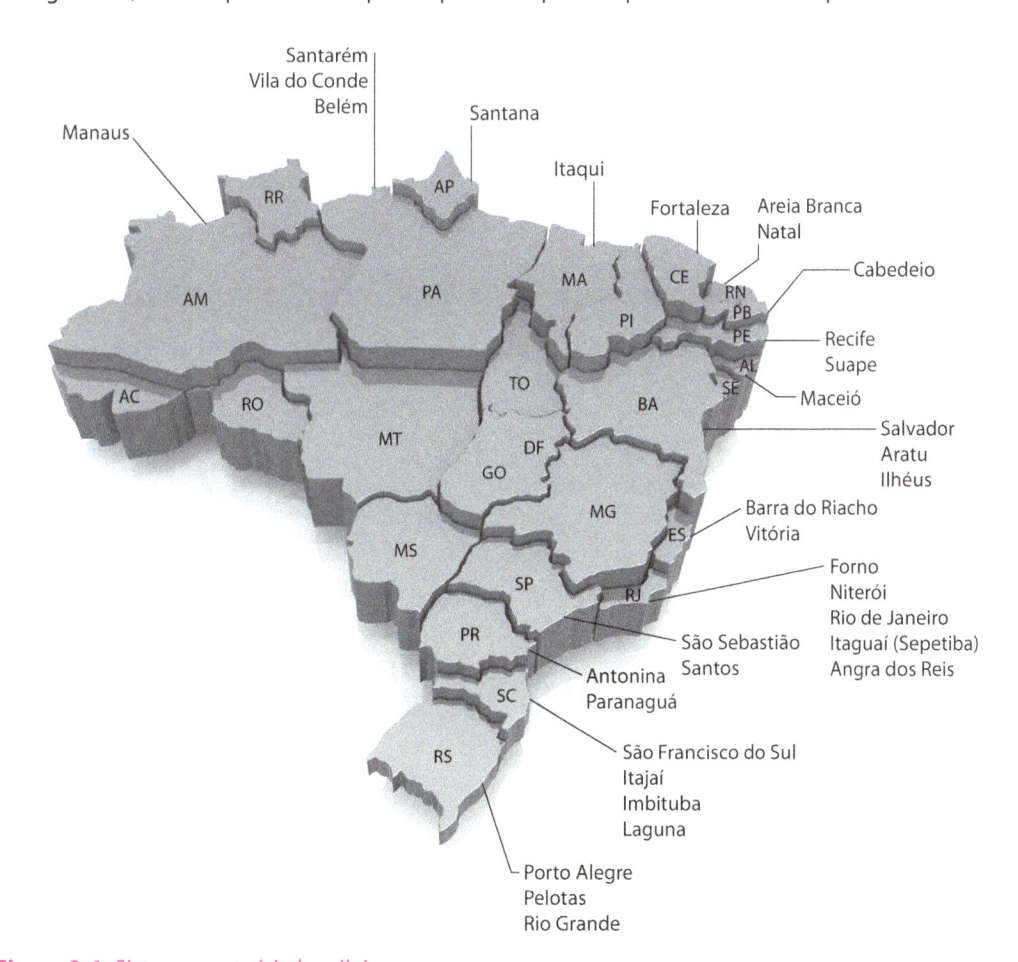

Figura 2.6 Sistema portuário brasileiro.
Fonte: Confederação Nacional do Transporte (2012).

Existem ainda 130 **Terminais de Uso Privativo (TUPs)**, dos quais 73 apresentaram movimentação marítima no ano de 2011. Na Figura 2.7, há o mapa com os 130 TUPs que compõem o sistema de portos brasileiro.

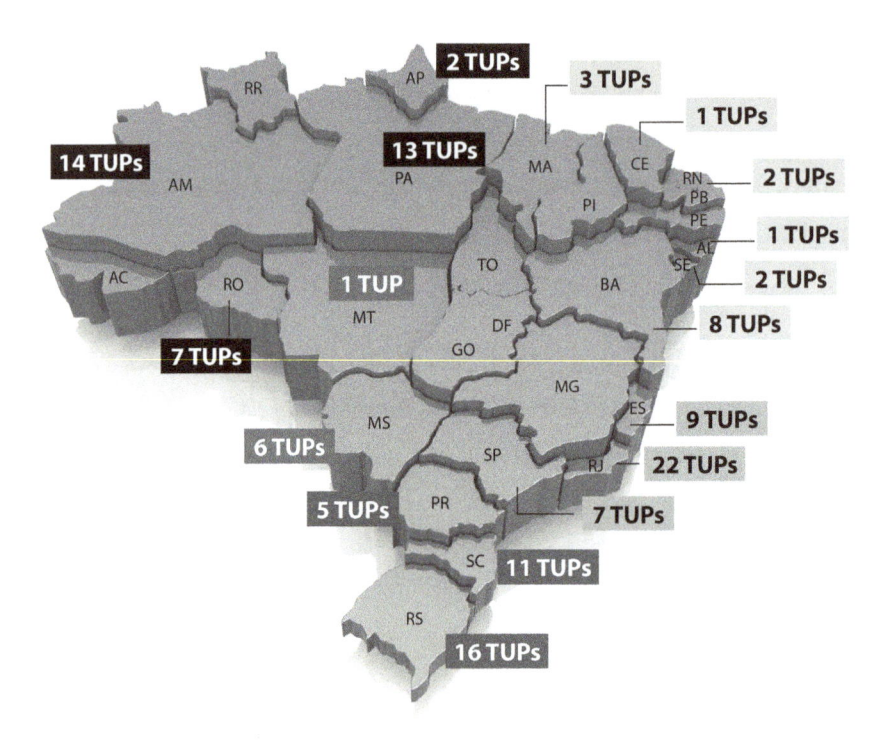

Figura 2.7 TUPs.
Fonte: Confederação Nacional do Transporte (2012).

Existem três complexos portuários que operam sob concessão à iniciativa privada. A partir da Lei n° 12.815/2013, deverão ser licitados os arrendamentos de terminais portuários cujos contratos estão vencidos. O processo de licitação obedecerá ao previsto no Capítulo II, que trata da exploração dos portos e das instalações portuárias em sua seção I.

>> PARA SABER MAIS

O Decreto nº 8.033, de 27 de junho de 2013, regulamentou o disposto na Lei n° 12.815, de 5 de junho de 2013, e as demais disposições legais que regulam a exploração de portos organizados e de instalações portuárias. O decreto determinou a forma como devem ser feitas as licitações em seu Capítulo II – Da exploração dos portos e das instalações portuárias localizadas dentro da área do porto organizado – Seção I – Das disposições gerais sobre a licitação da concessão e do arrendamento. Para mais informações, acesse o ambiente virtual de aprendizagem.

>> Abertura de novas instalações portuárias

O momento econômico que estamos vivenciando atualmente faz do Brasil um dos principais mercados do mundo, cujo resultado está no aumento das importações de vários tipos de produtos e, por conseguinte, na sobrecarga de operação dos portos.

As exportações também estão crescendo, mas a infraestrutura logística e portuária torna o produto brasileiro pouco competitivo. Consequentemente, há uma grande necessidade de investimento, conforme orienta a Lei n° 12.815/2013, na seção II, sobre a autorização de instalações portuárias e, na seção III, sobre os requisitos para a exploração dos portos e das instalações portuárias.

A instalação portuária nova, seja ela para importação ou exportação de produtos feita com investimentos particulares, certamente trará melhorias ao cenário atual. Os procedimentos para a abertura de novas instalações portuárias foram regulamentados pelo Decreto nº 8.033/2013, em seu Capítulo III – Da autorização de instalações portuárias.

» Portos secos

Os portos secos são recintos alfandegados de uso público, situados em zona secundária, nos quais são executadas operações de movimentação, armazenagem e despacho aduaneiro de mercadorias e de bagagem sob o controle aduaneiro. As operações de movimentação e armazenagem, bem como a prestação de serviços conexos em porto seco, sujeitam-se ao regime de concessão ou de permissão.

A execução das operações e a prestação dos serviços conexos serão efetivadas mediante o regime de permissão, salvo quando os serviços devam ser prestados em porto seco instalado em imóvel pertencente à União, caso em que será adotado o regime de concessão precedida da execução de obra pública.

O porto seco é instalado, preferencialmente, adjacente às regiões produtoras e consumidoras. No porto seco também são executados todos os serviços aduaneiros a cargo da Secretaria da Receita Federal, inclusive os de processamento de despacho aduaneiro de importação e de exportação (conferência e desembaraço aduaneiros), permitindo, assim, a interiorização desses serviços no país. A prestação dos serviços aduaneiros em porto seco próximo ao domicílio dos agentes econômicos envolvidos proporciona uma grande simplificação de procedimentos para o contribuinte.

O Brasil possui 63 portos secos em funcionamento em todas as regiões do país, sendo 35 unidades em 14 estados, 1 no Distrito Federal e 27 em São Paulo.

> **» NO SITE**
> Para saber os locais onde estão instalados os portos secos no Brasil, acesse o ambiente virtual de aprendizagem.

» *Responsabilidades sobre as atividades portuárias*

A responsabilidade pelo planejamento e pela gestão dos equipamentos de infraestrutura está a cargo do Ministério dos Transportes (MT) – responsável pela formulação de políticas para o seu âmbito de atuação como um todo –, da Agência Nacional de Transportes Aquaviários (ANTAQ) e da Secretaria Especial dos Portos (SEP).

A ANTAQ foi instituída pela Lei nº 10.233, de 05 de junho de 2001, cuja finalidade é implementar, em sua esfera de atuação, as políticas formuladas pelo Ministério dos Transportes e pelo Conselho Nacional de Integração de Políticas de Transporte (CONIT) segundo os princípios e as diretrizes estabelecidos na sua lei de criação. Segundo essa lei, a ANTAQ deve regular, supervisionar e fiscalizar as atividades de prestação de serviços de transporte aquaviário e de exploração da infraestrutura portuária e aquaviária exercidas por terceiros.

De acordo com o Decreto nº 8.033/2013, em seu Capítulo I – Disposições preliminares, a SEP passou a ter o poder concedente de concessões e de arrendamento dentro do porto organizado, como dis-

> **» ATENÇÃO**
> A Lei n° 10.233/2001 já sofreu inúmeras modificações em seu conteúdo; portanto, ao ser consultada, deve ser feita uma leitura bastante atenta para evitar equívocos em sua interpretação. O texto da Lei está disponível no portal do Governo Federal.

põe o artigo 1°, parágrafo único: "O poder concedente será exercido por intermédio da Secretaria de Portos da Presidência da República". Suas competências estão regulamentadas no artigo 2° do decreto, e descritas no Capítulo III da Lei n° 12.815/2013, artigo 16.

> **DICA**
> O Decreto n° 8.033/2013, que regulamentou a Lei n° 12.815/2013, atribuiu novas competências à ANTAQ em seu artigo 3°.

» Organização administrativa dos portos brasileiros

A Lei n° 12.815/2013 modificou a forma de administração dos portos brasileiros, que, antes da data de sua publicação, obedecia os preceitos da Lei n° 8.630/93, a qual foi revogada. A nova forma de administração procura atender os objetivos da Lei n° 12.815/2013, descritos no Capítulo I.

Art. 1° Esta Lei regula a exploração pela União, direta ou indiretamente, dos portos e instalações portuárias e as atividades desempenhadas pelos operadores portuários.

§1° A exploração indireta do porto organizado e das instalações portuárias nele localizadas ocorrerá mediante concessão e arrendamento de bem público.

§2° A exploração indireta das instalações portuárias localizadas fora da área do porto organizado ocorrerá mediante autorização, nos termos desta Lei.

§3° As concessões, os arrendamentos e as autorizações de que trata esta Lei serão outorgados à pessoa jurídica que demonstre capacidade para seu desempenho, por sua conta e risco.

A partir desses objetivos, o texto da Lei n° 12.815/2013 foi desenvolvido, e o porto organizado passou a ser administrado de acordo com o estipulado no Capítulo IV, seção I, o qual descreve as competências de cada entidade que atua no porto. Segundo o artigo 17, "A administração do porto é exercida diretamente pela União, pela delegatária ou pela entidade concessionária do porto organizado", estabelecendo, no parágrafo 1°, as competências da administração do porto organizado, a qual é denominada autoridade portuária.

> **DICA**
> As atividades de autoridade marítima são desenvolvidas pela Capitania dos Portos, órgão vinculado ao Ministério da Marinha.

O Decreto n° 8.033/2013 estabelece em seu artigo 4° mais algumas competências à administração do porto. O artigo 18 estabelece que, dentro dos limites da área do porto organizado, sua administração possui as competências de:

I – sob coordenação da autoridade marítima:

a) estabelecer, manter e operar o balizamento do canal de acesso e da bacia de evolução do porto;

b) delimitar as áreas de fundeadouro, de fundeio para carga e descarga, de inspeção sanitária e de polícia marítima;

c) delimitar as áreas destinadas a navios de guerra e submarinos, plataformas e demais embarcações especiais, navios em reparo ou aguardando atracação e navios com cargas inflamáveis ou explosivas;

d) estabelecer e divulgar o calado máximo de operação dos navios, em função dos levantamentos batimétricos efetuados sob sua responsabilidade; e

e) estabelecer e divulgar o porte bruto máximo e as dimensões máximas dos navios que trafegarão, em função das limitações e características físicas do cais do porto.

> **DICA**
> A autoridade aduaneira é subordinada ao Ministério da Fazenda, de acordo com a Lei n° 12.815/2013, seção II, que trata da Administração Aduaneira nos Portos Organizados e nas Instalações Portuárias Alfandegadas, artigos 23 e 24. As diversas competências da autoridade aduaneira estão evidenciadas no texto da Lei.

II – sob coordenação da autoridade aduaneira:

a) delimitar a área de alfandegamento; e

b) organizar e sinalizar os fluxos de mercadorias, veículos, unidades de cargas e de pessoas.

No artigo 19 da Lei n° 12.815/2013, foi aberta a possibilidade de a administração do porto estender sua atuação a áreas não pertencentes ao porto organizado a fim de promover o seu desenvolvimento dentro do planejamento estabelecido.

> Art. 19. A administração do porto poderá, a critério do poder concedente, explorar direta ou indiretamente áreas não afetas às operações portuárias, observado o disposto no respectivo Plano de Desenvolvimento e Zoneamento do Porto.
>
> Parágrafo único. O disposto no *caput* não afasta a aplicação das normas de licitação e contratação pública quando a administração do porto for exercida por órgão ou entidade sob o controle estatal.

O Artigo 20 da Lei n° 12.815/2013 institui a obrigatoriedade de existência de um conselho de autoridade portuária CAP com a finalidade de fornecer consultoria sobre a administração do porto. Cabe aqui relembrar que o CAP já existia na vigência da Lei n° 8.630/93 e foi mantido na lei atual com o aperfeiçoamento de alguns parágrafos e cláusulas.

> Art. 20. Será instituído em cada porto organizado um conselho de autoridade portuária, órgão consultivo da administração do porto.
>
> §1° O regulamento disporá sobre as atribuições, o funcionamento e a composição dos conselhos de autoridade portuária, assegurada a participação de representantes da classe empresarial, dos trabalhadores portuários e do poder público.
>
> §2° A representação da classe empresarial e dos trabalhadores no conselho a que alude o *caput* será paritária.
>
> §3° A distribuição das vagas no conselho a que alude o *caput* observará a seguinte proporção:
>
> I – 50% de representantes do poder público;
>
> II – 25% de representantes da classe empresarial; e
>
> III – 25% de representantes da classe trabalhadora.

A estrutura administrativa do sistema portuário brasileiro ficou assim definida pela Lei n° 12.815/2013:

Autoridade Portuária (AP): administra o porto organizado, gera seu patrimônio e controla as demais entidades públicas e privadas atuantes no porto e, se necessário, estendida à área de entorno do porto.

Conselho da Autoridade Portuária (CAP): órgão deliberativo, consultivo e normativo formado por um colegiado com representantes dos segmentos envolvidos na atividade portuária. As competências do CAP estão definidas no Decreto n° 8.033/2013, em seu Capítulo IV, no artigo 36, parágrafo 1°, que trata do conselho de autoridade portuária. O texto completo pode ser consultado no corpo do Decreto.

O CAP é formado por:
- BPP – Bloco do Poder Público.
- BOP – Bloco dos Operadores Portuários.
- BCTP – Bloco da Classe dos Trabalhadores Portuários.

O Conselho de Autoridade Portuária foi regulamentado quanto ao número de participantes e suplentes pelo Decreto n° 8.033/2013, em seu Capítulo IV, artigo 37, que trata do conselho de autoridade portuária: "Cada conselho de autoridade portuária será constituído pelos membros titulares e seus suplentes". O texto completo pode ser consultado no corpo do decreto.

Ainda, para garantir a participação dos empresários e trabalhadores no CAP, tendo em vista que nem todos os portos são privados, a lei assegurou essa participação em seu artigo 21.

> **DICA**
> Na Lei n° 8.630/93, havia a previsão de um BUSP – Bloco dos Usuários dos Serviços Portuários (importadores e exportadores); porém, na Lei n° 12.285/2013, não existe essa previsão.

Art. 21. Fica assegurada a participação de um representante da classe empresarial e outro da classe trabalhadora no conselho de administração ou órgão equivalente da administração do porto, quando se tratar de entidade sob o controle estatal, na forma do regulamento.

Parágrafo único. A indicação dos representantes das classes empresarial e trabalhadora a que alude o *caput* será feita pelos respectivos representantes no conselho de autoridade portuária.

Para garantir o atendimento aos objetivos da lei, o artigo 22 estabelece que a SEP será responsável por coordenar as atividades necessárias a esse fim.

Art. 22. A Secretaria de Portos da Presidência da República coordenará a atuação integrada dos órgãos e entidades públicos nos portos organizados e instalações portuárias, com a finalidade de garantir a eficiência e a qualidade de suas atividades, nos termos do regulamento.

As atividades e responsabilidades, então, por força deste artigo, ficam diretamente vinculadas ao primeiro escalão do governo; logo, ações imediatas podem ser tomadas para ajustes de rumo e de gestão operacionais.

Em relação à operação do serviço portuário, a lei subordinou à autoridade portuária:

- **Operador Portuário (OP)**: definido segundo a Lei n° 12.815/2013, artigo 2°, inciso XIII:

    Operador portuário: pessoa jurídica pré-qualificada para exercer as atividades de movimentação de passageiros ou movimentação e armazenagem de mercadorias, destinadas ou provenientes de transporte aquaviário, dentro da área do porto organizado.

O operador portuário é o executivo de gerência, fiscalização, regulamentação, organização e promoção da atividade portuária. Dele depende a gestão de recursos humanos efetivos e de prestadores de serviços, atividade realizada pelo Órgão Gestor de Mão de Obra (OGMO).

O OP é o responsável pela movimentação de carga e descarga do navio, ficando sob sua alçada as atividades relacionadas à administração portuária, às mercadorias movimentadas, aos trabalhadores portuários, ao OGMO e ao seu contratante, que pode ser o armador, o exportador ou o importador da mercadoria.

No Capítulo V da Lei n° 12.815/2013, ficam estabelecidos os passos necessários para se tornar um OP e também as obrigações e as condições de exercício da atividade. O texto completo pode ser consultado no corpo da lei.

No Capítulo II do Decreto n° 8.033/2013, podem ser encontradas as disposições gerais sobre a exploração dos portos e as instalações portuárias localizadas dentro da área do porto organizado:

Seção I: licitação da concessão e do arrendamento.

Seção II: tratado sobre o edital da licitação em que são descritos os critérios e os objetivos para julgamento da licitação.

Seção III: informações e condições sobre o procedimento licitatório.

Seção IV: informações e condições dos contratos de concessão e de arrendamento.

Seção V: exploração direta ou indireta de áreas não afetas às operações portuárias.

- **Órgão Gestor de Mão de Obra (OGMO)**: este órgão já existia por força da Lei n° 8.630/93 e foi mantido no Capítulo VI da Lei nº 12.815/2013 que trata do trabalho portuário. Todas as suas competências, atribuições e responsabilidades estão nos artigos 32 a 45 da lei. No artigo V do Decreto n° 8.033/2013 também há informações sobre a regulamentação do OGMO.

O OGMO administra a contratação, a escala e a alocação de trabalhadores portuários (TPs) e de trabalhadores portuários avulsos (TPAs). Esse órgão tem como responsabilidade cadastrar, identi-

> » **DICA**
> A tarifa de mão de obra compreende o serviço de estiva realizado pelos operários manualmente ou com auxílio de equipamentos a bordo de embarcações e que consiste na carga, descarga, remoção, arrumação e retirada de mercadorias no convés ou nos porões. Esse serviço é complementado ainda pelas atividades dos conferentes, consertadores de carga, bloqueiros e arrumadores.

ficar, treinar e qualificar a mão de obra e selecioná-la quando solicitado pelo operador portuário. O serviço de movimentação de carga, descarga e estiva a bordo é efetuado somente por pessoas cadastradas e registradas no órgão.

A mão de obra qualificada é uma das grandes preocupações da administração portuária, por isso, o Decreto n° 8.033/2013, no Capítulo VI, institui o fórum permanente para a qualificação do trabalhador portuário e do SINE-PORTO.

Também atuam no porto as seguintes autoridades:

- **Vigilância Sanitária**: exercida pelos inspetores de Vigilância Sanitária. Verifica as condições operacionais e higiênicossanitárias a bordo dos navios e do estado sanitário de seus tripulantes e passageiros.
- **Previdência Social**: exercida pelos auditores fiscais da Previdência Social, os quais verificam a regularidade das contribuições previdenciárias dos trabalhadores e dos operadores portuários, bem como auditam a concessão dos benefícios.
- **Polícia Federal**: exercida pelas autoridades policiais federais, visando ao controle do acesso de pessoas ao país e ao combate aos crimes federais, especialmente o narcotráfico.

Outras pessoas físicas e jurídicas que atuam nos portos são:

- **Armadores**: pessoas físicas ou jurídicas que aprestam a embarcação com fins comerciais, pondo-a em condição de navegabilidade, isto é, dotam a embarcação de tripulação e de equipamentos necessários à operação. O armador geralmente é o proprietário da livre embarcação. Entretanto, pode celebrar contrato de fretamento a casco nu, cedendo a armação a um terceiro. Os comandantes das embarcações são prepostos dos armadores, podendo contrair obrigações em nome deles.
- **Afretadores**: empresas que celebram contrato de fretamento com armadores, contratando os espaços de carga de um ou mais navios. Assim, muitas vezes uma empresa afreta um navio inteiro para realizar o transporte de carga regularmente, por exemplo, de minério ou petróleo. O afretador também poderá credenciar agentes pelos vários portos em que tiver interesse.
- **Agência de navegação**: representantes credenciados dos armadores responsáveis pelo suprimento das necessidades materiais dos navios e pela intermediação comercial, angariando cargas para eles.
- **Despachante aduaneiro**: profissional credenciado pela administração aduaneira para prover o desembaraço de mercadoria dos embarcadores e consignatários. Normalmente possuem procuração do interessado para agir junto às administrações aduaneira e portuária.
- **Fornecedores de navios**: pessoas físicas ou jurídicas que se dedicam ao comércio de materiais, peças e equipamentos de consumo, combustível e alimentação para o uso nas embarcações mercantes.

» *Classificação dos portos*

A Conferência das Nações Unidas para o Comércio e o Desenvolvimento, conhecida por UNCTAD, adota uma classificação que vincula o terminal portuário ao seu entorno socioeconômico, dividindo-o em 3 grupos:

- **Portos de primeira geração**: antes dos anos 1960, conforme o Quadro 2.1.

Quadro 2.1 » Características dos portos de primeira geração

	Primeira geração – antes dos anos 1960
Principais cargas	**Carga geral e granéis**
Atitude e estratégia de desenvolvimento do porto	• Conservadora • Ponto de interface dos modos de transporte
Atividades	• Carga, descarga, armazenagem, serviço de navegação • Cais para atracação das embarcações • Abastecimento dos navios
Características da organização	• Atividades independentes dentro do porto • Relação informal entre o porto e os seus usuários
Características da produção de serviços	• Concentrada no fluxo de carga • Serviço relativamente simples • Baixo valor agregado
Fatores decisivos	• Trabalho e capital

Fonte: Adaptado de Ballou (2006).

- **Portos de segunda geração**: possuem foco na execução de suas funções básicas de acesso, carga, descarga e estocagem e se preocupam em gerar em seu entorno usuários comerciais e industriais de suas facilidades, tornando-se um centro portuário regional (Quadro 2.2).

Quadro 2.2 » Características dos portos de segunda geração

	Segunda geração – após anos 1960
Principais cargas	**Carga geral e granéis**
Atitude e estratégia de desenvolvimento do porto	• Expansionista • Centro de transporte comercial e industrial
Atividades	• Carga, descarga, armazenagem, serviço de navegação • Cais para atracação das embarcações • Abastecimento dos navios • Transformação da carga, serviços comerciais e industriais vinculados aos navios
Características da organização	• Relação próxima entre porto e usuário • Relações pouco integradas entre as atividades realizadas no porto • Relacionamento próximo com a municipalidade
Características da produção de serviços	• Fluxo de carga • Transformação da carga • Serviços integrados • Valor agregado médio
Fatores decisivos	• Capital

Fonte: Adaptado de Ballou (2006).

- **Portos de terceira geração**: além das funções desempenhadas pelos dois outros tipos, estes portos são empenhados em se entrosar com sua área de abrangência – *hinterland*, visando a tornar-se o motor de seu desenvolvimento e um centro de serviços logísticos para a comunidade envolvida (Quadro 2.3).

Os portos também são classificados:

Quanto à sua localização:

- portos costeiros ou litorâneos;
- portos hidroviários;
- portos lacustres.

Esses portos podem ser: portos naturais, portos de mar aberto e portos abrigados.

Quanto à sua infraestrutura:

- portos comerciais;
- portos industriais;
- portos turísticos;

Quadro 2.3 » **Características dos portos de terceira geração**

	Terceira geração – após anos 1980
Principais cargas	**Cargas conteinerizadas, unitizadas e granéis**
Atitude e estratégia de desenvolvimento do porto	• Orientado para o comércio • Centro de transporte integrado e plataforma logística para o comércio internacional
Atividades	• Carga, descarga, armazenagem, serviço de navegação • Cais para atracação das embarcações • Abastecimento dos navios • Transformação da carga, serviços comerciais e industriais vinculados aos navios • Distribuição de informações e carga, atividades logísticas, terminais e distribuição doméstica
Características da organização	• Comunidade portuária integrada • Integração do porto com a rede de comércio e transporte • Relacionamento próximo com a municipalidade • Organização portuária ampliada
Características da produção de serviços	• Fluxo de carga e informações • Distribuição de carga e informações • Pacote de serviços múltiplos
Fatores decisivos	• Tecnologia e *know-how*

Fonte: Adaptado de Ballou (2006).

- portos pesqueiros;
- portos multifuncionais.

    O porto pode ser parcialmente ou totalmente especializado:

Quanto à atividade desenvolvida:

- Atividades humanas (transporte de passageiros) classificam-se em:
    - portos internacionais;
    - portos regionais;
    - portos locais.
- Atividade econômica (transporte de cargas) classifica-se em:
    - de acordo com o principal produto movimentado;
    - de acordo com a principal atividade econômica desenvolvida, conforme a carga movimentada;
    - de acordo com o tipo de transporte realizado.

Os portos também são definidos conforme o tipo de navio e de carga movimentada:

Porto de transbordo – *Hub Port*: são aqueles que concentram o maior volume de carga e de linhas de navegação devido ao seu tamanho. Este tipo de porto surgiu em virtude das estratégias de aumento do tamanho dos navios, de concentração das rotas e de redução de escalas. Essas estratégias geraram redução do custo unitário por contêiner transportado.

As empresas de navegação preferem operar em um *hub port* para movimentarem o maior número de contêineres no menor tempo possível a fim de oferecerem tarifas atraentes. Para ser considerado um *hub port*, um porto precisa das seguintes características:

- Distância em relação às principais rotas de navegação – *Hinterland*.
- Área de abrangência marítima – *Vorland*.
- Ambiente físico portuário, ou seja, instalações, qualidade de serviço e preços praticados – *Umland*.

O Porto de Santos é o candidato natural para se tornar um *hub port*, porém, ele tem restrições físicas, como profundidade insuficiente e assoreamento constante do seu canal de acesso que prejudicam a chegada de embarcações maiores.

Os portos brasileiros que possuem as características naturais necessárias para se tornarem *hub ports* na costa leste da América do Sul são:

- Sepetiba: tem condições naturais atraentes e uma grande retroárea disponível, mas, por ora, ainda está sofrendo a concorrência de portos mais tradicionais e com maior carga cativa, como Santos e Rio de Janeiro, que ainda se encontram com capacidade suficiente para atender aos fluxos atuais.
- Suape: tem concentrado seus esforços em disponibilizar um pacote de serviços que atraia os armadores a partir da garantia de segurança, qualidade, eficiência e tarifas justas, mas não possui um mercado cativo de grandes volumes.

Portos secundários – *feeder port*: não recebem navios de grande porte. Eles recebem a carga do exportador, embarcando-as em navios de pequeno porte para o porto concentrador de carga,

>> **NO SITE**
Acesse o ambiente virtual de aprendizagem para assistir a um vídeo sobre o Porto de Santos e conhecer o maior candidato brasileiro a ser um *hub port*.

>> **DICA**
A Lei nº 12.815/2013 previu no Capítulo VIII, artigos 53 a 55, a implantação do programa nacional de dragagem portuária e hidroviária II.

onde sofrerá o transbordo para o posterior embarque para o seu destino final, ocorrendo o fluxo inverso na importação. Todo o desembaraço aduaneiro para exportação/importação deve ser efetuado neste porto.

O funcionamento do *hub port* e dos portos secundários está associado às condições de funcionamento atuais de cabotagem. Para viabilizar o *feeder service*, o transbordo precisa ganhar economicidade, devendo para isso dispor de tarifas e preços reduzidos para esse tipo de operação, além de incorrer em menores custos associados à mão de obra portuária.

Para viabilizar as operações, novas formas de negócios devem ser admitidas, por exemplo: o transporte intermodal precisa ser aperfeiçoado; as ações empresariais necessitam ter foco na redução de custos; as disposições e os regulamentos emitidos pelas autoridades portuárias têm de promover e facilitar as operações das empresas de cabotagem; e os sindicatos de trabalhadores precisam contribuir com o barateamento da mão de obra.

Apesar do maior tempo de viagem, fator inibidor de sua utilização, o serviço de cabotagem está ganhando parte do mercado de transporte rodoviário devido à segurança contra roubos e à entrega com baixo índice de sinistros. O crescimento da cabotagem vem ocorrendo rapidamente nos portos brasileiros, e três companhias têm se destacado:

- DOCENAVE – Companhia Vale do Rio Doce
- ALIANÇA Navegação – Grupo Hamburg Süd
- MERCOSUL Line – Maersk Group

» O porto e o ISPS CODE

O ISPS CODE corresponde ao Código Internacional para Segurança de Navios e Instalações Portuárias. Trata-se de um código mundial criado pela Organização Marítima Internacional (IMO), órgão das Nações Unidas, aplicado compulsoriamente em mais de 155 países desde o dia 1º de julho de 2004 com o intuito de aumentar o nível de segurança nos portos.

O ISPS CODE objetiva a identificação, a avaliação e o gerenciamento de fatores de risco à segurança de portos e navios. Para que esse código seja aplicado, é necessário que seja cumprida uma série de atribuições por armadores, operadores portuários, comandantes de navios, terminais portuários e autoridades marítimas.

> **» CURIOSIDADE**
>
> A criação da norma ISPS CODE, que teve o respaldo dos Estados Unidos, é decorrente dos ataques terroristas ao World Trade Center e ao Pentágono em setembro de 2001.

Conforme o código, os portos que não se adequarem às novas regras de segurança correm o risco de serem rejeitados pelos navios e pelo comércio internacional como ponto de embarque e desembarque de mercadorias.

» DEFINIÇÃO
Feeder services são serviços prestados por embarcações de pequeno porte em operações de transporte de cargas para locais de embarque em navios maiores ou diretamente para navios que não podem atracar no porto em virtude de pouca ou da falta de infraestrutura de atracamento.

» NO SITE
Para conhecer os 100 maiores armadores do mundo, acesse o ambiente virtual de aprendizagem.

» DICA
Para garantir a frequência da navegação de cabotagem e possibilitar a implementação do *feeder service*, é imprescindível que os fluxos de carga entre o norte e o sul do país cresçam sensivelmente. O uso mais intensivo da tecnologia da informação será um elemento fundamental para viabilizar o *feeder service* e alavancar todo o processo de comércio exterior.

» PARA SABER MAIS

As instruções para cadastramento no ISPS CODE e a portaria que instituiu o ISPS CODE no Porto de Santos (BRASIL, 2011) estão disponíveis no ambiente virtual de aprendizagem.

» NO SITE
Acesse o ambiente virtual de aprendizagem e conheça a pesquisa CNT do transporte marítimo 2012.

» Situação atual da infraestrutura portuária brasileira

De acordo com a pesquisa CNT do transporte marítimo 2012, diversos aspectos da infraestrutura portuária brasileira têm de ser melhorados, exigindo investimentos nessa área com urgência. As respostas à pesquisa foram fornecidas por agentes marítimos de diversos portos brasileiros, com alguns deles operando em mais de um porto (CONFEDERAÇÃO NACIONAL DO TRANSPORTE, 2012).

capítulo 3

Gestão de estoques e armazenagem

Neste capítulo, serão apresentados os sistemas de administração de materiais e seus diversos subsistemas dedicados tanto à gestão das operações relacionadas ao funcionamento do porto quanto das operações portuárias. As atividades ligadas à gestão de material destinado ao funcionamento do porto estão atreladas às atividades de suporte às operações e aos almoxarifados, enquanto a gestão de material das operações portuárias envolve o controle sobre a entrada e a saída dos materiais no porto, seu manuseio e sua movimentação.

Objetivos de aprendizagem

» Compreender o que é armazenagem: métodos, equipamentos e estruturas.

» Saber como é feita a gestão de estoques e almoxarifados: características, métodos de controle e tipos de atividades.

» Reconhecer as diferenças entre a gestão de materiais destinados ao funcionamento do porto e a gestão de materiais que envolvem a armazenagem, o controle e a movimentação das mercadorias que entram e saem do porto durante as operações de embarque e desembarque.

> **DEFINIÇÃO**
> Armazém alfandegário é um espaço criado por uma organização pública ou privada para o armazenamento de produtos passíveis de impostos até que estes tenham sido pagos.

Introdução

As operações que envolvem estoque e armazenagem em um porto basicamente são as mesmas desenvolvidas pelas empresas industriais e comerciais; no entanto, elas devem ser divididas em atividades distintas. Em um porto, os estoques são controlados pelas empresas que operam os terminais portuários e, em geral, dispõem de todos os bens materiais (máquinas, equipamentos, ferramentas, instalações) necessários para suprir as atividades (operações de embarque e desembarque de navios) por determinado período.

Em um porto, as operações ligadas à armazenagem fazem parte de um conceito bem mais amplo e envolvem o fluxo de mercadorias e produtos que circulam pelo porto, tanto para embarque em navios quanto para desembarque. Neste caso, os estoques de produtos destinados ao transporte ou que foram desembarcados são mantidos em armazéns alfandegários (Figura 3.1).

Figura 3.1 Armazéns alfandegários.
Fonte: Thinkstock.

Gestão de estoques

As operações ligadas à gestão de estoques em um porto relacionam-se ao controle e à guarda em almoxarifados de materiais, componentes, suprimentos, equipamentos, ferramentas, embalagens, EPIs, EPCs, uniformes, bem como combustíveis e lubrificantes para as máquinas – todos necessários ao suporte das atividades portuárias.

Esses estoques não são destinados à comercialização; eles existem para garantir a continuidade das operações portuárias e estão alocados em almoxarifados classificados de acordo com o tipo de material. Para que os estoques sejam controlados e geridos adequadamente e para que sejam atingidos bons resultados, é preciso saber responder às seguintes perguntas:

a) Quanto pedir? A resposta está ligada diretamente ao menor nível de estoques possível para o atendimento das necessidades identificadas nas operações durante determinado período. É preciso conhecer a demanda dos produtos e os valores necessários para a aquisição das quantidades necessárias.

b) Quando pedir? É preciso ter critérios estabelecidos, como: ponto de pedido; estoque mínimo; estoque de segurança.

c) Quanto manter em estoques de segurança? É necessário conhecer bem os prazos necessários à aquisição dos produtos e os prazos de entrega praticados pelos fornecedores.

Uma boa maneira de obter respostas para estas questões é trabalhar com uma ferramenta conhecida como gráfico dente de serra (Figura 3.2).

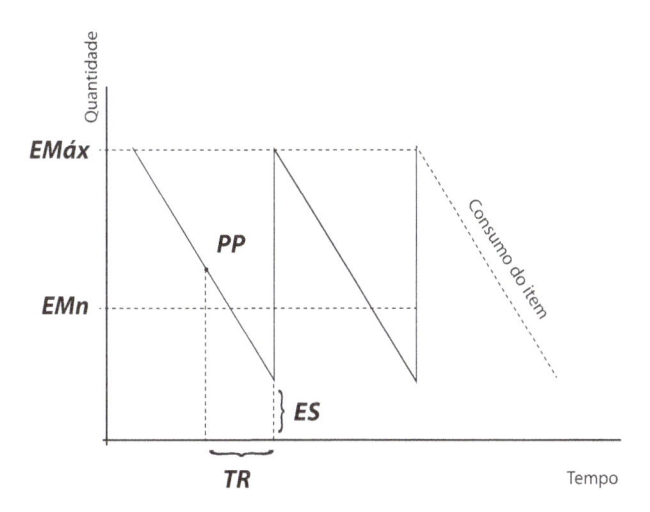

Figura 3.2 Gráfico dente de serra.

O gráfico dente de serra recebe esse nome em virtude da forma da linha de consumo, que se assemelha à de um serrilhado, característico da movimentação de materiais em um processo de recebimento, estocagem e consumo (saída do item do estoque), sendo:

- **EMáx – Estoque máximo**: maior capacidade de armazenamento em um estoque de um ou de vários itens. Como limitadores para determinar o estoque máximo, devem ser considerados os seguintes aspectos: valor dos itens; espaço adequado disponível; e atributos do item.

$$EMáx = QR + PR$$

Onde:

QR = Quantidade de reposição

PR = Quantidade de estoque no ponto de reposição

- **EMn – Estoque mínimo**: menor quantidade de um item em estoque que permite a execução das operações.

$$EMn = QC \times NO$$

Onde:

QC = Quantidade consumida

NO = Número de operações no período considerado (dia, semana, quinzena, mês, ano)

- **CM – Consumo médio do item**: medido dentro do período de tempo estabelecido: dia, semana, quinzena, mês, ano.

$$CM = (QC1 + QC2 + QC3) / PC$$

Onde:

QC = Quantidade consumida no período considerado

PC = Número de períodos de consumo

- **ES – Estoque de segurança**: mantido para a segurança e o conforto operacional e contra o risco de atraso no fornecimento por parte dos fornecedores ou contra a súbita procura (demanda) pelos itens ou insumos, ou sazonalidades. O conforto gera garantias de manutenção das operações.

$$ES = CM \times TR$$

Onde:

CM = Consumo médio do período considerado

TR = Tempo médio de reposição

- **PP – Ponto de pedido ou reposição**: momento em que é feito o pedido ao fornecedor ou é solicitada uma nova entrega já programada. Este ponto indica a chegada ao final de estoque do item e determina quando deverá chegar o novo pedido ou entrega. É considerada a expectativa de uso dos estoques e o tempo necessário para que o fornecedor consiga atender ao pedido.

$$PP = (CM \times TR) + ES$$

Onde:

CM = Consumo médio do período considerado

TR = Tempo médio de reposição

ES = Estoque de segurança

- **TR – Tempo de resposta ou de retroalimentação**: tempo que decorre entre o ponto de pedido e o recebimento do material. É um aspecto incontrolável, mas de acompanhamento possível. O TR depende de terceiros e de aspectos físicos, como a distância do fornecedor e a infraestrutura, por isso, sua gestão se torna mais delicada.

d) Onde localizar? É preciso definir se os estoques serão:

- Centralizados: proporcionam melhor controle e facilitam a gestão do pessoal e o planejamento de compras. A movimentação interna é grande e exige uma quantidade maior de equipamentos para movimentação das cargas.
- Descentralizados: possibilitam o controle visual do item e um bom aproveitamento de espaço em virtude de estarem em paletes ou em recipientes próximos à área onde serão utilizados.

> **DICA**
> Quanto mais distante está o fornecedor, maior será o tempo de resposta ou de retroalimentação; logo, maiores serão as chances de que algo afete o processo e de que a mercadoria atrase. Se o fornecedor for de fora do país, devem ser considerados os aspectos alfandegários que podem atrasar o fornecimento.

» O almoxarifado

O almoxarifado é um local delimitado fisicamente para a guarda e o controle de materiais que serão utilizados nas operações do terminal portuário, a fim de evitar desvios e deterioração e mantê-los adequados à pronta utilização ou consumo. As quantidades estocadas de cada item devem ser controladas e sempre, em qualquer situação, é preciso considerar a essencialidade dos materiais:

Item X: não interfere na operação do terminal. A falta do item está ligada ao apoio, e não à operação. Em geral, existe similar.

Item Y: interfere e afeta a operação do terminal. Sua substituição é possível por itens similares, mas sem a mesma qualidade.

Item Z: interfere diretamente na operação do terminal. Item considerado imprescindível, não pode faltar em hipótese alguma e sua substituição por similar é impossível.

O local onde o almoxarifado está instalado, em geral, é fechado e tem acesso restrito, pois tudo ali estocado possui valor financeiro. As instalações devem ser adequadas aos produtos depositados e dotadas de recursos de movimentação e de distribuição que permitam um bom atendimento.

O almoxarifado precisa:

1. Assegurar que o material sob sua guarda seja encontrado na quantidade devida e no local certo quando seu uso for necessário.
2. Impedir divergências entre as quantidades controladas e as reais e perdas de materiais de qualquer natureza.
3. Preservar a qualidade dos bens sob sua responsabilidade.
4. Possuir um *layout* que permita utilizar de maneira eficiente sua capacidade volumétrica e ter acesso rápido aos locais de estoque dos itens para que as distâncias percorridas internamente e o número de viagens sejam menores.

> **» DICA**
> O almoxarifado é um departamento da empresa que explora o terminal marítimo e deve trabalhar com métodos e processos que garantam sua eficiência.

» *Características do layout de um almoxarifado*

O layout de um almoxarifado é desenvolvido para que a estocagem de produtos e o acesso a eles sejam realizados com facilidade e eficiência. Em geral, antes de montar o almoxarifado, faz-se a representação gráfica do local, em escala reduzida, incluindo móveis, utensílios, equipamentos e demais facilidades para determinar onde eles devem ser posicionados e configurados a fim de permitir e otimizar os fluxos existentes e maximizar o aproveitamento da área.

A Figura 3.3 mostra o *layout* de um almoxarifado, considerando uma possível organização de itens de acordo com sua frequência de utilização.

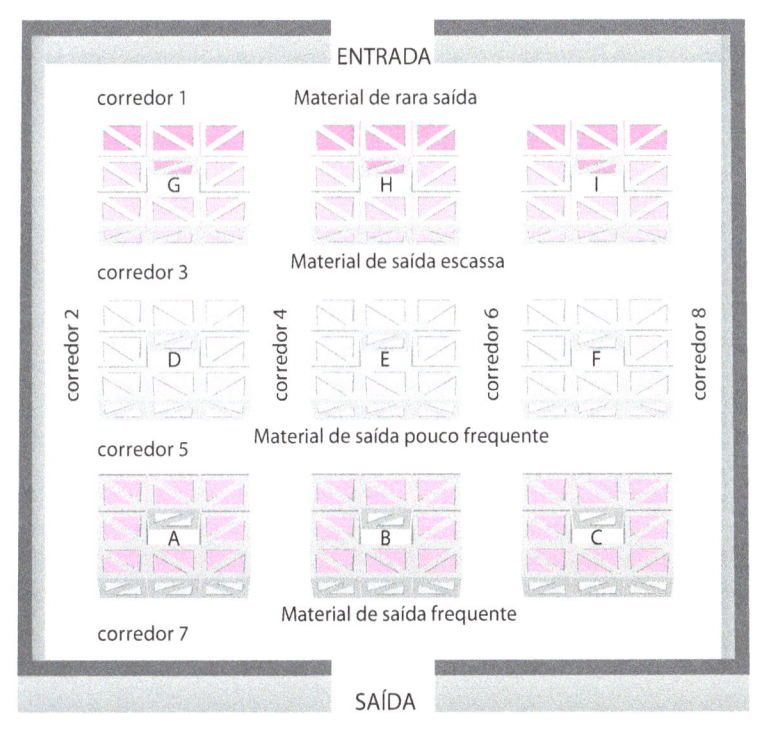

Figura 3.3 *Layout* de um almoxarifado.
Fonte: Do autor.

O *layout* de um almoxarifado (estoque ou armazém) deve ser projetado para permitir:

- A máxima utilização e organização do espaço destinado às operações.
- A utilização de equipamentos de movimentação de cargas: largura dos corredores, largura e altura das portas e resistência do piso.
- O fácil acesso a todos os itens: itens de grande circulação, peso e volume.
- A proteção e segurança dos itens estocados: área fechada, prateleiras e estruturas (altura x peso).

›› Método ABC de alocação de materiais em estoques

O método ABC consiste em separar os materiais mantidos em estoque em três grupos: A, B, C, classificando-os segundo seus valores e dando mais importância aos materiais de maior valor monetário.

Em todos os almoxarifados, existe um pequeno número de itens que possuem elevado valor financeiro e um grande número de itens de menor valor, assim como um número intermediário de itens que têm custos médios. Comparando os valores dos materiais mantidos em estoque e sua necessidade, dividimos os itens em uma escala de 100% da seguinte maneira:

Materiais A: são os mais caros e em menor número, portanto, devem permanecer em estoque por pouco tempo. O método ABC considera que 70% do valor total dos estoques são representados por 20% das mercadorias.

Materiais B: são os materiais de quantidades e valores intermediários, e podem ficar estocados por um período de tempo médio (em torno de 60 dias). O método ABC considera que 20% do valor total da compra são representados por 30% das mercadorias.

Materiais C: são os materiais de pouco valor e de grandes quantidades, portanto, podem ficar estocados por mais tempo. O método ABC considera que 10% do valor total da compra são representados por 50% das mercadorias. Os diversos fatores para classificar os materiais dentro desse método são:

- tempo de fornecimento;
- volume do material;
- perecibilidade.

Para classificar os produtos pelo método ABC é necessário seguir esses passos:

1º Passo – Coletar os dados: os materiais devem ser listados em ordem de código (a, b, c, d... ou 1,2,3...), sendo informados o preço unitário, o consumo anual do material em unidades e o seu valor de consumo anual.

2º Passo – Atribuir grau: após ordenar os materiais conforme o primeiro passo, atribua o grau segundo o maior valor de consumo anual (o maior valor recebe o grau 1, e assim sucessivamente).

A Tabela 3.1 apresenta um exemplo dos passos 1 e 2.

›› **DICA**
Os critérios de divisão dos materiais pelo método ABC servem como regra, mas cabe ao administrador perceber que cada material, de acordo com as características de seu almoxarifado, tem armazenamento próprio e poderá sair de um nível de classificação para outro.

Tabela 3.1 » Classificação ABC

Material	Preço unitário	Consumo anual (unid.)	Valor consumo (ano)	Grau
A	1	10.000	10.000	8º
B	12	10.200	122.400	2º
C	3	90.000	270.000	1º
D	6	4.500	27.000	4º
E	10	7.000	70.000	3º
F	1200	20	24.000	6º
G	0,60	42.000	25.200	5º
H	26	8.000	22.400	7º
I	4	1.800	7.200	10º
J	60	130	7.600	9º

Fonte: Adaptada de Viana (2000).

3º Passo – Reordenar a tabela: os materiais têm de ser reorganizados de acordo com o grau atribuído. As colunas devem ser colocadas na seguinte sequência: grau, material e valor de consumo anual, conforme apresentado na Tabela 3.2.

4º Passo – Criar a coluna valor do consumo acumulado: o preenchimento desta coluna é feito da seguinte forma: na primeira linha, repita o valor do consumo anual do produto de grau 1 (270.000); na segunda linha, some o valor de consumo de grau 1 (270.000) com o consumo do produto de grau 2 (122.400) e lance o total (392.400). Proceda assim até o último item.

5º Passo – Criar a coluna porcentagem sobre o valor do consumo total: o preenchimento desta coluna é feito da seguinte forma: divida o valor do consumo acumulado do material grau 1 (270.000) pelo valor acumulado que aparece no último material no grau 10 (566.000).

$$270.000/566.000 = 46\%$$

A tabela a seguir apresenta os passos 3, 4 e 5.

Tabela 3.2 » Classificação ABC

Grau	Material	Valor consumo (ano)	Valor consumo acumulado	Porcentagem sobre o valor do consumo total %	
1º	C	270.000	270.000	46	A
2º	B	122.400	392.400	67	A
3º	E	70.000	462.400	79	
4º	D	27.000	489.400	83	B
5º	G	25.200	514.600	88	
6º	F	24.000	538.600	92	
7º	H	22.400	561.000	95	
8º	A	10.000	571.000	97	C
9º	J	7.600	578.600	98	
10º	I	7.200	585.800	100	

Fonte: Adaptada de Viana (2000).

6º Passo – Traçar o gráfico com base na tabela: trace o eixo X (horizontal) e coloque o grau de 1 a 10, seguindo uma escala que pode variar de 1 em 1 centímetro ou mais. Trace o eixo Y (vertical) e coloque o valor de consumo acumulado partindo de 0 até o maior valor. Identifique os pontos de cruzamento correspondente e trace uma linha saindo do ponto zero, passando por todos os pontos de cruzamento identificados. A Figura 3.4 demonstra como isso é feito.

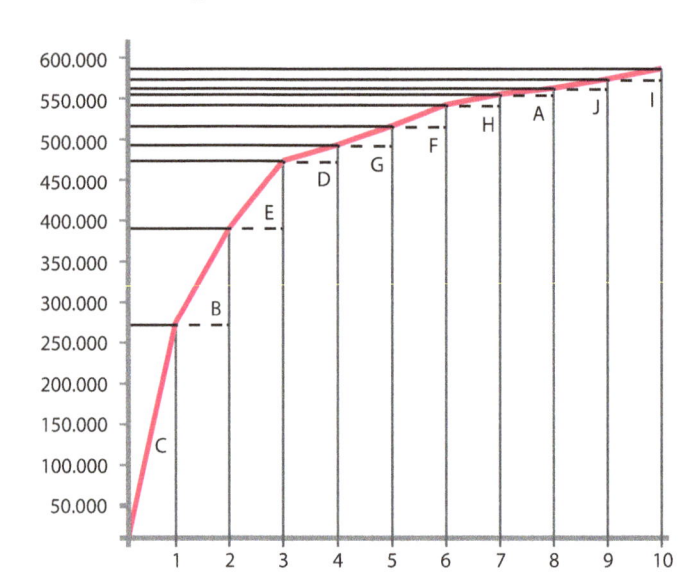

Figura 3.4 Gráfico ABC.
Fonte: Adaptado de Viana (2000).

Após traçar o gráfico, é necessário classificar quais materiais pertencem a cada categoria (Figura 3.5).

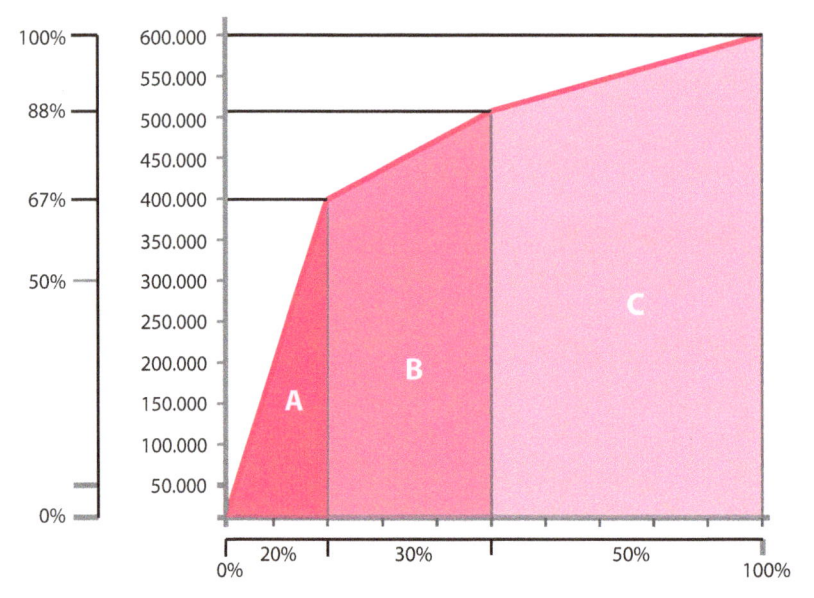

Figura 3.5 Gráfico ABC.
Fonte: Adaptado de Viana (2000).

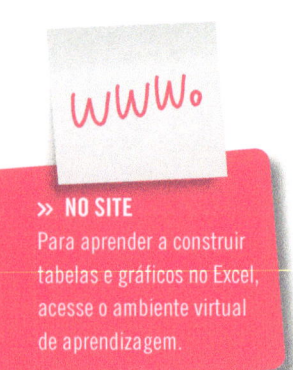

> » **NO SITE**
> Para aprender a construir tabelas e gráficos no Excel, acesse o ambiente virtual de aprendizagem.

> » **DICA**
> As metodologias apresentadas nos passos 1 a 6 são muito úteis nas operações realizadas na área retroportuária e nos terminais privatizados, uma vez que as operações se assemelham em muitos aspectos às operações desenvolvidas em qualquer tipo de empresa.

» Tipos de almoxarifado

Nas organizações portuárias, o foco das atividades é a prestação de serviços; desse modo, a guarda dos materiais no almoxarifado serve para dar suporte a essa finalidade. A divisão dos materiais nos almoxarifados é feita da seguinte forma:

- tintas, combustíveis e lubrificantes;
- veículos e peças para veículos;
- materiais complementares;
- materiais auxiliares;
- equipamentos, ferramentas, ferragens;
- materiais de manutenção;
- material de embalagens;
- outros.

Os almoxarifados normalmente são classificados em:

- Armazém: edificação composta por piso nivelado, cobertura, paredes laterais e frontais e portas de acesso, com áreas de administração e armazenagem. Normalmente, abriga materiais que exigem cuidado para sua conservação (Figura 3.6).

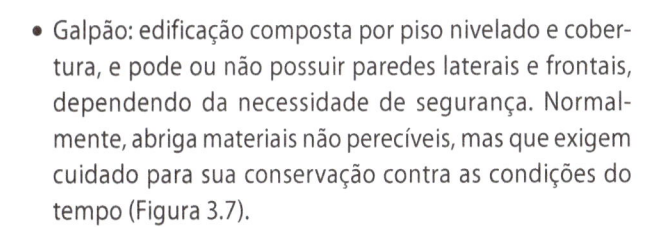

> » **DICA**
> Independentemente do critério ou do método de armazenamento adotado, é oportuno observar as indicações contidas nas embalagens dos materiais em geral.

Figura 3.6 Armazém.
Fonte: Thinkstock.

- Galpão: edificação composta por piso nivelado e cobertura, e pode ou não possuir paredes laterais e frontais, dependendo da necessidade de segurança. Normalmente, abriga materiais não perecíveis, mas que exigem cuidado para sua conservação contra as condições do tempo (Figura 3.7).

Figura 3.7 Galpão.
Fonte: Thinkstock.

- Pátio: área aberta composta por piso nivelado e pavimentado cercado (Figura 3.8). É utilizado para armazenar materiais que não sofrem com a ação do tempo e que não possuem condições de serem armazenados em galpões e armazéns devido ao tamanho e peso (materiais a granel, tambores e contêineres, peças fundidas e chapas metálicas).

Figura 3.8 Pátio de estocagem.
Fonte: Thinkstock.

- Coberturas alternativas: não sendo possível a expansão do almoxarifado, a solução é a utilização de galpões plásticos, que dispensam fundações e permitem a armazenagem a um menor custo (Figura 3.9).

Figura 3.9 Galpão em lona.
Fonte: Thinkstock.

Eles possuem o mesmo significado, sendo o método mais comum de estoque. As mercadorias compradas primeiro são consumidas primeiro, o que evita uma série de problemas, como obsolescência, deterioração e outros.

Para a escolha do melhor almoxarifado, os parâmetros adotados em relação ao produto são os seguintes:

Combustibilidade	Fragilidade	Peso
Corrosão	Inflamabilidade	Radiação
Explosividade	Intoxicação	Volatilização
Forma	Oxidação	Volume

Independentemente do tipo de almoxarifado utilizado, os critérios de acomodação dos materiais têm de ser definidos, e o arranjo físico deve ser o que melhor atenda às necessidades operacionais. Alguns critérios já foram testados e aprovados por diversas empresas, como:

- Armazenagem por tamanho: permite bom aproveitamento do espaço.
- Armazenamento por frequência: armazena próximo da saída do almoxarifado os materiais que tenham maior frequência de movimento.
- Armazenagem especial: exige condições especiais, como:
  - Ambientes climatizados.
  - Rígidas normas de segurança na armazenagem de produtos inflamáveis.
  - Utilização do método FIFO (*First Input, First Output*) ao armazenar produtos perecíveis.

> » **DEFINIÇÃO**
> FIFO: do inglês, *First In, First Out*.
> No Brasil, o anacrônico FIFO possui a denominação PEPS: Primeiro que Entra, Primeiro que Sai.

» Atividades do almoxarifado

Cabe ao almoxarifado manter o controle de todas as operações realizadas no recebimento dos materiais, na sua armazenagem e distribuição. Esse controle precisa fornecer, a qualquer momento, as quantidades dos materiais que se encontram à disposição em processo de recebimento, as devoluções aos fornecedores e as compras recebidas e aceitas.

O almoxarifado é o departamento ou setor da empresa responsável pelas atividades de recebimento, que abrangem desde a recepção do material na entrega pelo fornecedor até a sua entrada nos estoques. As atividades de recebimento de materiais pelo almoxarifado são desenvolvidas em quatro fases:

1ª fase

Entrada de materiais: tem início com a chegada do veículo de entregas. Antes de ser feita a descarga dos materiais, são realizadas algumas atividades e verificações preliminares, como:

- Recepção dos veículos transportadores: são verificadas as condições do veículo, as vestimentas e os equipamentos de segurança que devem ser utilizados pelo motorista da transportadora.
- Exame para constatação de avarias: é feito por meio da observação visual da disposição das cargas e da análise das embalagens quanto a evidências de quebras, umidade e amassados.

O "Conhecimento de Transporte Rodoviário de Carga", que acompanha a Nota Fiscal, é emitido pela transportadora quando esta recebe a mercadoria para ser transportada, sendo, portanto, um do-

> » **DICA**
> A função de recebimento de materiais faz parte de um sistema integrado com as áreas de contabilidade, compras e transportes. É nesse momento que termina o atendimento do pedido pelo fornecedor e tem início o controle dos estoques físico e contábil.

cumento útil para a análise de avarias e para a conferência de volumes que estão sendo entregues pela transportadora.

- Constatação se a compra, objeto da nota fiscal, está autorizada pela empresa e no prazo de entrega: as compras não autorizadas ou em desacordo com a programação de entrega devem ser recusadas, transcrevendo-se os motivos no verso da nota fiscal.
- Constatação se o número do documento de compra consta na nota fiscal: as divergências e as irregularidades constatadas em relação às condições de contrato devem motivar a recusa do recebimento, anotando-se no verso da 1ª via da nota fiscal e nos documentos do transportador as circunstâncias que motivaram a recusa.
- Cadastramento no sistema das informações referentes a compras autorizadas: aqui tem início o processo de recebimento.
- Encaminhamento do veículo para a descarga: as entregas que passaram por essa primeira conferência devem ser encaminhadas ao almoxarifado.

Descarga de materiais: na descarga de materiais no almoxarifado são realizadas as seguintes atividades:

- Conferência de volumes: a conferência é feita confrontando-se a nota fiscal com os respectivos registros e controles de compra.
- Utilização de equipamentos especiais: paleteiras, talhas, empilhadeiras e pontes rolantes.

Cadastramento de dados: é necessário ao registro do recebimento do material e compreende a atualização dos seguintes sistemas:

- Sistema de administração de materiais e gestão de estoques: controla a entrada de materiais em estoque.
- Sistema de contas a pagar: libera os pagamentos e atualiza a posição de fornecedores.
- Sistema de compras: atualiza saldos e baixa dos processos de compras.

2ª fase

Conferência quantitativa: verifica se a quantidade declarada pelo fornecedor na nota fiscal corresponde efetivamente à recebida. A confrontação do recebido *versus* faturado é efetuada a posteriores por meio do regularizador que analisa as distorções e providencia a recontagem.

Dependendo da natureza dos materiais envolvidos, estes podem ser contados a partir da utilização dos seguintes métodos:

- Manual: para pequenas quantidades. A conferência manual nunca deve ser feita com o manuseio de cargas com peso superior a 30 Kg.
- Por meio de cálculo: para embalagens padronizadas com grandes quantidades. O cálculo é feito considerando o volume de uma unidade em comparação ao volume ocupado pela carga total.

Por exemplo, se uma carga possui volume de $50m^3$ e cada embalagem possui volume de $30 cm^3$, o cálculo é feito da seguinte maneira:

$$50m^3 / 0,30 cm^3 = 166,67 \rightarrow \text{a carga possui aproximadamente 167 unidades.}$$

- Por meio de balanças contadoras pesadoras: para grandes quantidades de pequenas peças, como parafusos, porcas e arruelas. A contagem é feita rapidamente e com grande precisão. O uso da balança contadora traz agilidade ao processo de conferência e economia na mão de obra.

>> **DEFINIÇÃO**
A conferência por acusação, também conhecida como "contagem cega", é aquela na qual o conferente aponta a quantidade recebida, desconhecendo a quantidade faturada pelo fornecedor.

Existem balanças analógicas que trabalham por comparação de pesos que possuem duas conchas, A e B, que estão relacionadas com a plataforma na razão de 100:1 e 10:1, ou seja:

1) Se colocarmos cinco peças na concha A (100:1) e carregarmos a plataforma quando o ponteiro da balança atingir o ponto zero, teremos na plataforma 500 peças.

2) Se colocarmos duas peças na concha A (100:1) e três peças na concha B (10:1), serão necessárias 230 peças na plataforma para que o ponteiro da balança atinja o ponto zero, assim:

$$2 \times 100 + 3 \times 10 = 230$$

Atualmente, as balanças utilizadas para contagem possuem características eletromecânicas ou eletrônicas. Veja a Figura 3.10.

Figura 3.10 Balança eletromecânica móvel.

- Pesagem: para materiais de maior peso ou volume, a pesagem é feita por meio de balanças rodoviárias ou ferroviárias. O peso líquido será obtido por meio da diferença entre o peso bruto e a tara do veículo. Materiais de menor peso são conferidos por meio de pesagem direta sobre balanças.

- Medição: em geral, as medições são feitas por meio de trenas, mas, em algumas situações, a medição direta torna-se difícil, sendo necessários outros recursos para obter o comprimento. Alguns exemplos de medições especiais são:

a) Corrente de elos: determina-se o comprimento de 1 elo e multiplica-se pelo número de elos:

$$L = A \times N$$

L = comprimento da corrente

A = comprimento de 1 elo

N = número de elos

b) Correia transportadora: determina-se o comprimento aproximado da correia transportadora, enrolada como bobina, aplicando as seguintes fórmulas:

$$L = + ([d + (D - d)] \pi \cdot n) / 2$$

L = comprimento da correia

d = diâmetro do furo (ou interno)

D = diâmetro externo

n = número de voltas

π = 3,1416

Ou:

$$L = D_m \cdot \pi \cdot n$$

L = comprimento da correia

Dm = diâmetro médio = (D + d) / 2

π = 3,1416

n = número de voltas

Critérios de tolerância: são utilizados para permitir o recebimento de materiais encaminhados pelo fornecedor em excesso. É necessário considerar que as balanças contêm imprecisões, e uma mercadoria pesada em balanças distintas talvez apresente pesos diferentes. A tolerância considerada pode chegar até ± 1 % do peso declarado.

Para dirimir essas dúvidas, devem ser seguidas as orientações do INMETRO (Instituto Nacional de Metrologia).

3ª fase

Conferência qualitativa: visa a garantir a adequação do material ao fim que se destina. A análise de qualidade efetuada pela inspeção técnica, por meio da confrontação das condições contratadas na Autorização de Fornecimento com as consignadas na nota fiscal pelo fornecedor, visa a garantir o recebimento adequado do material contratado pelo exame das características dimensionais, características específicas e restrições de especificação.

Para realizar a inspeção no material, é necessário que o almoxarifado tenha em seu poder documentos com informações e parâmetros determinados, como: especificação de compra do material e alternativas aprovadas; desenhos e catálogos técnicos; e padrão de inspeção contendo os parâmetros para auxiliar o inspetor a decidir entre recusar ou aceitar o material.

Em geral, ao realizar as inspeções, as empresas adotam os parâmetros estabelecidos pelo INMETRO (Instituto Nacional de Metrologia) e as normas determinadas pela ABNT (Associação Brasileira de Normas Técnicas), mas, muitas vezes, em função da grande quantidade de materiais, a inspeção é realizada por amostragem, utilizando conceitos estatísticos.

Os tipos de inspeção normalmente utilizados no recebimento de materiais são:

- **Inspeção visual**: feita para verificar o acabamento do material, os possíveis defeitos, danos à pintura e amassamentos.
- **Inspeção dimensional**: feita para verificar as dimensões dos materiais, como largura, comprimento, altura, espessura, diâmetros.
- **Ensaios específicos**: realizados em materiais mecânicos e elétricos para comprovar a qualidade, a resistência mecânica, o balanceamento e o desempenho de materiais e/ou equipamentos.
- **Testes não destrutivos**: realizados com equipamentos de ultrassom, radiografia, teste de líquido penetrante, teste de dureza, rugosidade, testes hidráulicos, pneumáticos.

Geralmente, não são realizados ensaios específicos e testes não destrutivos nos almoxarifados portuários, no entanto, estes estocam produtos e materiais que requerem segurança para serem utilizados, pois são submetidos a esforços físicos que demandam resistência. Para que esses produtos e materiais apresentem as características de segurança necessárias, recomenda-se que, no momento da compra, seja exigida junto ao fornecedor a certificação de resistências e capacidades.

>> **ATENÇÃO**
O resultado obtido por esse cálculo não é exato, motivo pelo qual pequenas divergências não podem ser consideradas. Deve ser aceita como certa a quantidade declarada na nota fiscal. O uso da fórmula é válido para confrontar a medida declarada na NF e considerar uma eventual divergência que exija providências.

>> **NO SITE**
Para conhecer as orientações do INMETRO, acesse o ambiente virtual de aprendizagem.

4ª fase

Regularização: realizada quando necessária para manter o controle sobre o processo de recebimento e sanar eventuais irregularidades constatadas durante as conferências qualitativa e quantitativa. A regularização acontece por meio de documentos que contenham o laudo de inspeção técnica e também pela confrontação das quantidades conferidas *versus* faturadas.

O processo de regularização pode originar uma das seguintes situações:

- Liberação de pagamento parcial (havendo ressalvas) ou pagamento total ao fornecedor (material recebido sem ressalvas).
- Devolução de material ao fornecedor.
- Reclamação de falta ao fornecedor.
- Entrada do material no estoque.

Para regularizar uma situação anormal constatada durante os processos de inspeção, em geral, são utilizados os seguintes documentos:

- Nota fiscal.
- Conhecimento de transporte rodoviário de carga.
- Documento de contagem efetuada.
- Relatório técnico da inspeção.
- Especificação de compra.
- Catálogos técnicos.
- Desenhos.

O material em excesso ou com defeito será devolvido ao fornecedor imediatamente acompanhado da Nota Fiscal de Devolução.

Armazenagem: após o recebimento, o material é colocado em uma área onde passará pelos processos de classificação quanto à sua natureza e de registro de entrada nos estoques. A guarda dos materiais no almoxarifado obedece a cuidados especiais definidos segundo a instalação e o *layout* adotados.

A armazenagem deve proporcionar condições físicas que preservem a qualidade dos materiais e possibilitem a ocupação plena do edifício, a manutenção da ordem e a arrumação. O processo de armazenagem é composto pelas seguintes fases:

1ª fase

Verificação das condições de recebimento do material: verifica a condição de entrega do material, ou seja, se o material está sendo entregue normalmente; se em caráter de urgência; se está em falta; se existe pedido pendente, entre outras condições que possam interferir no processo de armazenagem.

2ª fase

Identificação do material: é necessária para que a armazenagem seja feita de forma correta e possibilite sua localização e controle. Para identificar corretamente um material, é necessário:

- Classificar o material: agrupar o material segundo sua forma, dimensão, peso, tipo e uso (conforme suas semelhanças). Com esse critério, é mais fácil codificá-lo de acordo com seu tipo, uso, finalidade, data de aquisição, propriedades e sequência de aquisição. A classificação do material compreende alguns aspectos:

    - Catalogação dos materiais: arrolar todos os itens existentes, sem omissões, para:
        - Ter uma ideia geral da coleção.
        - Realizar consultas com facilidade.
        - Adquirir materiais com alto grau de certeza.
        - Realizar a conferência dos materiais.
        - Evitar duplicidade na codificação.
    - Simplificação: reduzir o número de itens empregados para uma mesma finalidade. Quando dois ou mais materiais podem ser usados para o mesmo fim, recomenda-se a escolha de um deles.
    - Especificação: descrever detalhadamente o item quanto a suas medidas, formato, tamanho, peso, etc. Quanto mais detalhada a especificação de um item, menos dúvida haverá sobre sua composição e suas características e mais fácil será a sua compra e inspeção no recebimento.
    - Normalização: estabelecer a maneira como o material deve ser utilizado em suas diversas aplicações de acordo com as normas existentes.
    - Padronização: estabelecer padrões de peso, medidas e formatos para os materiais. A padronização evita que materiais diferentes, mas que possuem a mesma finalidade, entrem em estoque.

Codificar um material: representar as informações necessárias, suficientes ou desejadas por meio de números e/ou letras com base na classificação do material. Esse código fornece as informações de classificação do material e o seu histórico: preço inicial, localização, vida útil, depreciação, valor residual, manutenção, previsão de substituição, etc. Existem três tipos de sistemas de codificação:

- Sistema de codificação alfabético: utiliza apenas letras na formação dos códigos. Está em desuso devido às suas limitações em quantidade de geração de códigos e à dificuldade na sua memorização.
- Alfanumérico: combinação de letras e números na formação dos códigos. Tem maior capacidade de geração de códigos em relação ao alfabético e possibilita elaborar códigos com divisões de grupos e classes, conforme indica a Figura 3.11.

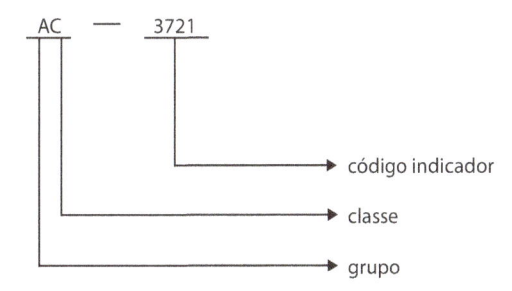

```
        AC  —  3721
                │││
                ││└──► código indicador
                │└───► classe
                └────► grupo
```

Figura 3.11 Código com divisão de grupos e classes.
Fonte: Adaptada de Dias (2011).

> » **DICA**
> O uso de simbologias (códigos alfanuméricos) indica precisamente o posicionamento de cada material estocado, facilitando as operações de movimentação e estocagem. A simbologia alfanumérica deve ser desenvolvida de acordo com o *layout* do armazém, de modo a conter todas as informações sobre os espaços disponíveis em cada endereço.

- Numérico (ou decimal): utiliza apenas números na formação dos códigos, os quais são compostos por divisões em grupos e classes. Sistema bastante simples, é o mais utilizado atualmente.

Exemplo de divisão por grupos

Classificação geral:
- 01 – matéria-prima
- 02 – óleos, combustíveis e lubrificantes
- 03 – produtos em processo
- 04 – produtos acabados
- 05 – material de escritório
- 06 – material de limpeza

Neste sistema, conseguimos criar subdivisões de grupos, por exemplo: subdivisão do grupo 05 – material de escritório.

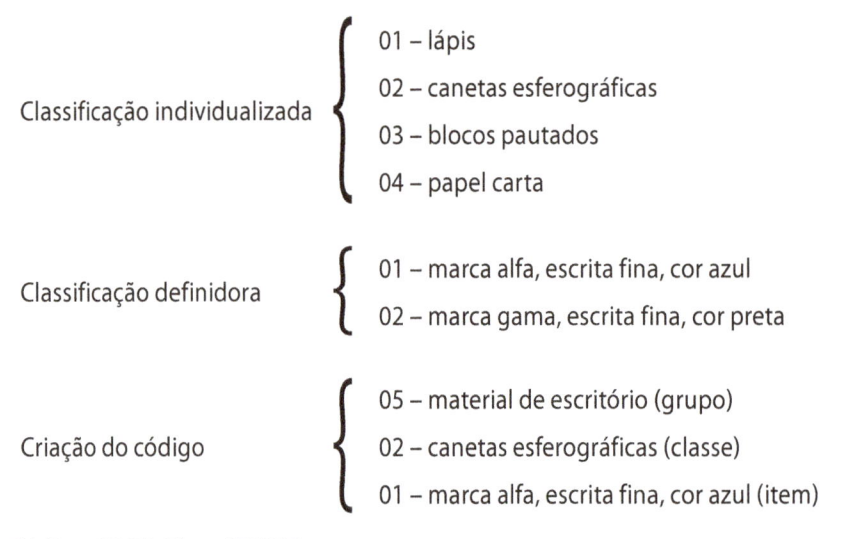

Classificação individualizada:
- 01 – lápis
- 02 – canetas esferográficas
- 03 – blocos pautados
- 04 – papel carta

Classificação definidora:
- 01 – marca alfa, escrita fina, cor azul
- 02 – marca gama, escrita fina, cor preta

Criação do código:
- 05 – material de escritório (grupo)
- 02 – canetas esferográficas (classe)
- 01 – marca alfa, escrita fina, cor azul (item)

Código: 05-02-01 ou 050201

Descrição do item: caneta esferográfica da marca alfa, com escrita fina e cor azul.

- Sistema *Federal Supply Classification*: criado e desenvolvido pelo Departamento de Defesa dos Estados Unidos a fim de estabelecer e manter um sistema uniforme de identificação, codificação e catalogação para todos os órgãos de sua estrutura, conforme ilustra a Figura 3.12.

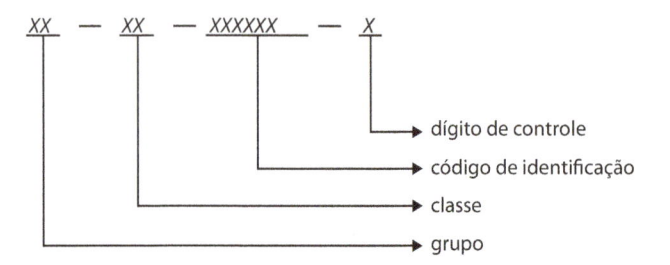

XX — XX — XXXXXX — X

- dígito de controle
- código de identificação
- classe
- grupo

Figura 3.12 Código FSC.
Fonte: Adaptada de Dias (2011).

O sistema de classificação é o mesmo do sistema numérico ou decimal, variando apenas na questão do dígito.

>> EXEMPLO

Calcular o dígito do número 261533.

Explicação: Cada dígito do número, começando da direita para a esquerda (menos significativo para o mais significativo), é multiplicado, na ordem, por 2, depois 3, depois 4, e assim sucessivamente, até o limite de multiplicação escolhido.

2	6	1	5	3	3	
X7	X6	X5	X4	X3	X2	
14+	**36+**	**5+**	**20+**	**9+**	**6**	= 90
(90×10) / 11 → **900** / 11 = 88,1 → **resto** = **9**							

A somatória dessas multiplicações é multiplicada por 10 e dividida por 11. O resto dessa divisão é o dígito verificador.

Número com DV = 261533-9

3ª fase

Guarda na localização adequada: para que um almoxarifado tenha uma organização perfeita, são necessários um eficiente processo de trabalho e pessoas treinadas para que os materiais sejam guardados nos locais estabelecidos pelo sistema de localização de materiais.

4ª fase

Informação da localização física de guarda ao controle: deve ser feita antes de o material ser encaminhado para armazenagem, pois é necessário que todas as operações burocráticas sejam cumpridas. A base para a operação desses sistemas é a **codificação dos materiais**.

Existem dois métodos de endereçamento ou localização dos estoques adotados na maior parte dos almoxarifados:

- **Sistema de endereçamento fixo**: trabalha com um endereço específico para cada produto. Para criá-lo, é necessário que o *layout* tenha sido desenvolvido com as características apresentadas anteriormente. Como ilustra a Figura 3.13, o endereço fixo deve indicar:
  - O local ou o setor onde será armazenado o material.
  - A rua do armazém.
  - A posição na prateleira.
  - O nível que se encontra a prateleira.
  - O código de barras do endereço.

> **>> DICA**
> Quando existe um baixo número de itens estocados, nenhum tipo de codificação é necessário; mas deve ser utilizado um código alfanumérico para a localização dos materiais.

> **DICA**
> Os almoxarifados atuais, em sua maioria, operam com sistemas computadorizados que facilitam todas as operações. Esses sistemas, em geral, são integrados a outros sistemas e oferecem informações completas sobre os materiais.

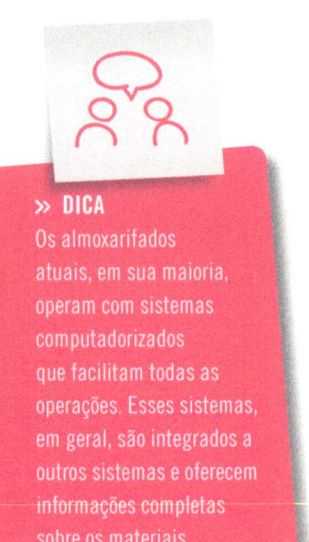

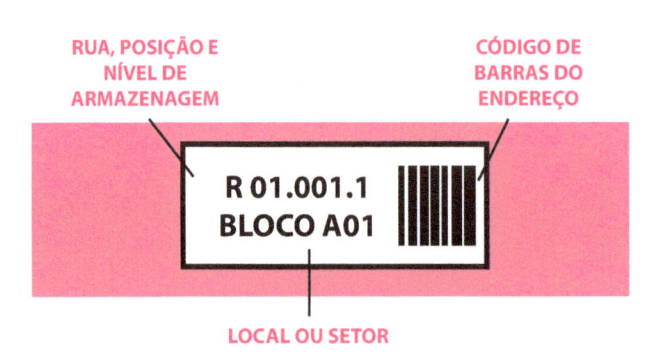

Figura 3.13 Código de endereçamento fixo.

Na prateleira, as etiquetas serão afixadas para indicar o local da mercadoria conforme mostra a Figura 3.14.

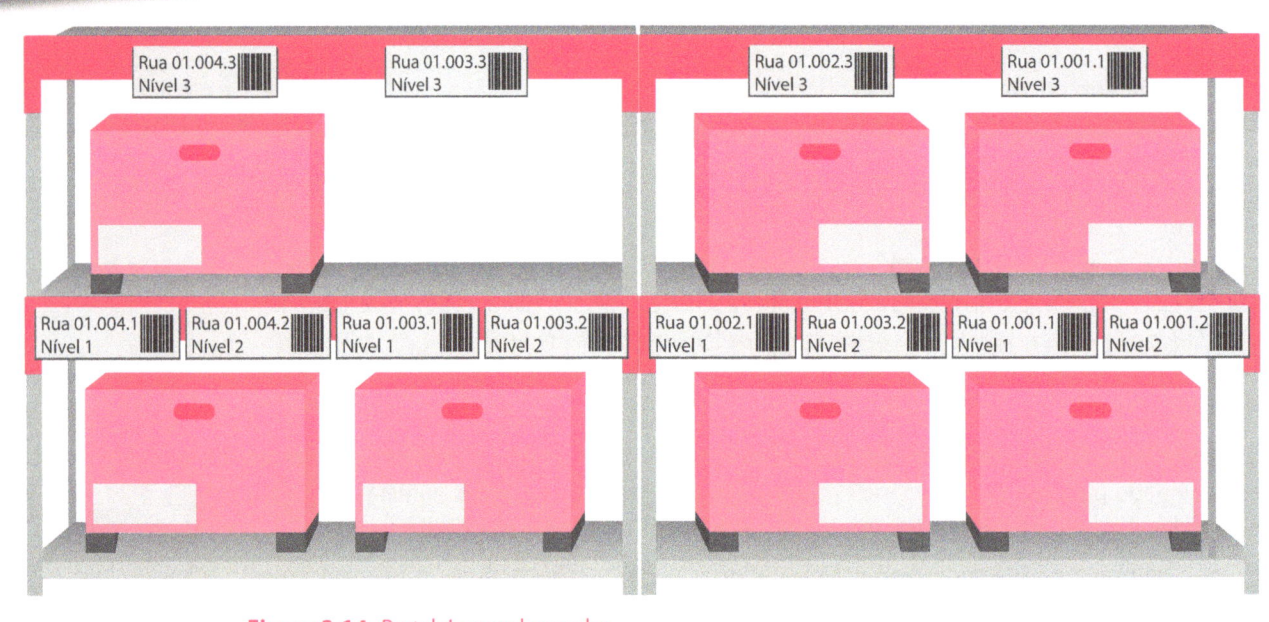

Figura 3.14 Prateleiras endereçadas.

- **Sistema de endereçamento variável**: neste sistema, não existem locais fixos de armazenagem, a não ser para itens de estocagem especial. Quando as mercadorias chegam ao armazém, serão designadas a qualquer espaço disponível, o que possibilita um melhor uso da área.

No momento da recepção da mercadoria, é verificado o endereço disponível por meio do sistema informatizado de controle de estoque, capaz de manter o registro de itens alocados em diversos locais dentro do armazém. Normalmente, esse sistema é o ERP (*Enterprise Resource Planning*).

O cadastro da mercadoria é feito pelo código de endereçamento e também pelo código de barras, o que permite o controle da quantidade disponível e a procura das mercadorias nos estoques. A localização do produto ocorre pelo nome, código de barras ou código reduzido.

Para que esse sistema de endereçamento funcione, é preciso haver um código de recuperação muito bem elaborado associado a um método de preenchimento de pedidos de materiais (manual ou informatizado).

> **DEFINIÇÃO**
> Em termos gerais, *ERP* é uma plataforma de *software* desenvolvida para integrar os diversos departamentos de uma empresa, possibilitando a automação e o armazenamento de todas as informações de negócios.

- **Etiquetas com códigos de barras**: essas etiquetas são geradas em computadores que utilizam um *software* e uma impressora para produzi-las. Elas são elaboradas com base no Código EAN/UPC, atual GTIN. O EAN-13 é o código de barras com 13 dígitos mais conhecido e utilizado mundialmente.

O GTIN (*Global Trade Item Number*), ou Número Global de Item Comercial, é um identificador para itens comerciais desenvolvido e controlado pela GS1, antiga EAN/UCC. Os GTINs são atribuídos a qualquer item (produto ou serviço) que possa ser precificado, pedido ou faturado em qualquer ponto da cadeia de suprimentos. Sua função é recuperar uma informação predefinida, abrangendo desde as matérias-primas até os produtos acabados.

> ## » EXEMPLO
>
> Utilizando o código 7898357417892, vamos analisar sua estrutura numérica e constatar que ela representa as seguintes informações:
>
> - Os 3 primeiros dígitos representam o prefixo da organização responsável por controlar e licenciar a numeração no país.
> - O prefixo 789 corresponde ao Brasil.
> - Os próximos dígitos (que podem variar de 4 a 7) identificam o fabricante do produto ou a empresa proprietária da marca. No exemplo (6 dígitos), 835741.
> - Os dígitos seguintes 789 identificam o produto (números atribuídos pelo fabricante).
> - O último dígito 2 é chamado dígito verificador e auxilia na segurança do código.

Existem diversos tipos de códigos de barras utilizados para as mais diferentes finalidades. A maioria deles segue o padrão GS1 (Associação Brasileira de Automação):

EAN/UPC: código desenvolvido especificamente para leitura no PDV (ponto de venda), devido à agilidade propiciada na captura da informação. Permite codificar os GTIN-8, GTIN-12 e GTIN-13.

GS1 Data Bar: compreende uma família de códigos que podem ser:

- Escaneados no ponto de venda.
- Muito menores do que os códigos EAN/UPC.
- Codificados segundo informações adicionais, como número serial, número de lote e/ou data de validade.

É uma tendência global utilizar este código no setor de FLV (frutas, verduras e legumes).

GS1-128: código de barras que permite codificar todas as Chaves GS1. É utilizado na gestão logística e de rastreabilidade por meio da codificação de informações adicionais, como:

- Número serial.
- Número de lote.
- Data de validade.
- Quantidades.
- Número do pedido do cliente, etc.

O GS1-128 não pode ser utilizado para identificar itens que passarão pelo ponto de venda (PDV).

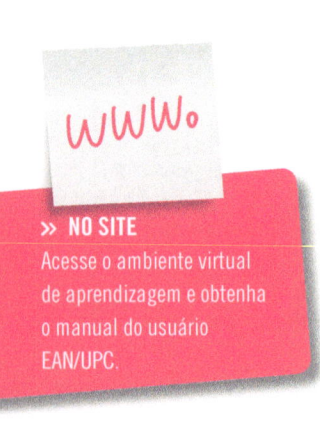

ITF-14: código de barras desenvolvido para codificar apenas GTINs, pode ser impresso diretamente em substrato corrugado (caixa de papelão), oferecendo um bom desempenho de leitura. Este tipo de código não pode ser utilizado para identificar itens comerciais que passarão pelo ponto de venda.

GS1 DataMatrix: símbolo bidimensional para aplicações especiais que permite codificar informações em espaços muito menores que os códigos lineares e agregar informações adicionais, como código do produto, lote e validade. Tornou-se o principal código do segmento hospitalar por permitir a identificação e o rastreamento de itens pequenos, o que garante a segurança dos medicamentos.

O GS1 DataMatrix exige um leitor de código de barras bidimensional, por isso não deve ser utilizado para a identificação de itens que precisam passar pelo ponto de venda que possui apenas leitores lineares.

> **» NO SITE**
> Acesse o ambiente virtual de aprendizagem e obtenha o manual do usuário EAN/UPC.

Movimentação de materiais no almoxarifado: após passarem pelas etapas de classificação, codificação e identificação de localização, todos os materiais são movimentados para os locais onde serão armazenados. A movimentação de materiais pode ser:

- Horizontal: quando a movimentação se dá em um espaço plano e em um mesmo nível.
- Vertical: quando existem andares superiores ou inferiores no almoxarifado ou, ainda, quando a armazenagem é feita em estruturas com grande altura.

Toda a movimentação de materiais em um almoxarifado deve ser feita observando as seguintes recomendações:

- Adotar procedimentos que ofereçam a maior segurança possível para evitar acidentes.
- Reduzir a fadiga física nas operações com materiais e buscar maior conforto para o pessoal:
  - Eliminando distâncias ou reduzindo os transportes entre as operações.
  - Usando a força da gravidade sempre que possível.
  - Minimizando a manipulação, preferindo meios mecânicos aos manuais.
  - Utilizando cargas unitizadas sempre que possível. Cargas acima de 50 kg não devem ser levantadas acima de 1 metro de altura sem ajuda mecânica (homens não devem manipular cargas acima de 30 kg, e mulheres, cargas acima de 10 kg).
- Aumentar a produtividade da mão de obra a partir da utilização de equipamentos de manuseio e de transporte, evitando circular com ele vazio (utilizar sempre o transporte nos dois sentidos, de ida e volta).
  - Obedecer ao fluxo do processo produtivo, empregando os meios de movimentação que facilitam o fluxo.
  - Prever um sistema alternativo de transporte (para uso em caso de falha do principal).
  - Reduzir as perdas de materiais adotando procedimentos de acondicionamento e transporte adequados.

Equipamentos de movimentação de materiais: são utilizados para movimentar materiais estocados ou retirados dos estoques. Entre eles, os mais comuns são:

- Veículos: utilizados para a movimentação de materiais pequenos e de pequeno volume (Figura 3.15A).

- Transpalete ou jacaré hidráulico: carrinho hidráulico para o transporte de cargas paletizadas com capacidade de até 2.500 kg (Figura 3.15B).

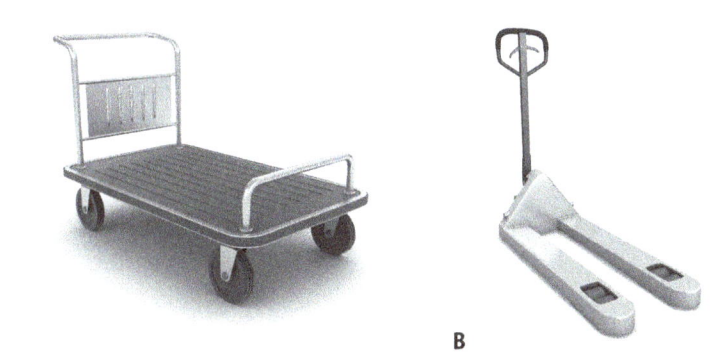

A   B

Figura 3.15 (A) Carrinho plataforma. (B) Transpalete ou jacaré hidráulico.
Fonte: Thinkstock.

- Empilhadeiras com contrapeso: próprias para cargas pesadas, percursos longos e serviços externos. Podem ser movidas a bateria elétrica, gasolina, gás ou diesel, e adaptam-se a qualquer tipo de piso.
- Empilhadeiras pantográficas: operam em corredores estreitos (Figura 3.16).

Figura 3.16 Empilhadeira pantográfica.
Fonte: Thinkstock.

- Empilhadeira seletora de pedidos: posicionam o operador em uma plataforma junto aos garfos.
- Empilhadeiras trilaterais e selecionadoras: operam em corredores muito estreitos. O mastro ou os garfos são rotatórios para permitir empilhar sem manobras (Figura 3.17).

Figura 3.17 Empilhadeira trilateral selecionadora.

- Empilhadeira de deslocamento manual: o deslocamento horizontal é sempre manual. A elevação pode ser manual ou por bateria elétrica (Figura 3.18).

Figura 3.18 Empilhadeira de deslocamento manual.
Fonte: Thinkstock.

- Empilhadeiras para contêineres: para empilhamento, carga e descarga de contêineres de veículos de transporte em terminais de contêineres (Figura 3.19).
- Transelevador: sistemas de armazenagem automáticos que funcionam por meio de *softwares* de controle sem necessidade de operadores. Usados para armazenagem de alto giro, em corredores estreitos e a grandes alturas. Tem capacidade para até 7 toneladas e altura máxima de 40 metros. Ideal para carga aérea.

Figura 3.19 Empilhadeira para contêineres.
Fonte: Thinkstock.

Além desses veículos e equipamentos, muitos almoxarifados operam com sistemas transportadores que facilitam a movimentação de materiais pequenos que apresentem superfície plana e rígida, como os roletes de cargas leves (Figura 3.20).

Figura 3.20 Roletes de cargas leves.
Fonte: Thinkstock.

Estruturas e sistemas de armazenagem: normalmente confeccionados em aço, constituídos por perfis em "L", "U", tubos modulares e perfurados, dispostos de modo a formar estantes, berços ou outros dispositivos de sustentação de cargas. São utilizados para acondicionar produtos e materiais em almoxarifados por meio manual ou por equipamentos de movimentação.

Os sistemas de armazenagem são classificados quanto à movimentação interna de carga como:

- Sistemas estáticos: são sistemas de armazenagem onde os produtos estocados não sofrem movimentos internos após serem colocados nas estruturas de armazenagem. Entre os sistemas estáticos, destacamos alguns tipos de estruturas de armazenagem, conforme ilustram as figuras a seguir.
  - Sistemas dinâmicos: nestes sistemas, os produtos estocados sofrem algum tipo de movimentação interna após serem colocados nas estruturas de armazenagem. Entre os sistemas dinâmicos, destacamos alguns tipos de estruturas de armazenagem, conforme ilustra a Figura 3.21.

Figura 3.21 Estrutura dinâmica com roletes – *Flow-rack* móvel.
Fonte: Thinkstock.

- Alguns outros sistemas e estruturas de armazenagem: também são muito utilizados para suprirem ou facilitarem a armazenagem de materiais específicos que não são suportados pelas demais estruturas (Figura 3.22).

Figura 3.22 (A) Contêiner, (B) cesto metálico.
Fonte: Thinkstock.

O que é um palete?

O palete é uma plataforma horizontal para carregamento, constituída de vigas, blocos ou uma simples face sobre os apoios, cuja altura é compatível com a introdução dos garfos da empilhadeira. O palete permite o agrupamento de materiais para manuseio, estocagem, movimentação e transporte em uma única operação. Veja os tipos de palete na Figura 3.23.

> **NO SITE**
> Para conhecer mais sobre paletes, acesse o ambiente virtual de aprendizagem.

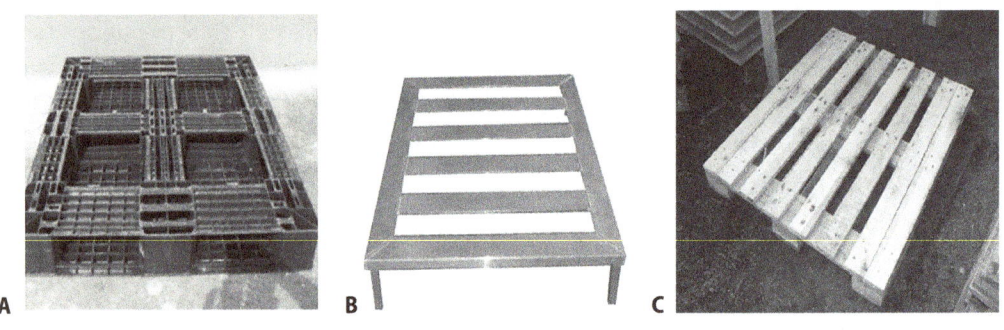

Figura 3.23 (A) Palete plástico, (B) palete metálico e (C) palete de madeira.

O uso do palete proporciona:

1. Melhor aproveitamento do espaço disponível para armazenamento (utiliza todo o espaço vertical).
2. Economia nos custos de manuseio de materiais (reduz custo de mão de obra).
3. Utilização de embalagens plásticas ou amarração por meio de fitas de aço da carga unitária, formando uma só embalagem individual.
4. Compatibilização da carga com todos os meios de transporte (marítimo, terrestre, aéreo).
5. Disposição uniforme de materiais.
6. Facilidade na carga, descarga e distribuição nos locais acessíveis aos equipamentos de manuseio de materiais.
7. Manuseio da carga por uma grande variedade de equipamentos, como empilhadeiras, transportadores, elevadores de carga e até sistemas automáticos de armazenagem.

5ª fase

Verificação periódica das condições de proteção e armazenamento: realizada periodicamente ou sempre que surgirem dúvidas quanto à segurança, ao controle ou à ocorrência de fatores que possam refletir nas mercadorias armazenadas.

6ª fase

Separação para distribuição: esta atividade é conhecida por *picking* e utiliza mão de obra e equipamentos de comunicação, movimentação e transporte. A separação de materiais em um almoxarifado exige um espaço no armazém demarcado para essa atividade capaz de suportar as mercadorias que serão separadas em volume, quantidade e tempo. De acordo com o tamanho das unidades de separação (considerada a menor unidade), há cinco categorias básicas:

- Separação de paletes: quando a menor unidade de separação é o palete. Neste caso, os pedidos nunca contêm frações de paletes de determinados produtos; apenas paletes fechados.
- Separação de camadas de palete: quando a menor unidade de separação é um conjunto de caixas que formam uma camada do palete.

- Separação de caixas: quando a menor unidade de separação são as caixas fechadas.
- Separação de caixas fracionadas: quando as caixas são abertas para manuseio. A menor unidade são os pacotes que compõem a caixa.
- Separação de itens: quando são manuseados itens individuais de determinados produtos.

Os três métodos de *picking* mais comuns na atualidade são:

- *Picking* discreto: o operador coleta um pedido por vez, linha a linha do pedido. É um método bastante utilizado pela sua simplicidade e pela ocorrência de poucos erros, mas tem como característica a baixa produtividade em virtude do tempo gasto em deslocamentos pelo operador.
- *Picking* por zona: neste método, o armazém é segmentado em seções ou zonas, e cada operador é associado a uma zona. O operador coleta os itens do pedido que estão em sua seção, deixando-os em uma área de consolidação onde os itens coletados são agrupados.
- *Picking* por lote: neste método, cada operador coleta um grupo de pedidos de maneira conjunta, em vez de coletar apenas um pedido por vez. O método proporciona uma alta produtividade e minimiza o tempo de viagem do operador, pois ele se desloca menos, porém possibilita a existência de erros na separação e na ordenação dos pedidos.

O uso de equipamentos de movimentação e estruturas de armazenagem torna o trabalho nos almoxarifados mais eficiente. A adoção de métodos e tecnologias para armazenar, controlar e localizar os materiais estocados contribui bastante para que os processos consigam atender as demandas dos usuários desses materiais.

A movimentação das cargas que transitam pelo porto adota outros equipamentos, e os materiais transportados são controlados de outras formas.

capítulo 4

Sistemas de transporte e movimentação de cargas portuárias

Neste capítulo, serão abordados os diferentes sistemas de transporte e os principais equipamentos e veículos utilizados na movimentação de cargas portuárias de acordo com suas características. O porto é o local onde ocorre a movimentação de cargas provenientes da área externa que serão embarcadas nos navios e de cargas provenientes dos navios que serão embarcadas em trens ou caminhões para serem enviadas aos destinatários. Desse modo, o porto é um centro de logística integrada que realiza a movimentação de suas cargas a partir do uso de diversos equipamentos e veículos. Essa movimentação, por sua vez, gera uma verdadeira interseção de transportes intermodais.

Objetivos de aprendizagem

» Conhecer os principais equipamentos e veículos utilizados na movimentação de cargas portuárias.

» Escolher o equipamento ou o veículo indicado para cada tipo de operação portuária.

» Reconhecer os tipos de cargas portuárias e suas características.

» Planejar uma operação com carga geral: carga e descarga, documentos utilizados, riscos envolvidos e medidas preventivas.

» Entender a importância do projeto de pesquisa para a melhoria das operações portuárias.

» Saber como utilizar o *draft survey* e a forma de cálculo.

>> Introdução

Em um porto, são desenvolvidas muitas atividades na movimentação de cargas, cuja finalidade exige que os sistemas de transporte estejam em constante evolução e aperfeiçoamento. O treinamento das pessoas envolvidas nesse tipo de atividade é essencial, e deve ter sempre como meta a segurança e a eficiência das operações.

Cada tipo de carga tem um procedimento considerado seguro para seu transporte e um processo de trabalho planejado e estabelecido com foco na eficiência. A movimentação das cargas e os sistemas de transporte utilizados fazem parte do planejamento do porto, e seus desempenhos devem ser monitorados constantemente.

Os sistemas de transporte, as atividades de movimentação de carga e as atividades de controle e armazenagem são interligadas e interdependentes. A ocorrência de falhas em qualquer uma dessas atividades resulta em ineficiência e no consequente encarecimento das operações, tornando o porto menos competitivo.

>> Carga portuária: tipos de cargas e características

Segundo Handabaka (1994), as características da carga são definidas de acordo com o seu tipo e sua natureza:

Tipo da carga: diz respeito às características físicas das mercadorias que influem na forma de acondicionamento (embalagem e armazenagem) e na escolha dos modais e equipamentos empregados no seu transporte e na sua movimentação. Essas cargas são classificadas em:

Carga geral: conhecida como carga solta, composta por itens avulsos, dotados ou não de embalagem, que são embarcados separadamente. São considerados carga geral embrulhos, pacotes, fardos, sacos, caixas, tambores, peças, bobinas, toras de madeira e placas de granito. Veja exemplos na Figura 4.1.

Figura 4.1 Carga geral.
Fonte: Thinkstock.

Sempre que possível, a carga geral deve ser **unitizada** para otimizar o número de operações em sua carga e descarga, tornando o processo mais rápido e barato.

> ## » PARA SABER MAIS
>
> Uma embalagem é um recipiente ou envoltura que armazena produtos temporariamente e serve para agrupar unidades de um produto e com vistas à sua manipulação, transporte ou armazenamento. Outras funções da embalagem são: proteger o conteúdo; informar sobre as condições de manipulação; exibir os requisitos legais, como composição, ingredientes, etc.; e fazer a promoção do produto por meio de figuras e imagens.

Carga unitizada: formada pelo agrupamento de itens individuais que permitem o embarque de grandes quantidades de mercadoria simultaneamente. A unitização não constitui a embalagem e tem a finalidade de facilitar o manuseio, a movimentação, a armazenagem e o transporte da mercadoria. Suas principais vantagens são:

- Diminuição das avarias e dos roubos de mercadorias.
- Incentivo à aplicação do sistema porta a porta – *door to door*.
- Melhoria no tempo de operação de embarque e desembarque.
- Padronização internacional dos recipientes de unitização.
- Redução do número de volumes a manipular.
- Redução dos custos de embarque e desembarque.
- Redução do custo com embalagens.

As formas mais comuns de unitização são:

a) Pré-lingado: rede especial, ou cinta, adequada para permitir o içamento de mercadorias ensacadas, empacotadas ou acondicionadas em outras formas (Figura 4.2A).
b) Contêiner: construído em aço, alumínio ou fibra suficientemente forte para resistir ao uso repetitivo (Figura 4.2B). Possui identificações com informações pertinentes à carga, ao proprietário, entre outras. Oferece segurança, inviolabilidade, rapidez e redução de custos nos transportes.

> **» NO SITE**
> Para assistir à palestra "Como definir a unitização de cargas no comércio exterior", acesse o ambiente virtual de aprendizagem www.grupoa.com.br.

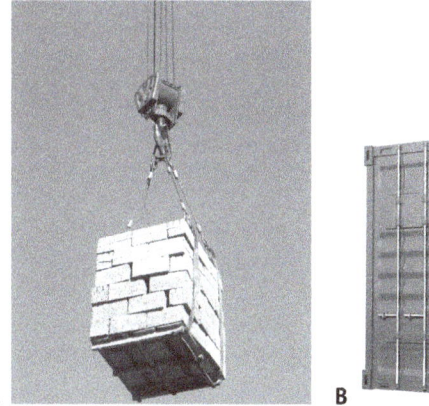

Figura 4.2 (A) Carga pré-lingada e (B) contêiner.
Fonte: Thinkstock.

c) Paletes: estrado plano construído em madeira, alumínio, aço ou outro material resistente que permite a movimentação de cargas com o uso de empilhadeiras por locais de armazenagem (Figura 4.3).

Figura 4.3 Palete de madeira.
Fonte: Thinkstock.

d) Caixas de papelão: as caixas de papelão são, indiscutivelmente, uma das soluções em embalagens mais dinâmicas no mercado, oferecendo muitos benefícios ao seu consumidor. Estão disponíveis em diferentes formas, desde tamanhos e estilos já padronizados até embalagens totalmente customizadas (Figura 4.4A).

e) Caixas de madeira: caixas recomendadas para produtos pesados que necessitem de proteção para o transporte, o armazenamento ou a exportação. Podem ser confeccionadas em madeira maciça, como pinus e eucalipto, e devem possuir documentação e ser fumigadas para utilização na exportação (Figura 4.4B).

> **NO SITE**
> Para conhecer mais sobre contêineres, acesse o ambiente virtual de aprendizagem.

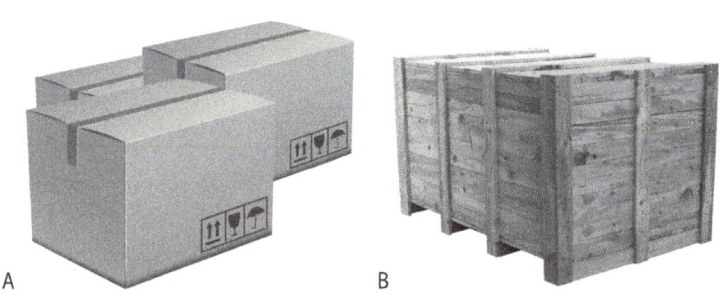

A   B

Figura 4.4 (A) Caixa de papelão. (B) Caixa de madeira para exportação.
Fonte: Thinkstock.

f) Caixas de metal: conhecidas como *rack* metálico, são usadas na indústria alimentícia ou na armazenagem em geral.

g) Reboques em vagão plataforma – TOFC (*trailer on flat car*): equipamento multimodal que traz vantagens na integração dos modais ferroviário e rodoviário com o porto.

» PARA SABER MAIS

A Multimodalidade vincula o percurso da carga a um único documento de transporte (Conhecimento de Transporte Multimodal), independentemente das diferentes combinações de meios de transporte. Para saber mais sobre o transporte multimodal e suas vantagens, consulte a Lei nº 9.611, de 19 de fevereiro de 1998.

h) Embalagens que vão diretamente a bordo do navio – LASH – *Lighter Aboard Ship*: os veículos e os *racks* de grande porte são exemplos de LASH (Figura 4.5).

Figura 4.5 Lighter Aboard Ship.
Fonte: Thinkstock.

Carga a granel: é a carga transportada em grandes quantidades, medida em massa ou volume (metros cúbicos, toneladas, litros). Em geral, é composta por mercadorias sem embalagem individual, com o veículo sendo o elemento de contenção.

Essas mercadorias podem ser granéis sólidos, minerais ou agrícolas, como grãos e minérios (Figura 4.6); granéis líquidos, minerais ou vegetais, como derivados claros e escuros de petróleo e óleos vegetais; e granéis gasosos, que podem ser de alta ou baixa pressão, como o GLP e o cloro.

Figura 4.6 Navio graneleiro.
Fonte: Thinkstock.

A carga a granel exige alguns cuidados com:
- Ângulo de repouso: os navios que transportam cereais consideram que eles se movimentam durante o transporte, e para que fiquem estáveis precisam ser acomodados em ângulos de repouso, conforme a Tabela 4.1.

>> **NO SITE**
Para saber como se habilitar para conduzir caminhão, trem, navio e avião, acesse o ambiente virtual de aprendizagem.

Tabela 4.1 » Ângulos de repouso de cereais a granel em um navio

Cereais	Peso – Ton/m³	Ângulo de repouso
Cevada	0,645	46
Milho	0,710	21
Linhaça	0,645	21
Aveia	0,516	21
Arroz	0,773	20
Centeio	0,750	32
Semente de açafrão	0,530	28
Sorgo	0,735	31
Soja	0,722	22
Trigo	0,800	23

- Proteção contra intempéries: os navios graneleiros são dotados de duplo fundo, anteparas de colisão (AR e AV) e tampa de escotilha para proteção contra intempéries.
- Granulometria: é a especificação do diâmetro de qualquer material transformado em grãos (granulometria do café; granulometria da farinha).
- Carga a granel individualizada – *break bulk*: carga que vem se tornando usual no transporte marítimo. É composta por produtos transportados a granel, mas cujos elementos apresentam individualmente volume expressivo, como bobinas de papel e de aço, produtos siderúrgicos em barras longas, tubos metálicos, toras de madeira, carros, etc. Esse tipo de carga está sendo chamado de **neo granel**.
- Natureza da carga: diz respeito às características físicas e químicas das mercadorias que influem na definição da forma de acondicionamento (embalagem e armazenagem) e na escolha dos modais de transporte e equipamentos empregados na sua movimentação.

Quanto à sua natureza, as cargas são classificadas em:

Perecíveis: mercadorias que possuem características físicas passíveis de alterações quando manuseadas e transportadas fora das condições indicadas (sabor, odor ou cor). Em geral, essas cargas são compostas por produtos alimentícios (frutas, legumes, carnes, laticínios) e flores.

- Cargas frigoríficas: mercadorias que exigem manejo diferenciado e manutenção permanente de temperaturas baixas e controladas. Em geral, as cargas perecíveis e frigoríficas recebem o mesmo tratamento e são transportadas em contêineres refrigerados para serem preservadas.

Frágeis: mercadorias que têm sua integridade física comprometida ao serem manuseadas e transportadas sem a devida proteção a choques mecânicos e a vibrações (produtos eletrônicos, flores e instrumentos de precisão).

Volumosas: mercadorias de grandes dimensões, que exigem equipamentos e condições especiais para sua movimentação e transporte.

Pesadas: mercadorias que exigem equipamentos e condições especiais para sua movimentação e transporte.

Perigosas: mercadorias que oferecem riscos às pessoas, ao patrimônio e ao meio ambiente quando são manuseadas e transportadas, necessitando, portanto, de cuidados especiais nessas operações (explosivos, combustíveis, oxidantes, venenos, radioatividade, corrosivos).

> » **DEFINIÇÃO**
> Neo granel corresponde ao carregamento formado por conglomerados homogêneos de mercadorias de carga geral, sem acondicionamento específico, cujo volume ou quantidade possibilita o transporte em lotes em um único embarque (exemplo: veículos).

O IMDG CODE classifica as cargas perigosas da seguinte forma:

- Classe 1 – Explosivos em geral.
- Classe 2 – Gases comprimidos, liquefeitos ou dissolvidos sob pressão.
- Classe 3 – Líquidos inflamáveis.
- Classe 4 – Sólidos inflamáveis, substâncias sujeitas à combustão espontânea e substâncias que, em contato com a água, emitem gases inflamáveis.
- Classe 5 – Substâncias oxidantes e peróxidos orgânicos.
- Classe 6 – Substâncias venenosas (tóxicas) e substâncias infectantes.
- Classe 7 – Materiais radioativos.
- Classe 8 – Substâncias corrosivas.
- Classe 9 – Substâncias perigosas diversas.

Em geral, os portos brasileiros operam com as seguintes cargas perigosas:

- **Na importação – produtos químicos**: sodas, xilenos, toluenos, ácidos.
- **Na exportação – produtos químicos**: óleos vegetais e álcool.
- **Na importação e exportação – derivados de petróleo**: gasolina, diesel, óleo combustível, óleo *Bunker*, GLP.

Veja na Figura 4.7 a sinalização internacional de transporte de cargas perigosas.

> » **ATENÇÃO**
> Segundo a ANTAQ, com base no IMDG CODE, cargas perigosas são aquelas formadas por "Qualquer substância que em condições normais tenha alguma instabilidade inerente, que sozinha ou combinada com outras cargas, possa causar incêndio, explosão, corrosão de outros materiais, ou ainda, que seja suficientemente tóxica para ameaçar a vida ou a saúde pública se não for adequadamente controlada".

Figura 4.7 Sinalização internacional de transporte de produtos perigosos.*

* Imagem ilustrativa. Para vê-la em suas cores originais, vá até o verso da capa no final do livro.

> **DICA**
> Existe uma tabela no IMDG CODE na qual constam os procedimentos de segregação dessas mercadorias.

Pela legislação nacional, é proibida a armazenagem de:

- Explosivos em geral (classe 1)
- Gases inflamáveis (classe 2.1)
- Gases venenosos (classe 2.3)
- Perclorato de amônia (classe 5.1)
- Mercadorias perigosas acondicionadas em contêineres refrigerados (classe 5.2)
- Chumbo Tetraetila (classe 6.1)
- Substâncias tóxicas infectantes (classe 6.2)
- Radioativos (classe 7)
- Poliestireno expansível (classe 9)

Ao chegar ao porto para descarga, o armador ou seu preposto deve apresentar a **Declaração de Mercadoria Perigosa**. O mesmo se aplica ao envio dessas mercadorias. Lembre: os explosivos são a última carga a ser embarcada e a primeira a ser desembarcada.

A Declaração de Mercadoria Perigosa deve conter:

- Nome técnico do produto
- Número da ONU
- Ponto de fulgor
- Grupo de embalagem
- Quantidade de embalagem
- Declaração se o produto é considerado um poluente marinho
- Ficha de emergência
- Escrita em português

No porto, as cargas precisam ser acomodadas em locais onde possam aguardar o seu embarque no navio que efetuará seu transporte (cabotagem ou comércio internacional). Esses locais de armazenagem podem ser pátios, armazéns, galpões e coberturas alternativas.

> **DICA**
> As características dos locais destinados à guarda de cargas perigosas são as mesmas apresentadas quando tratamos dos tipos de almoxarifados.

A armazenagem de mercadorias em trânsito pelo porto deve obedecer aos mesmos critérios utilizados para a estocagem de produtos nos almoxarifados:

- Combustibilidade
- Corrosão
- Explosividade
- Forma
- Fragilidade
- Inflamabilidade
- Intoxicação
- Oxidação
- Peso
- Radiação
- Volatilização
- Volume

» Equipamentos para movimentação de cargas portuárias

> **DEFINIÇÃO**
> Equipamentos portuários são conjuntos de instalações de superestrutura utilizadas para movimentar cargas entre modais de transporte com características tecnológicas e capacidades de carga geralmente diferentes.

Em um porto, há diversos tipos de cargas com diferentes características as quais exigem determinadas formas de movimentação conforme as seguintes situações:

1ª Cargas que estão sendo desembarcadas de um navio e serão diretamente embarcadas em outro modal de transporte.

2ª Cargas que estão sendo desembarcadas de um navio e serão armazenadas em local apropriado para aguardar liberação e transporte.

3ª Cargas que estão chegando ao local de armazenagem em um modal complementar, para serem despachadas por um navio para outro porto (cabotagem) ou para o exterior.

4ª Cargas que estão chegando em um navio para serem transbordadas para outro navio.

Para realizar essas movimentações, é utilizada, além da mão de obra fornecida pelo OGMO, uma série de equipamentos portuários que compõem a superestrutura, como:

Guindastes: equipamentos utilizados para movimentação de cargas geralmente unitizadas apresentam contrapeso e capacidade de carga SWL (distância x centro de carga) limitada ao momento do transporte. São classificados em:

- Guindaste de lança (*jib crane*): existem muitas configurações para o guindaste de lança, pois eles podem ser instalados em veículos (caminhões, navios, trens) e em torres e ser afixados no solo em plataformas de concreto que ofereçam sustentação e possibilitem os seus movimentos. Possuem motor elétrico ou a diesel (Figura 4.8).

> **DEFINIÇÃO**
> Carga SWL, ou Carga de Trabalho Seguro, é a carga máxima que o equipamento suporta em uso geral, quando a carga é aplicada em uma linha reta com relação a sua linha central.

Figura 4.8 Guindaste *jib crane* montado sobre torre.
Fonte: Thinkstock.

- Guindaste de multipropósitos (*multipurpose crane*): guindastes utilizados em múltiplas atividades em um porto tanto para carga como para descarga de mercadorias.
- Guindastes móveis sobre pneus (*mobile harbour gantry crane*): equipamentos utilizados para diversas operações de carga e descarga e que possuem grande mobilidade e capacidade.
- Guindaste de pórtico – PGC (*Portal Gantry Crane*) ou STS (*Ship to Shore*): conhecidos como portêiner, são guindastes de estrutura de pórtico utilizados para a movimentação de contêineres do navio para o porto e vice-versa. Apresentam sistema de travessão para movimentar cargas e efetuam translação sobre trilhos (Figura 4.9).
- RTGC (*Rubber Tyre Gantry Crane*): guindastes de estrutura de pórtico utilizados preferencialmente para a movimentação de contêineres (transtêiner) em pátios. Apresentam sistema de travessão para movimentar cargas e efetuam translação sobre pneus.
- RMG (*Rail Mounted Gantry Crane*): guindastes de estrutura de pórtico utilizados preferencialmente para a movimentação de contêineres (transtêiner sobre trilhos) em pátios. Apresentam sistema de travessão para movimentar cargas e efetuam translação sobre trilhos.

Figura 4.9 Guindaste para contentor sobre trilhos.
Fonte: Thinkstock.

Empilhadeiras: veículos autopropulsores projetados para levantar, transportar e posicionar diversos tipos de materiais. Os modelos mais comuns são os acionados por combustão (GLP) e elétricos.

- Empilhadeira de pequeno porte (*Forklift Truck*): usada principalmente para carregar e descarregar mercadorias em paletes. Possuem capacidade de levantar cargas que vão de 1.000 a 16.000 kg, de 2 até 14 metros de altura (Figura 4.10).

Figura 4.10 Empilhadeiras de pequeno porte.
Fonte: Thinkstock.

- Empilhadeira de grande porte (*Reach Stacker*): capaz de elevar contêineres de 42 toneladas e empilhá-los até 5 níveis de altura. É utilizada para movimentação e organização no pátio de armazenagem do porto (Figura 4.11).

Figura 4.11 Empilhadeira de grande porte.
Fonte: Thinkstock.

Equipamento de transferência (*Quay Transfer Equipment*): há mercadorias que, para seu embarque ou desembarque nos navios, exigem equipamentos de transferência, uma vez que suas características físicas impedem ou tornam a operação muito cara ou arriscada se ela não for efetuada desta forma (por exemplo, quando envolvem petróleo, gás, minérios e cereais). Para essas operações, há equipamentos especiais.

Os equipamentos de transferência apresentados a seguir são apenas alguns exemplos dos tipos existentes para as mais diversas finalidades.

Figura 4.12 Transferência de gás.

Trator para movimentação de contêiner (*Terminal Container Tractor*): equipamento especializado para a movimentação de carretas tipo MAFI ou Tipo Container Trailer, entre o navio/costado/pátio. Veja as Figuras.

Figura 4.13 Caminhão trator para movimentação de cargas no porto.

Figura 4.14 Tratores terminais.

Equipamentos de costado (*Shore Equipment* ou *Quayside Equipment*): todos os equipamentos de terra e de cais utilizados para movimentação, carga e descarga em um porto.

Equipamentos de amarração e içamento: compostos por dezenas de itens que auxiliam nas operações realizadas com os equipamentos de movimentação de cargas, como cordas, cabos de aço, cintas, correntes e acessórios (manilhas, grampos, ganchos, etc.).

» Planejamento da operação com carga geral

Para que a operação portuária aconteça da maneira mais correta e eficiente possível, é necessário dividir o planejamento das operações em duas atividades distintas:

Embarque de mercadorias: nele ocorrem as seguintes operações:

- Desembarque de mercadorias dos modais complementares.
- Armazenagem em locais apropriados para aguardar a carga no navio.
- Liberação perante a Receita Federal ou Autoridade Portuária.
- Embarque da mercadoria.

Desembarque de mercadorias: nele ocorrem as seguintes operações:

- Desembarque de mercadorias dos navios.
- Armazenagem em locais apropriados para aguardar a liberação perante a Receita Federal ou Autoridade Portuária.
- Embarque da mercadoria no modal que irá levá-la até o cliente final.

Há, ainda, operações complementares desenvolvidas a fim de permitir o controle sobre a movimentação das mercadorias:

- Identificação da mercadoria
- Despacho aduaneiro
- Reconhecimento de avarias
- Sistema de informação

Um planejamento de operações objetiva tornar o porto eficiente, onde deve ser mínima a permanência do navio:

Tempo de atracação + Tempo de operação de carga ou descarga + Tempo de liberação do navio

O plano operacional deve usar indicadores de resultados das operações a fim de medir a eficiência portuária. Esses indicadores precisam oferecer subsídios para avaliar a infraestrutura portuária e o grau de segurança em que ocorrem as operações. Para estabelecer a taxa de carregamento e descarregamento, esse planejamento deve levar em consideração:

- Tipos de cargas.
- Tipo de embarcação e tamanho.
- Disponibilidade e tamanho da equipe de estivadores.
- Grau de mecanização e métodos de manipulação de cargas.

O plano de movimentação de carga considera que, em uma operação portuária, dois ciclos operacionais acontecem nas atividades de carga e descarga. O primeiro ciclo ocorre nos seguintes momentos:

Ciclo da carga no desembarque de mercadorias: entendido como todo processo que ocorre com a carga desde sua transferência do navio para o terminal até o processo de expedição para o transporte terrestre. Esse ciclo segue três etapas:

- Transferências verticais ou horizontais.
- Armazenagem.
- Expedição ou recepção do transporte interior.

Ciclo da carga no embarque de mercadorias: entendido como todo processo que ocorre com a carga desde sua entrada no porto e transferência do modal para o terminal até o processo de expedição para o transporte no navio. Esse ciclo segue três etapas:

- Transferências verticais ou horizontais.
- Armazenagem.
- Expedição ou recepção do transporte externo.

O segundo ciclo diz respeito ao veículo, navio ou modal de transporte que irá retirar a mercadoria do porto. Neste caso, temos o ciclo do veículo que está descarregando e o ciclo do veículo que está carregando, de modo a haver interação no momento em que a mercadoria é colocada no cais do porto pelo seu desembarque ou para embarque.

Ciclo do veículo: inicia no momento da solicitação de transferência da carga do navio para o transporte terrestre ou da recepção da carga do transporte terrestre para o navio, e termina quando o veículo (navio ou modal de transporte complementar) recebe a autorização para sair da área do porto. A Figura 4.15 apresenta esses ciclos e sua interligação.

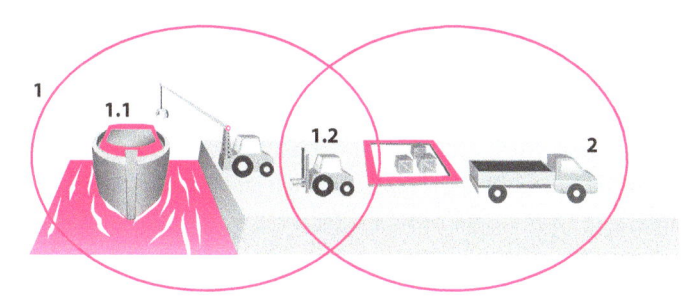

Figura 4.15 Os ciclos da movimentação de carga no porto.
Fonte: Goes Filho (2008).

O ciclo 1 de carregamento/descarregamento dos navios é decomposto nos dois seguintes subciclos:

1.1. Carga ou descarga do navio.
1.2. Transporte cais/armazém ou vice-versa.

A velocidade do ciclo 1 depende da velocidade de movimentação do equipamento portuário. A velocidade do ciclo 2, de entrada e saída da carga no porto, depende da velocidade de transferência da carga (velocidade dos equipamentos de movimentação horizontal da carga) que depende, por sua vez, da velocidade de entrada e de saída da carga do armazém.

O planejamento das operações precisa considerar que existe um fluxo natural a ser obedecido, mas este fluxo também precisa atender às características, necessidades e exigências de cada situação. A Figura 4.16 apresenta um macrofluxograma dessas operações.

```
                    Porto
                     ↑
              Saída de carga do porto
              ┌──────────────┐
              │   Retroárea  │
              └──────────────┘
                     ↑
              Descarregamento
              ┌──────────────┐
              │  Embarcações │
              └──────────────┘
                     ↑
               Carregamento
              ┌──────────────┐
              │  Pré-embarque│
              └──────────────┘
                     ↑
              Entrada de carga do porto
              ┌──────────────┐
              │    Armazém   │
              └──────────────┘
```

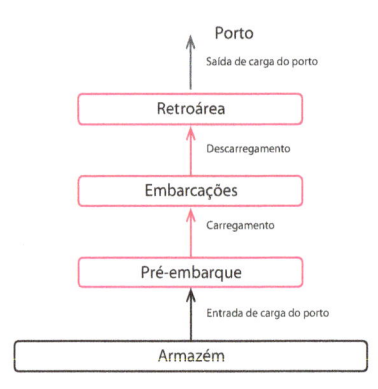

Figura 4.16 Fluxograma de entrada de mercadorias em um porto para embarque.
Fonte: Adaptado de Ballou (2010).

» Macroprocesso de carregamento de um navio

A carga portuária é direcionada do armazém da empresa ou do porto seco ao porto por meio do modal de transporte complementar escolhido (trem, caminhões). Após ser admitida pela portaria, a mercadoria é direcionada para a área de pré-embarque, onde são realizadas as seguintes atividades:

- Registros e controles necessários (sem movimentação de carga): quando a carga for destinada diretamente para a área de embarque em um dos berços do porto e a mercadoria será descarregada na retroárea.

- Descarga da mercadoria e armazenagem: realizada quando for necessário aguardar o carregamento (diversos motivos). As cargas ficam estocadas nesta área até que se iniciem as operações portuárias relativas ao carregamento e direcionamento até sua respectiva embarcação.

Quando a mercadoria fica armazenada na área de pré-embarque, são necessários diversos equipamentos para a descarga do modal complementar e para o armazenamento adequado da mercadoria conforme suas características. Quando a mercadoria é liberada para o embarque, ela deve ser transferida para a área de pré-embarque utilizando modais complementares (caminhões) e equipamentos (empilhadeiras e outros).

» *Macroprocesso de descarregamento de um navio*

Além de todos os processos relacionados à entrada do navio no porto, a movimentação de mercadorias na descarga de um navio deve ser planejada com o objetivo de tornar a operação a mais eficiente possível.

» **DICA**
Toda essa movimentação de carga e descarga precisa ser acompanhada, bem como o tempo das operações controlado, para estabelecer melhorias nos processos operacionais em busca de mais eficiência.

» **IMPORTANTE**
O descarregamento necessita de mão de obra e muitos equipamentos, e seu objetivo é reduzir ao mínimo o tempo de permanência da mercadoria desembarcada no porto.

» Principais documentos de uma operação de carga geral em um porto

Para realizar as operações de carga e descarga de um navio e de modais complementares e a movimentação de carga no ambiente portuário, a mão de obra utilizada e fornecida pelo OGMO deve ser plenamente capacitada. As pessoas envolvidas nessas atividades (conhecidas como *mates*) precisam comprovar as qualificações que possuem, sendo que nenhuma pessoa não qualificada deve ser autorizada a trabalhar nessas operações. A documentação dos *mates* tem de estar à disposição para verificações.

Para efetuar o carregamento ou descarregamento de um navio, é necessário estabelecer um plano que proporcione a maior segurança possível aos trabalhadores, ao navio e à carga. Esse plano de embarque ou desembarque é fornecido ao pessoal que irá realizar a atividade pelo planejador de navio (*Ship Planner*), que o desenvolve de acordo com as características dos navios, dos portos, dos terminais portuários e dos serviços de rotas de navegação.

Outro documento importante é o Conhecimento de Embarque (*Bill of Lading* – BL), que compõe o manifesto de carga. Esse documento é emitido pelo agente da empresa de transporte ou pela própria empresa e registra o proprietário da carga exportada na sua consignação.

No Conhecimento de Embarque, são informados:

- o destinatário;
- o consignatário;
- a quem deve ser notificada a chegada da carga;
- o tipo de carga;
- a quantidade;
- o peso;
- o tipo de acondicionamento;
- o número de cada contêiner;
- o selo;
- a declaração de que foi embarcada a bordo;
- o tipo de frete, se pré-pago ou a pagar no destino, etc.

Também é importante ter em mãos a Declaração de Ocorrências (*Statement of Facts*) para saber sobre possíveis avarias e observações sobre ocorrências durante a viagem.

» Preparação da movimentação de cargas no porto

O planejamento de movimentação de cargas, em geral, trata dos equipamentos envolvidos (sua operação e disponibilidade), das características físicas das cargas e das formas como elas são acondicionadas, aspectos que definem as estratégias de transporte.

As movimentações que envolvem a elevação de cargas devem ter por base o plano de *rigging* (aparelhamento). Tal plano se refere ao planejamento formalizado de uma movimentação de cargas com guindaste móvel, visando à otimização dos recursos aplicados na operação (equipamentos, acessórios e outros) para evitar acidentes e perda de tempo no transporte. O plano de *rigging* indica, por meio do estudo da carga a ser içada, das máquinas disponíveis, dos acessórios, das condições do solo e da ação do vento, quais são as melhores soluções para fazer um içamento seguro e eficiente.

> » **NO SITE**
> Para saber mais sobre o plano de *rigging*, acesse o ambiente virtual de aprendizagem.

Geralmente, esse plano é elaborado por um profissional com conhecimento na área de movimentação de cargas e é de grande valia para as empresas do ramo. Ele indica os principais riscos para a realização do trabalho de transporte, considerando os seguintes aspectos:

1. Toda a atividade deve ser planejada. O planejamento contempla não só a própria atividade de transporte, como também o ambiente onde essa atividade se desenvolverá.

2. A carga transportada deve ser observada como um todo, avaliando no estudo:

    - Dimensões
    - Centro de gravidade do conjunto
    - Utilização de lingadas com coeficiente de segurança maior ou igual a 5
    - Possibilidade de modularizar o transporte
    - Inspeção de todos os pontos, suas conexões e soldas
    - Peso
    - Centro de gravidade do componente de maior peso
    - Existência de protuberâncias, extremidades e ressaltos, que podem ser pontos de contato com objetos durante o transporte
    - Existência de pontos de pega ou de amarração das lingadas
    - Inspeção de todo o material empregado na atividade, cabos e todos os seus acessórios

    2.1. Nos aspectos pertinentes ao meio de transporte:

    - Definição do meio de transporte, assegurando que haja uma folga mínima entre a sua capacidade e o peso da carga superior a 3.
    - Verificação de todos os componentes do meio de transporte.
    - Avaliação do percurso, verificando:
        - Possíveis pontos de contato
        - Irregularidades do piso
        - Movimentação de pessoal sob a carga
        - Obstruções a serem ultrapassadas
        - Local onde a carga será depositada
        - Possibilidade de a carga ser deixada sobre calços caso haja ventos com velocidade superior a 15 km/h
        - Restrição quanto à largura
        - Proximidade de linhas elétricas
        - Proximidade da movimentação de outras cargas
        - Existência de aclives ou declives
        - Existência de guias ou de pontos de conexão com outros elementos
        - Possibilidade de o equipamento de transporte ficar parado por razões técnicas, sem que haja o estorvo na circulação dos demais veículos

3. Toda a atividade de movimentação de cargas de grandes dimensões ou pesos terá apenas um responsável, a quem todos devem se reportar.

4. Todos os envolvidos na operação são importantes e necessários, portanto, deve haver um meio seguro de comunicação entre eles. O operador do equipamento, ou operadores (já que há transportes com vários equipamentos envolvidos), deve ter um sistema seguro de comunicação, uma vez que sinalizações habituais por gestos podem ser mal interpretadas, e eventualmente causar um acidente.

5. Especial atenção deve ser dada a trechos do percurso com curvas ou com mudança do alinhamento da estrada, principalmente se o veículo for longo, com mais de 30 metros de comprimento.

» Riscos envolvidos no levantamento de cargas

O levantamento de cargas pode causar acidentes devido à ocorrência das seguintes falhas:

Desconhecimento ou subavaliação das cargas:

- Deficiência ou falha mecânica do equipamento de levantamento de carga.
- Subdimensionamento dos acessórios de levantamento (manilhas, cabos, roldanas, olhais, cintas metálicas ou sintéticas, etc.).
- Preparação inadequada da operação (por exemplo, o não nivelamento do terreno no trajeto do guindaste).
- Execução em condições ambientais adversas (à noite, sob vento forte, etc.).
- Falha humana.

» Medidas preventivas nas operações de levantamento de cargas

Nas operações de levantamento de cargas, os seguintes pontos devem ser observados:

a) Conformidade da locação e configuração dos guindastes e especificação dos acessórios, posicionamento das cargas, estaqueamentos e demais variáveis com relação ao plano de *rigger*.

b) Verificação prévia dos equipamentos utilizados no levantamento, dispensando especial atenção aos mecanismos de direção, içamento, freios e cabos de tração.

c) Verificação das condições do terreno e da necessidade de *mats* (dormentes).

d) Verificação das condições ambientais e da sua adequação às operações programadas.

e) Verificação de possíveis interferências nas cargas ou na lança do guindaste, em especial em redes elétricas aéreas.

f) Verificação da habilitação e autorização dos operadores de guindaste.

g) Condução da operação de levantamento por um supervisor de *rigger* qualificado.

h) Sinalização e isolamento da área de operação com cordas, não sendo permitida a passagem de pessoas sob cargas suspensas.

i) Verificação do bom estado dos estropos, devendo ser substituídos quando apresentarem mais de 10% de fios partidos em um mesmo trecho.

j) Emprego das manilhas, dos olhais e de outros acessórios em conformidade com o projeto, sendo vedado o seu uso quando apresentarem deformações e trincas visíveis.

k) Sinalização de toda a espia com bandeirolas. No caso de travessia em vias de tráfego obrigatório, deverá ser sinalizada por meio de luzes, evitando interferência em outros veículos e guindastes.

l) Proibição da subida de pessoas sobre a carga içada.

m) Restrição à execução de levantamento de cargas sob condições de chuva e de vento forte e durante a noite. Neste caso, o levantamento não deve ser realizado.

n) Disposição das tabelas de capacidade de seus equipamentos pelos operadores de guindaste.

o) Perfeito conhecimento do código de sinais pela equipe de *rigger* e pelos operadores de guindastes.

Nas operações de levantamento de carga, a equipe de campo envolvida deverá utilizar o EPI obrigatório:

- Uniforme padronizado, bota de segurança, óculos de segurança, capacete de segurança
- Rádio portátil
- Luvas de couro (para manuseio de estropos de aço)
- Cintos de segurança (para trabalho em altura)

> **» DICA**
> Todos os portos possuem características próprias e isso os torna únicos em relação à execução de seus processos. Os projetos de cada atividade desenvolvida em um porto tratam exclusivamente da melhoria de processos daquele porto e raramente servem para outros portos.

» Importância do projeto de pesquisa para a melhoria das operações portuárias

Um projeto de pesquisa sobre as operações portuárias busca entender o funcionamento dessas operações e oferecer soluções de melhorias aos processos. O projeto de pesquisa possibilita entender como estão sendo realizados os investimentos em infraestrutura, tecnologias de controle e gestão de operações. Os resultados são comparados com operações portuárias que acontecem em portos mais evoluídos – *benchmarking* –, e seus resultados são disponibilizados para uso pelos órgãos de gestão portuária.

» Estudo de caso

Uma boa alternativa a um projeto de pesquisa é realizar um estudo de caso sobre o processo de trabalho que necessita de melhorias e aperfeiçoamento. Um estudo de caso relata rigorosamente os fatos observados, precisa as declarações obtidas e documentadas e analisa os problemas encontrados.

O relatório do estudo de caso tem a seguinte sequência:

1. Introdução: define o problema a ser examinado e explica os parâmetros ou as limitações da situação.

    Visão Geral / Análise: o caso deve ser rico em aspectos contextuais (cenários, personalidades, culturas, urgência das questões, etc.), observando se:
    - Responde questões do tipo: Onde? Quando? Por quê?
    - Fornece detalhes sobre atores envolvidos e organizações.
    - Identifica questões profissionais, técnicas ou teóricas, etc.

2. Relato de situação: descreve as ações e os locais onde os eventos estudados ocorrem e identifica claramente todos os participantes, observando se:
    - Inclui declarações dos participantes e suas relações com o caso estudado.
    - Deixa claro o período temporal e a cronologia do caso estudado.

3. Problemas de caso: um estudo de caso não deve ter mais do que um ou dois problemas que requerem solução, para evitar implicações adicionais que dificultem a solução dos problemas identificados, de modo que:
    - As análises têm de enfocar uma questão específica.
    - As análises devem ser apresentadas de forma clara.

4. Sugestão de melhoria: descreve as melhorias que serão implementadas, seu custo, seu modo de realização e os benefícios que serão obtidos com elas.

5. Fatores críticos de sucesso: devem ser abordados os principais fatores positivos e negativos que podem impactar a implantação e mesmo a elaboração prévia do projeto (cultura da empresa, existência ou não do orçamento necessário, dificuldade de aceitação do projeto pelo público-alvo).

» *Importância do* draft survey *nas operações portuárias*

Draft survey são cálculos hidrostáticos para determinar a quantidade de carga embarcada ou desembarcada de um navio por meio da diferença entre os deslocamentos final e inicial. A **medição de calado** é essencial na movimentação de cargas em um porto para que as autoridades portuárias responsáveis pela segurança da operação dos navios consigam controlar o seu acesso a portos, canais e barras de acordo com as marés.

A marca de carga estabelecida (marca de calado) no casco do navio determina a linha de água segura para cada carga e a densidade esperada da água. O conhecimento do calado do navio em cada condição de carga e de densidade da água (em função da salinidade e temperatura) é fundamental para determinar a sua navegabilidade nos portos (Figura 4.18).

> » **DEFINIÇÃO**
> Calado é a designação dada à profundidade a que se encontra o ponto mais baixo da quilha de uma embarcação. Mede-se o calado verticalmente a partir de um ponto na superfície externa da quilha.

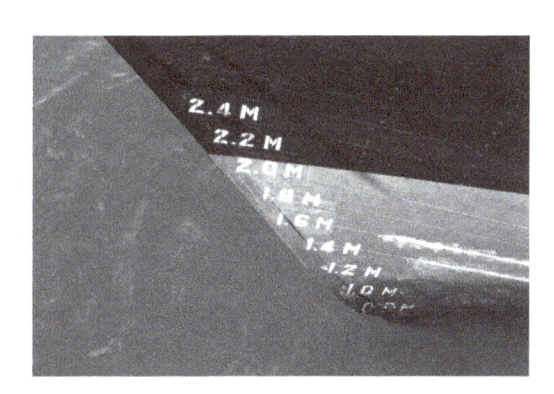

Figura 4.17 Marcas de calado no casco de um navio.
Fonte: Thinkstock.

Existem diversas formas de calado:

- **Calado a meia-nau**: distância vertical entre a superfície da água e a parte mais baixa do navio medida na seção a meia-nau, isto é, a meio comprimento entre as perpendiculares dos pontos extremos da proa e popa.
- **Calado máximo**: distância vertical entre a superfície da água e a parte mais baixa da quilha do navio medida quando este estiver na condição de deslocamento em plena carga (ou deslocamento máximo).
- **Calado médio**: média aritmética dos calados medidos sobre as perpendiculares à frente e a ré.
- **Calado mínimo**: distância vertical entre a superfície da água e a parte mais baixa da quilha do navio medida quando este estiver na condição de deslocamento mínimo.
- **Calado moldado**: distância vertical entre a superfície da água e a linha da base moldada do casco. É utilizado no cálculo dos deslocamentos e para a determinação das curvas hidrostáticas da embarcação.
- **Calado normal**: distância vertical entre a superfície da água e a parte mais baixa da quilha de uma embarcação, quando ela está com o seu deslocamento normal.

> **DICA**
> Atualmente, existem diversos *softwares* para o cálculo de *draft survey*, mas, para realizá-los, o profissional precisa ser habilitado pelo CREA (Conselho Regional de Engenharia e Arquitetura), uma vez que é necessário emitir um ART (Atestado de Responsabilidade Técnica). Existem peritos nessa área.

» Cálculo de *draft survey*

O método tradicional para determinar o real deslocamento de um navio é feito pelo uso de marcas de calado. Um navio mercante tem, normalmente, seis conjuntos de marcas de calado, colocados à frente, a meia-nau e a ré, tanto a estibordo como a bombordo. Estes conjuntos permitem determinar o deslocamento de um navio com uma precisão de 0,5%.

O primeiro passo é calcular a média dos vários calados e obter o valor do calado médio. O segundo passo é introduzir o valor do calado médio na tabela de curvas hidrostáticas do navio, obtendo o deslocamento correspondente.

Existem várias medidas de deslocamento correspondentes aos vários estados de carga do navio:

- **Deslocamento leve**: também chamado deslocamento mínimo, corresponde à massa total do navio, excluindo a carga, o combustível, o lastro e a tripulação, mas com água nas caldeiras suficiente para manter a pressão.
- **Deslocamento carregado**: também chamado deslocamento em plena carga ou deslocamento máximo, é definido como o deslocamento de uma embarcação quando flutua com o máximo calado estabelecido. É equivalente ao deslocamento leve acrescido da massa total da capacidade máxima de transporte de um navio em termos de carga, passageiros, combustível, aguada, consumíveis, tripulação e todos os itens restantes necessários para uma viagem.
- **Deslocamento padrão**: o deslocamento padrão ou deslocamento *standard* é uma medida estabelecida pelo Tratado Naval de Washington de 1922, só sendo aplicado aos navios de guerra. Não é tratado nesta unidade.
- **Deslocamento normal**: corresponde ao deslocamento carregado, mas sem a massa correspondente a 2/3 das dotações de combustível e da água de reserva das caldeiras.

A movimentação de cargas no porto, os equipamentos utilizados e os processos desenvolvidos devem sempre zelar pela segurança e eficiência. A segurança exige o uso correto dos equipamentos e muita atenção. Já a eficiência requer conhecimento e preparo dos trabalhadores.

capítulo 5

Operações portuárias: embarque e desembarque

Neste capítulo, serão abordados os processos envolvidos na gestão das operações de carga e descarga dos navios. Esses processos são executados pelos terminais portuários e devem ser integrados, por isso, passam por contínuos aprimoramentos conforme os diferentes tipos de mercadorias e os níveis de serviço exigidos pelos clientes. As operações de embarque e desembarque de mercadorias precisam ser realizadas cada vez com mais agilidade e com custos competitivos para que o porto ofereça boas condições de competitividade aos seus usuários: armadores, exportadores e importadores.

Objetivos de aprendizagem

» Realizar a gestão dos trabalhos e das operações de carga e descarga de mercadorias embaladas e a granel.

» Entender como são certificados e numerados os contêineres para sua perfeita identificação.

» Conhecer a conformação e a sinalização utilizadas nos pátios de contêineres.

» Compreender e utilizar os planos de carga e descarga elaborados para os navios porta-contêineres.

» Atuar em operações de estufagem e desestufagem de contêineres.

>> Introdução

Operação portuária é a movimentação de mercadorias dentro do porto organizado realizada por empresas (operadores portuários) habilitadas pela Companhia Docas. Uma operação portuária é um somatório de tarefas inter-relacionadas, como a movimentação manual da mercadoria, seu içamento, sua conferência e sua arrumação nos porões do navio.

>> Operações portuárias

São considerados trabalhos portuários as atividades de:

Capatazia: é a atividade de movimentação de mercadorias nas instalações portuárias executada no costado ou em parte do casco do navio que fica acima da linha d´água. Os trabalhos executados pela capatazia são:

- Recebimento de cargas
- Transporte interno de cargas
- Abertura de volumes de cargas para conferência aduaneira
- Manipulação de mercadorias que compõem as cargas
- Conferência de cargas
- Arrumação de cargas
- Entrega de cargas aos transportadores
- Carregamento e descarregamento de embarcações quando efetuados por aparelhos portuários

Estiva: é a atividade de movimentação de mercadorias nos conveses ou nos porões das embarcações. Os trabalhos executados pela estiva são:

- Arrumação da carga
- Rechego (ajuntar, espalhar ou distribuir a carga a granel)
- Carregamento ou descarregamento da mercadoria do navio quando efetuados por equipamentos de bordo
- Peação (fixação da carga nos porões dos navios)
- Despeação (liberação da carga nos porões dos navios)

De acordo com o trabalho que executam, os estivadores recebem uma das seguintes denominações funcionais:

- **Contramestre geral ou do navio**: é a maior autoridade da estiva a bordo. Cabe a ele coordenar os trabalhos em todos os porões do navio, de acordo com as instruções do operador portuário e do comandante do navio.
- **Contramestre de terno ou de porão**: dirige e orienta o serviço de estiva em todos os porões de acordo com as instruções do operador portuário, do comandante do navio ou do representante no porto, do planista ou do contramestre geral ou do navio.
- **Sinaleiro ou "Portaló"**: orienta o trabalho dos operadores de guindastes por meio de sinais. Ele fica em uma posição onde possa ver bem o local onde a lingada é engatada e aquele em que é depositada, e onde possa ser visto pelo guincheiro ou guindasteiro.
- **Motorista**: dirige o veículo quando este é embarcado ou desembarcado por meio do sistema *roll on /roll off (ro/ro)*. O motorista da estiva retira o veículo do navio e, ao chegar ao cais, assume o motorista da capatazia, que o conduz até o pátio de armazenagem.

>> **DEFINIÇÃO**
Guincheiro é o operador de aparelho de guindar de bordo (trabalhador da estiva). Guindasteiro é o trabalhador habilitado a operar guindaste de terra (é trabalhador de capatazia).

- **Operador de equipamentos**: estivador habilitado a operar empilhadeira, pá carregadeira ou outro equipamento de movimentação de carga a bordo do navio.
- **Estivador**: trabalhador que, no carregamento, desfaz as lingadas e transporta os volumes para as posições determinadas em que vão ser estivados. No descarregamento, traz os volumes das posições onde estão estivados e prepara as lingadas.
- **Peador – Despeador ou conexo**: trabalhador que faz a peação – despeação. Possui certa especialização, visto que muitos trabalhos empregam técnicas de carpintaria (escoramento da carga com madeira).

Conferência de carga é a contagem de volumes e a anotação de suas características (espécie, peso, número, marcas e contramarcas), procedência ou destino, a verificação do estado das mercadorias, a assistência à pesagem, a conferência do manifesto e demais serviços correlatos nas operações de carga e descarga de embarcações. Os conferentes de carga atuam em uma operação por vez, não sendo possível atuar simultaneamente na carga ou descarga de mais de uma embarcação.

A atividade de conferência de carga e descarga é feita pelo interesse do operador portuário e dos trabalhadores avulsos, pois o documento dela resultante, o *tallie*, servirá de base para a apuração da produção e, consequentemente, para a remuneração do trabalho. De acordo com o trabalho executado, os conferentes de carga e descarga recebem as seguintes denominações:

- **Conferente-chefe**: responsável por todos os conferentes.
- **Conferente de lingada ou porão**: responsável pelas conferências dentro do navio.
- **Conferente-rendição**: conferente que permanece de reserva para uma substituição eventual de algum conferente.
- **Conferente ajudante**: responsável por fornecer auxílio aos conferentes durante as operações mediante necessidades que surjam durante a operação.
- **Conferente de balança**: utilizado nas movimentações de granéis sólidos em que a mercadoria é quantificada por pesagem em balanças, as quais imprimem relatórios automáticos e são operadas pelo conferente.
- **Conferente controlador**: responsável por verificar os locais a bordo em que a carga vai sendo estivada, controlando sua correta localização. Uma carga estivada em local inadequado poderá resultar em trabalho adicional quando for desembarcada.
- **Conferente de manifesto de carga**: responsável por conferir os documentos que acompanham a carga – BL (*bill of lading*).
- **Conferente de plano – planista**: responsável por elaborar o plano de estivagem da carga, ou seja, onde e como a carga vai ser estivada. O responsável por essa atividade não é o planista, mas sim, o comandante da embarcação, que responde perante o armador pelos prejuízos que possam advir da movimentação. Existem profissionais especializados na elaboração de plano de carga ou estivagem.

Conserto de carga é a atividade de reparo e de restauração das embalagens de mercadorias a bordo do navio ou em terra, nas operações de carregamento e descarga de embarcações, reembalagem, marcação, remarcação, carimbagem, etiquetagem e abertura de volumes para vistoria e posterior recomposição.

>> **DICA**
As atividades de estiva e de capatazia são bastante similares, sendo que a diferença principal é o fato de um operar a bordo e outro em terra.

>> **DEFINIÇÃO**
Tallie é o documento em que consta toda a mercadoria ou os contêineres embarcados ou desembarcados, incluindo suas características, pesos e volumes.

Os consertadores de carga são uma categoria em extinção, visto que, com a unitização da carga em contêineres, é cada vez menor a necessidade de reparos. É também crescente a necessidade de produtividade, o que gera estadias portuárias cada vez menores para os navios, inviabilizando o conserto da carga. Para que não haja prejuízo na qualidade, por vezes prefere-se inutilizar as cargas danificadas ou devolvê-las para reparo ao fabricante.

Vigilância de embarcações é a atividade de fiscalização de entrada e saída de pessoas a bordo das embarcações, atracadas ou fundeadas, bem como a fiscalização da movimentação de mercadorias em portalós, rampas, porões, conveses, plataformas e em outros locais da embarcação na área do porto organizado. A contratação é feita junto ao OGMO pelo agente de navegação.

Trabalho em bloco é a atividade de limpeza e conservação de embarcações mercantes e de seus tanques, incluindo batimento de ferrugem, pintura, reparos de pequena monta e serviços correlatos. Devido à rapidez na estadia dos navios nos portos, esses serviços são frequentemente efetuados com a embarcação em viagem – extra rol.

As operações portuárias que envolvem embarque e desembarque de mercadorias demandam diferentes atividades, uma vez que os procedimentos adotados nessas operações, apesar de utilizarem as mesmas pessoas e equipamentos, são planejados em separado. Em um porto, são constatadas as seguintes situações:

- Navios que aportam para desembarque de mercadorias: trazem mercadorias do exterior (importação), de outros portos (cabotagem) e de locais de produção (petróleo e gás).
- Navios que aportam para embarque de mercadorias: recebem mercadorias destinadas à exportação ou a outros portos (cabotagem).
- Navios que aportam para embarque e desembarque de mercadorias: para importação, exportação e cabotagem.

Em qualquer uma das situações, as operações de embarque e desembarque de mercadorias se repetem com pequenas variações nos procedimentos de acordo com o planejamento e as necessidades de controle. Mesmo não sendo objeto de estudo deste capítulo, pois as atividades ligadas à atracação e à desatracação do navio são de responsabilidade dos agentes da Marinha, é interessante conhecer as operações envolvidas desde a chegada até a saída da embarcação do porto:

- Recepção do aviso de chegada do navio por comunicação via rádio à administração do porto.
- Execução da praticagem, com envio do prático ao navio, seguido da condução da embarcação ao interior do porto, com ou sem rebocagem.
- Inspeção, pelos representantes dos órgãos de controle, do cumprimento das exigências legais por parte do navio.
- Manobra de aproximação na bacia de evolução.
- Atracação ao berço designado.
- Preparação da operação de carga ou descarga.
- Operação de movimentação da carga.
- Preparação para o zarpe.
- Liberação do navio para o zarpe pela Capitania.
- Desatracação.

>> **DEFINIÇÃO**
Extra rol refere-se às pessoas embarcadas em navios, mas que não são integrantes da tripulação. Esta consta de documento denominado rol de equipagem, daí o termo extra rol.

» Operação de desembarque de carga geral (conteinerizadas)

A operação de desembarque de mercadorias deve possuir um pré-planejamento, que tem início no momento em que o navio que está aportando comunica sua carga, ou quando a operadora elabora o agendamento de chegada do navio ao porto. O **pré-planejamento de desembarque** considera o tipo de carga e sua origem (cabotagem ou importação).

Após a chegada ao porto, é feito o **planejamento de descarga do navio**, considerando o navio, a operação de descarga e a área onde a mercadoria será alocada (armazém ou pátio). A Figura 5.1 apresenta o fluxograma desse processo.

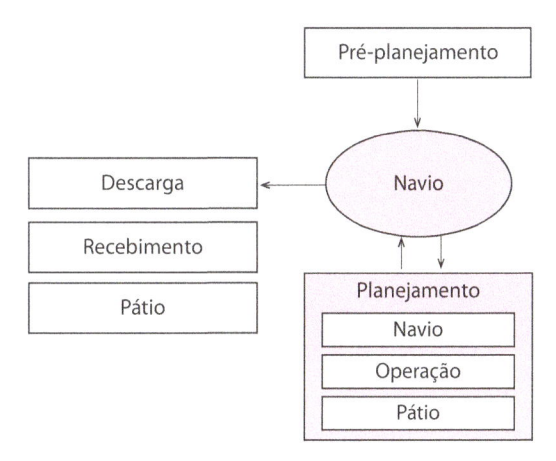

Figura 5.1 Fluxograma do processo de desembarque no porto.
Fonte: Adaptado de Ballou (2006).

> » **DEFINIÇÃO**
> Fluxograma é um tipo de diagrama com símbolos padronizados que mostra a sequência lógica das etapas de um processo de trabalho, ou seja, é uma representação esquematizada de um processo, muitas vezes feita com gráficos, que ilustra de forma descomplicada a transição de informações entre os elementos que o compõem. Na prática, é a documentação dos passos necessários para a execução de um processo qualquer.

No caso de o contêiner não seguir com as mercadorias até o cliente que está movimentando a carga, são necessárias determinadas operações para a retirada das mercadorias do contêiner. A Figura 5.2 apresenta o fluxograma dessas operações.

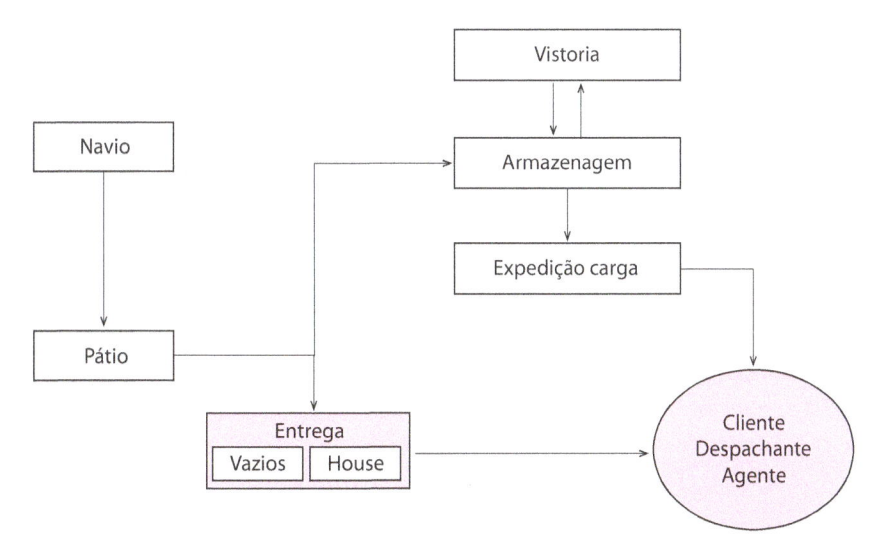

Figura 5.2 Fluxograma do processo de desembarque no porto.
Fonte: Adaptado de Ballou (2006).

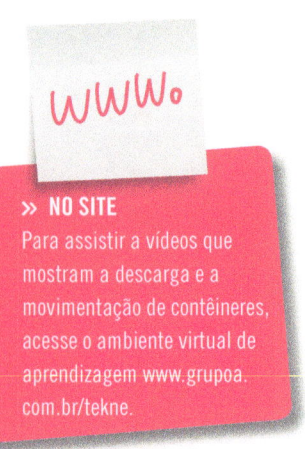

A partir dessas operações, o contêiner é desovado e as mercadorias são encaminhadas para armazenagem, onde passam por vistorias (avarias) e aguardam serem expedidas por meio de ações dos próprios clientes, dos despachantes ou dos agentes portuários. A devolução dos contêineres vazios ao operador é feita pelos responsáveis pela armazenagem.

As operações de descarga e de recebimento de **mercadorias importadas** exigem outras operações, após terem sido colocadas no pátio do porto, em geral acondicionadas em contêineres. A Figura 5.3 a seguir apresenta o fluxograma dessas operações.

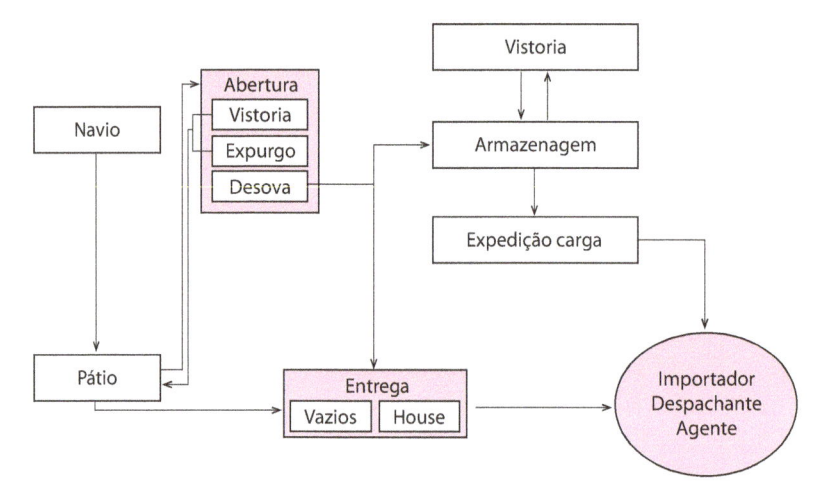

» NO SITE
Para assistir a vídeos que mostram a descarga e a movimentação de contêineres, acesse o ambiente virtual de aprendizagem www.grupoa.com.br/tekne.

Figura 5.3 Fluxograma do processo de desembarque de mercadorias importadas no porto.
Fonte: Adaptado de Ballou (2006).

Após o contêiner chegar ao pátio, ele será aberto pelos agentes da Receita Federal para vistoria da carga e expurgo de mercadorias que eventualmente não constem no despacho marítimo ou na declaração de carga. Neste caso, ocorrem então duas situações:

- **Contêiner segue com a mercadoria até o cliente**: o contêiner é fechado pela Receita Federal e encaminhado para a área de expedição de carga para aguardar a retirada pelo importador.

- **Contêiner permanece no porto**: o contêiner é desovado e as mercadorias são encaminhadas para armazenagem, onde passam por vistorias (avarias) e aguardam serem expedidas por meio de ações dos próprios importadores, dos despachantes ou dos agentes portuários. A devolução dos contêineres vazios ao operador é feita pelos responsáveis pela armazenagem.

» Operação de desembarque de mercadorias a granel

Os portos também recebem mercadorias a granel e possuem processos específicos para realizar esses desembarques. Em geral, o porto possui terminais destinados a esse tipo de desembarque, que contam com equipamentos e instalações específicos para essa atividade. Esse processo deve passar pelo pré-planejamento e pelo planejamento da descarga.

Desembarque de granéis sólidos

As operações de desembarque de granéis sólidos devem ser planejadas de modo a evitar desperdícios, acidentes e doenças nos trabalhadores em virtude da insalubridade da operação.

Além das preocupações com a operação em si, o planejamento de desembarque de granéis sólidos deve estabelecer um processo para evitar que o material desembarcado se espalhe pelas áreas que rodeiam o porto no momento de seu transporte.

Para o desembarque de granéis sólidos, a sequência adequada de operações é:

- Planejamento: reunião antecipada entre operador portuário e terminal.
- Solicitação de pessoal ao OGMO: solicitação de estivadores e arrumadores pelo operador portuário.
- Solicitação de pessoal ao terminal: solicitação de conferentes para notas de saída e de operador de balança.
- Providenciamento de equipamento de terra: providenciamento de guindastes de terra, funis, *grabs*, caminhões, *dalas*.
- Verificação da existência de equipamento de bordo: verificação de guindaste de bordo, pás carregadeiras.
- Estabelecimento da conclusão de lotes: conclusão dos lotes, por vez, do maior para o menor.
- Realização do rechego: limpeza de cavernas e porões pelos estivadores.
- Relatório final: operador portuário deduz as faltas de até 5% ao menor lote.
- Prancha: superação (sempre) da tonelagem mínima da prancha na descarga.
- Equipamentos do terminal: guindaste – *grab* – funil – manutenção.
- Transporte extraterminal: caminhões – vagões – *dalas* – balança.
- Perdas no transporte: filas de veículos – derrame – trânsito urbano.
- Armazém: zona primária – retroporto – direto ao interior.
- Balança: pesagem de caminhões e designação do veículo para o lote final.
- Segurança: peso das máquinas para rechego e capacidade dos cabos.
- Lastro: esgotamento de água de lastro sobre a faixa.
- Final da descarga: limpeza de convés, faixa, ruas e retirada de sobras.

Desembarque de granéis líquidos

O desembarque de granéis líquidos é uma operação totalmente automatizada e envolve altos riscos para o pessoal, os equipamentos e o meio ambiente. Esse tipo de desembarque é feito por meio de um conjunto de equipamentos sugadores que retiram a carga do navio, e que, por um sistema de bombeamento, a conduz por dutos até os tanques destinados à sua armazenagem.

Em geral, o desembarque ocorre em terminais específicos para esse tipo de operação, localizados em área afastada dos locais de armazenagem por questões de segurança.

» Operação de embarque de carga geral (conteinerizada)

O processo de embarque de carga geral (conteinerizada) tem início quando o porto recebe a informação de que uma mercadoria irá chegar para ser embarcada. Essa informação normalmente é fornecida pelo agente da companhia marítima que controla a movimentação de carga nos navios da empresa que ele agencia.

> **» NO SITE**
> Acesse o ambiente virtual de aprendizagem e assista a cinco vídeos sobre o petróleo do pré-sal que movimenta o terminal de São Sebastião.

O agente informa se a carga é destinada à exportação ou à cabotagem e, a partir daí, o porto se prepara para receber a carga em seu pátio. As operações de embarque em um porto envolvem uma série de processos, os quais estão no fluxograma apresentado na Figura 5.4.

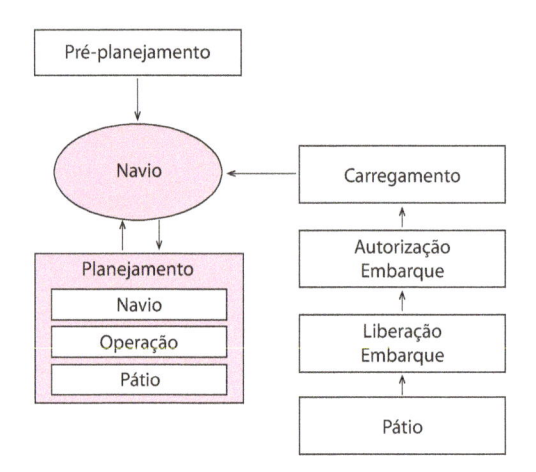

Figura 5.4 Fluxograma do processo de embarque de mercadorias no porto.
Fonte: Adaptado de Ballou (2006).

Com relação à destinação das cargas, temos:

Cargas destinadas à cabotagem: essas cargas, em geral, chegam ao porto já acondicionadas em contêineres e, pelo fato de não serem sujeitas à fiscalização da Receita Federal, são depositadas nos pátios portuários em datas bem próximas ao embarque (1 ou 2 dias antes). O documento que acompanha esse tipo de carga é o conhecimento de transporte – BL (*bill of lading*).

Cargas destinadas à exportação: o processo de embarque de cargas destinadas à exportação possui mais alguns passos no processo, uma vez que essas cargas são submetidas a vistorias da Receita Federal antes de serem embarcadas. Na exportação, as mercadorias chegam ao porto acompanhadas do BL, podendo seguir dois caminhos:

- Carga solta: será encaminhada para armazenagem, onde passará por vistorias da Receita Federal antes de ser liberada para preparo de embarque. Em geral, as cargas soltas são unitizadas.
- Carga em contêiner: será encaminhada ao pátio, onde aguardará liberação para embarque.

Todas essas operações estão previstas no planejamento de carga do navio e nos planos que antecedem o embarque. A Figura 5.5 apresenta o fluxograma com todos esses passos.

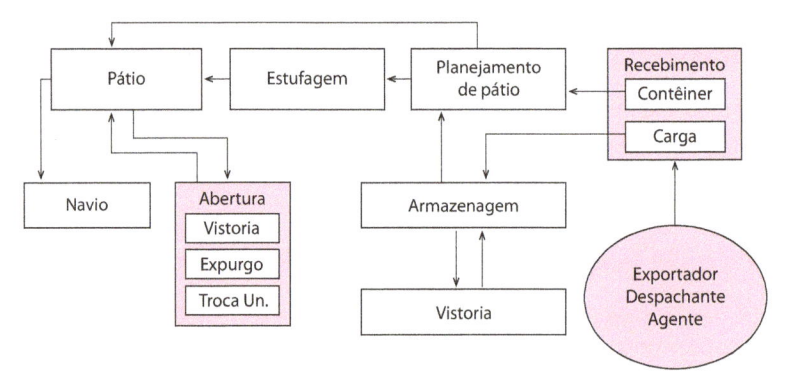

Figura 5.5 Fluxograma do processo de embarque de mercadorias para exportação no porto.
Fonte: Adaptado de Ballou (2006).

Após analisar cada processo, veja, na Figura 5.6, o fluxograma completo das operações portuárias.

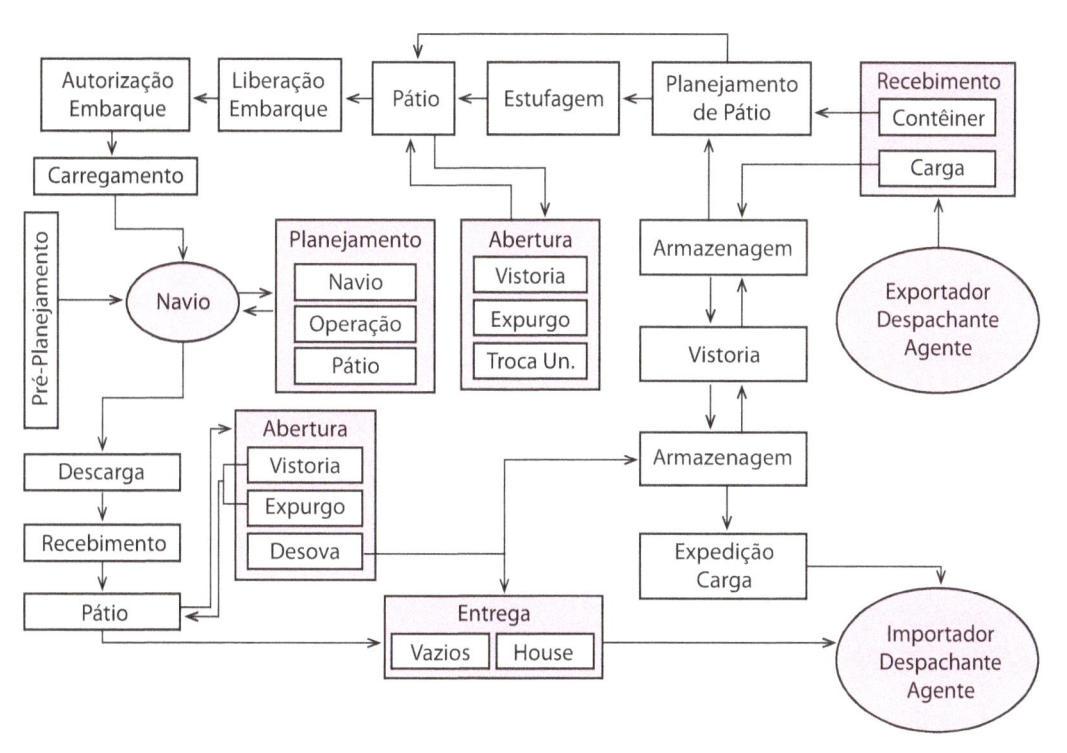

Figura 5.6 Fluxograma completo das operações portuárias de embarque e desembarque de mercadorias.
Fonte: Adaptado de Ballou (2006).

> **DICA**
> Todas as operações que ocorrem nos portos, relacionadas ao embarque e desembarque de mercadorias, exigem treinamento dos envolvidos.

» *Certificação, identificação e numeração de contêineres*

O contêiner é a principal embalagem de carga unitizada que transita pelos portos devido à sua grande versatilidade e capacidade de propiciar à operação portuária a agilidade e a eficiência necessárias. O contêiner é objeto de regulamentação internacional ditada pela Convenção CSC-IMO (*International Convention for Safe Containers*), de 1972, que estabelece normas para a segurança nas operações.

Tal convenção objetiva facilitar o comércio, introduzindo regulamentos internacionais uniformes para garantir um alto nível de segurança no transporte de contêineres. Desse modo, todo contêiner utilizado em rotas internacionais deve portar uma placa CSC de Aprovação de Segurança contendo as seguintes informações (em inglês ou francês):

- País de aprovação e referência de aprovação
- Data (mês/ano) de fabricação
- Peso de empilhamento permissível para 1,8g (kg e lb)
- Número de identificação do fabricante do contêiner ou o número atribuído pela administração
- Peso bruto operacional máximo (kg e lb)
- Valor da carga para teste de rigidez transversal (kg e lb)
- Espaço em branco para inclusão de outros valores, como resistência das paredes laterais, inspeção, manutenção, etc.

> **» NO SITE**
> Para saber mais sobre a Convenção Internacional de Contêineres (CSC), acesse o ambiente virtual de aprendizagem.

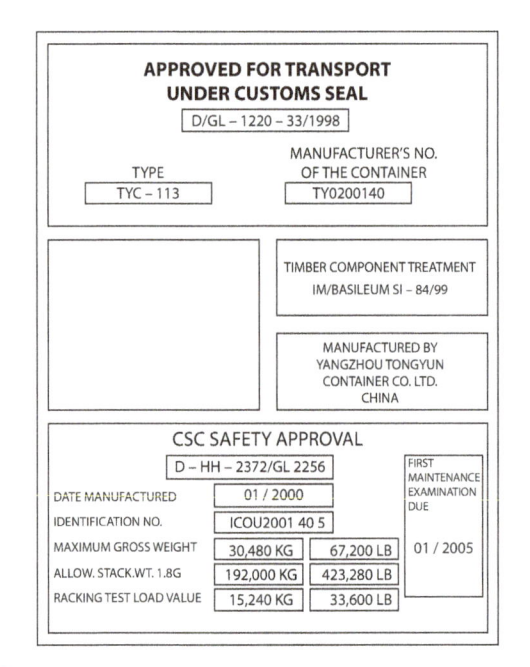

Figura 5.7 Etiqueta CSC.

» Certificação de contêineres

A certificação de contêineres destina-se a aprovar equipamentos limitados a 25 toneladas, os quais são empregados em operações de transporte *offshore* de uso repetitivo. A certificação de contêineres tem por base a IMO 860 (guia da Organização Marítima Internacional).

A IMO consiste basicamente em duas normas: a DNV 271 e a Euro Norma 12079. A certificação adotada no Brasil é a DNV 271, cujo objetivo é reduzir o número de acidentes com contêineres, caçambas, cestas e *skids* (responsáveis por 90% dos acidentes). O processo de certificação está estruturado em três etapas:

1ª Etapa: envio dos projetos e cálculos estruturais para serem aprovados pelo órgão certificador. A DNV verifica, por meio de cálculos estruturais, se o equipamento com aquela configuração vai aguentar a carga para a qual foi projetado.

2ª Etapa: fabricação de acordo com os requisitos aprovados. Há um acompanhamento da DNV de diversos pontos da fabricação do equipamento para garantir o mínimo de cumprimento de requisitos.

3ª Etapa: testes físicos dos equipamentos diante dos requisitos da norma. Estando a fabricação completa em conformidade com os itens da norma DNV 271, são realizados testes obrigatórios e aleatórios do equipamento para comprovar que ele está apto ao uso *offshore*.

> » **DICA**
> Diversas empresas em todo o mundo só aceitam operar com contêineres *offshore* se eles possuírem certificação baseada na IMO 860.

» Identificação e numeração de contêineres

O *International Container Bureau* (BIC) é a entidade responsável pela criação do sistema de identificação e codificação de contêineres, que passou a ser adotado como norma internacional em 1972, quando a *International Organization for Standardization* (ISO), ou Organização Internacional de Padronização, passou a adotar esse sistema – ISO 6346.

De acordo com o padrão BIC, um contêiner deve ter anotado na folha direita de sua porta um código composto por 14 caracteres contendo as seguintes informações:

Sigla de três letras para o código da nacionalidade do contêiner: a sigla oficial do Brasil é BRX.

Sigla de quatro letras (maiúsculas): define o proprietário do contêiner. As três primeiras letras se referem à empresa ou ao operador principal do recipiente; a quarta é sempre a letra que identifica a categoria do equipamento:

- U – Para todos os contentores de carga.
- J – Para destacar frete de equipamentos inseridos no recipiente.
- Z – Para reboques e chassis.
- R – Para *reefer*: contentores de refrigeração; a maioria com o seu próprio sistema de refrigeração.

Esse código precisa ser registrado no BIC, para garantir a exclusividade em todo o mundo.

Número com sete dígitos: número composto por seis algarismos romanos e um dígito de identificação.

Para calcular o dígito, é necessário seguir estes passos:

1. Escrever o código do proprietário e o número de série.
2. Abaixo de cada letra e algarismo, escrever os números resultantes de uma PG de base 2 iniciando por 1.
3. Sob cada letra, colocar o seu valor extraído da tabela de equivalência.
4. Multiplicar cada uma das colunas.
5. Somar os resultados obtidos.
6. Dividir a soma por 11, desconsiderando as casas decimais.
7. Multiplicar por 11 o resultado obtido e subtrair da soma obtida anteriormente.

Tabela 5.1 » **Tabela de equivalência de letras e números para cálculo do dígito de contêineres**

Letra	Valor	Letra	Valor	Letra	Valor
A	10	J	20	S	30
B	12	K	21	T	31
C	13	L	23	U	32
D	14	M	24	V	34
E	15	N	25	W	35
F	16	O	26	X	36
G	17	P	27	Y	37
H	18	Q	28	Z	38
I	19	R	29		

Fonte: Adaptada de Contenedores... (2003).

>> **DICA**
A Norma ABNT NBR ISO 668/2000 idêntica à ISO 668/1995 especifica a classificação dos contêineres série 1, baseado nas dimensões externas, e estabelece as massas brutas associadas, e quando apropriado, as dimensões internas mínimas e abertura das portas para determinados tipos de contêineres. Para aplicar a Norma ABNT NBR ISO 668/2000 também é necessário obter as normas indicadas no catálogo.

>> **DICA**
Para o registro, o interessado deve entrar no site http://www.bic-code.org/, preencher um requerimento e pagar uma taxa.

O número de sete dígitos tem no sétimo dígito o verificador de controle para a segurança no transporte. Ele é o número de série do equipamento. O código do proprietário e o seu respectivo número são únicos, o que permite a perfeita identificação de uma unidade conteinerizada.

Calculando o dígito de identificação de um contêiner, é possível observar:

Proprietário do contêiner				Número de série do contêiner					
C	T	I	U	2	4	5	4	3	1
1	2	4	8	16	32	64	128	256	512
13	31	19	32						
13	62	76	256	32	128	320	512	768	512

Soma = **2.679** → 2679 / 11 = **243**,54 → 243 * 11 = **2673** → 2679 − 2673 = **6** ← **Dígito**

Código do contêiner com dígito = CTIU245431-6

O código BIC de 14 dígitos seria **BRXCTIU245431-6**

Em um contêiner, há outras informações importantes para sua identificação, como:

- A sigla do país de registro do proprietário, não o de sua nacionalidade, por exemplo, USA para Estados Unidos.
- A identificação das dimensões e do tipo é composta de quatro dígitos ou caracteres, podendo ser números ou números e letras.
- O tamanho e tipo do contêiner são identificados pelos seus dígitos ou caracteres.

Os dois primeiros são números e identificam comprimento e altura, enquanto os dois últimos podem ser números ou letras e identificam o seu tipo e finalidade. O primeiro dígito representa o comprimento (2 para 20' ou 4 para 40'). O segundo dígito indica a altura do contêiner (0 para 8', 1 para 4', 2 para 8' 6", 5 para 9' 6", 9 para 1' ¼" ou 2'). O terceiro dígito é o da categoria do contêiner, conforme listados a seguir:

- 0 – Fechado
- 1 – Fechado, ventilado
- 2 – Isolante e térmico
- 3 – Refrigerado
- 4 – Refrigerado com equipamento removível
- 5 – Com teto livre
- 6 – Plataforma
- 7 – Tanque
- 8 – De granel e de gado
- 9 – Ventilado

O terceiro dígito também pode ser utilizado junto com o quarto dígito. O quarto dígito especifica o tipo do contêiner na categoria (para carga geral, alimentos, fluidos, gases, líquidos perigosos, diesel, laterais flexíveis, etc.):

- GP, G0, G1 – *General Purpose*
- VH, V2, V3 – *General Purpose Ventilated*
- BU, B0 – *Bulk*
- UT, U1 – *Open Top, Hardtop*
- UP, U6 – *Hardtop*
- PL, P0 – *Plataform*
- PF, P1, PC, P8 – *Flat Rack*
- RT, R1, RC, R9, RS, R3 – *Refrigerated*
- HR, H0 – *Insulated*
- TN, T0 – *Tank*

O peso máximo e o espaço (capacidade) para a carga também são indicados na porta do contêiner. Os pesos, em quilos e libras, são dados para o contêiner (tara). Para a carga que pode comportar (peso líquido – *net* ou *payload*). Para o conjunto dos dois, que é o peso bruto (*gross*) máximo que a unidade pode pesar. O espaço (capacidade) para a carga (em metros cúbicos ou pés cúbicos).

Além de todos os dados já citados, as portas do contêiner podem mencionar o fabricante, o ano de fabricação, o peso máximo de empilhamento, a vistoria, a altura – *high cube* (HC), a tarja amarela e preta exigida pela legislação de trânsito, etc.

> **» DEFINIÇÃO**
> Conteiner *High Cub* é indicado para cargas de pequena densidade, onde o volume supera o peso. Normalmente utilizado para rouparia, fumo, cigarros, brinquedos, mobiliário, entre outros.

» Conformação e sinalização dos pátios para contêiner

Os pátios destinados ao armazenamento de contêineres devem possuir a conformação (*layout*) de acordo com a Instrução do Corpo de Bombeiros, que estabelece as medidas de segurança contra incêndios nas áreas não cobertas dos pátios e terminais de contêineres.

» *Planos de carga e descarga de navios de contêiner*

Os planos operacionais de um porto são elaborados com base no Plano Diretor (*Master Plan*), desenvolvido pelo responsável pela operação portuária. Esse plano engloba todas as ações relacionadas ao funcionamento do porto, sua infraestrutura, seu sistema operacional e suas finalidades:

> O sistema operacional de um porto é composto pelos subsistemas: chegada de navio, transbordo de carga, armazenagem, recepção terrestre e despacho (PEREIRA apud BOTTER, 2012).

O sistema operacional se divide em:

Plano de carga (*loading plan*): objetiva facilitar as operações de carregamento e descarregamento dos navios e reduzir o tempo das operações e os custos. Este plano é feito para garantir a estabilidade do navio e dar segurança ao transporte das cargas nele distribuídas.

Para elaborar o plano de carga, é importante receber informações antecipadas sobre os espaços disponíveis no navio e o destino das cargas, para que sejam alocadas na sequência em que serão desembarcadas, evitando o remanejo dos contêineres. A implementação desse plano é feita a partir do mapa do navio (Figura 5.8), onde é indicado como deve ser feita a distribuição dos contêineres.

O plano de carga segue o sistema baias, linha e camada – *bays-row-tier* (três coordenadas) para determinar a alocação de cada contêiner (Figura 5.9), segundo Bogossian (2011):

- Baias (*bays*): posicionadas na direção transversal do navio e numeradas sequencialmente a partir da proa, são indicadas para contêineres de 20 pés números ímpares e para contêineres de 40 pés números pares.

- Linha (*row*): as fileiras longitudinais são numeradas a partir do centro, sendo que a bombordo se localizam os números pares, e a boreste, os números ímpares.

- Camada (*tier ou stack*): as camadas verticais são numeradas de baixo para cima somente com números pares. No convés, geralmente, esta numeração inicia no número 82.

> **DICA**
> A Norma ABNT NBR ISO 6346/2002 idêntica à ISO 6346/1995 proporciona um sistema para identificação e apresentação de informações sobre contêineres de carga. O sistema de identificação é previsto para aplicação geral, por exemplo, para documentação, controle e comunicações (incluindo sistema automático de processamento de dados), assim como para inscrição para os próprios contêineres.
> Para aplicar a Norma ABNT NBR ISO 6346/2002 também é necessário obter as normas indicadas no catálogo.

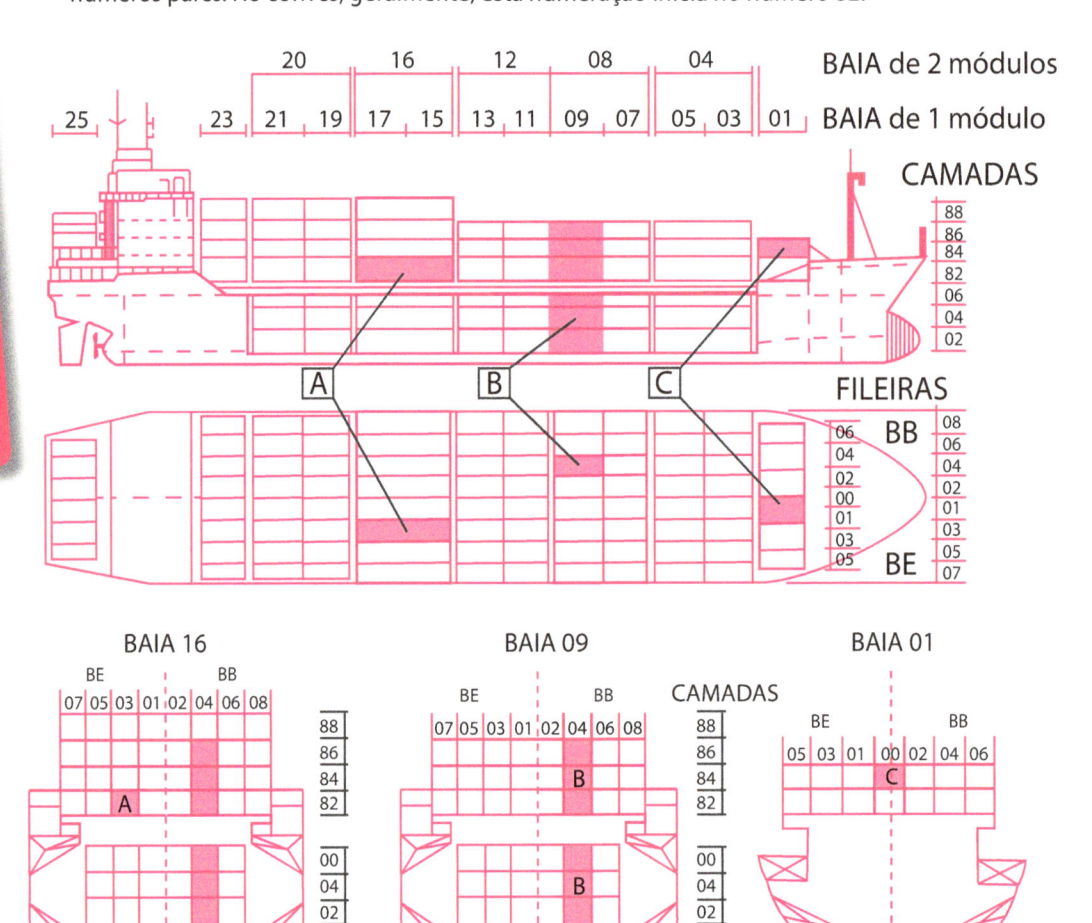

Figura 5.8 Mapa do navio.
Fonte: Instituto de Capacitação Técnica Portuária (2004).

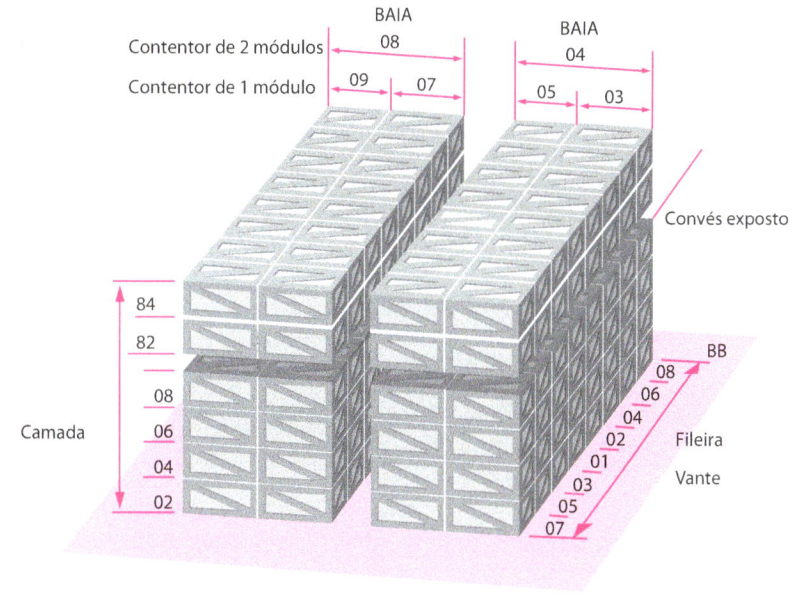

Figura 5.9 Detalhe da disposição das baias e camadas no navio.
Fonte: Instituto de Capacitação Técnica Portuária (2004).

Plano de descarga (*discharge plan*): quando um navio chega ao porto, é apresentado o plano de carga ao planejador de descarga, que serve como base (pré-plano) para que ele planeje a descarga do navio. O planejador estabelece o local (berço, terminal), a sequência de descarga, os equipamentos necessários, a quantidade de mão de obra e o local onde a carga será depositada.

O plano de descarga, por sua vez, é entregue ao contramestre do navio, que comandará a operação dentro dele, e ao pessoal de terra, que cuidará da operação após o desembarque.

Plano de cor (*color plan*): representação matematicamente calculada do sistema de carga ou descarga de um navio e das operações portuárias envolvidas. O plano de cor também é conhecido como Rede Petri Colorida (RPC).

O plano de cor ajuda a visualizar a utilização de recursos necessários simultaneamente em duas operações, propiciando a otimização do uso de equipamentos em um porto. Por exemplo, imagine que em um cais estejam acontecendo simultaneamente o carregamento de um navio e o descarregamento de outro navio.

Segundo Jensen (1992), o conceito de RPC, aplicado no exemplo, funciona da seguinte forma:

1º Identificam-se os processos: nomeia-se cada um dos processos; no caso, foram adotados processo-p e processo-q que ocorrem simultaneamente.

2º Identificam-se os recursos que serão compartilhados: no caso, nomeia-se três tipos de recursos compartilhados pelos processos simultaneamente: recursos-r, recursos-s e recursos-t.

3º Dividem-se os processos-p em quatro situações:
- Quantidade de processos-p a serem operados.
- Necessidade de utilização de dois recursos-s para a operação do sistema.
- Necessidade de utilização de dois recursos-s e de um recurso-t para a operação do sistema.
- Necessidade de utilização de dois recursos-s e de dois recursos-t para a operação do sistema.

>> **NO SITE**
Para assistir a um vídeo sobre o desembarque de contêineres em um porto, acesse o ambiente virtual de aprendizagem.

Principais ações do processo-p:

- Primeira ação: utiliza dois recursos-s para que o sistema passe do estado inicial para o segundo estado.
- Segunda ação: busca um recurso-t para que o sistema avance do segundo para o terceiro estado.
- Terceira ação: busca um recurso-t para que o sistema avance do segundo para o terceiro estado e do terceiro para o quarto estado.
- Quarta ação: reinicia o processo-p.

4º Dividem-se os processos-q em cinco situações:

- Indicação da quantidade de processos-q a serem operados.
- Indicação da necessidade de utilização de um recurso-r e de um recurso-s para a operação do sistema.
- Indicação da utilização de um recurso-r e de dois recursos-s para a operação do sistema.
- Indicação da necessidade de utilização de dois recursos-s para a operação do sistema.
- Indicação da utilização de dois recursos-s e de um recurso-t para a operação do sistema.

Principais ações do processo –q:

- Primeira ação: utiliza um recurso-r e um recurso-s para que o sistema passe do estado inicial para o segundo estado.
- Segunda ação: utiliza um recurso-s para que o sistema avance do segundo para o terceiro estado.
- Terceira ação: libera um recurso-r para que o sistema passe do terceiro para o quarto estado.
- Quarta ação: demanda um recurso-t para que o sistema passe do quarto para o quinto estado.
- Quinta ação: reinicia o processo-q.

Para entender melhor as atividades dos processos p e q, a Figura 5.10 apresenta o esquema gráfico dos movimentos descritos.

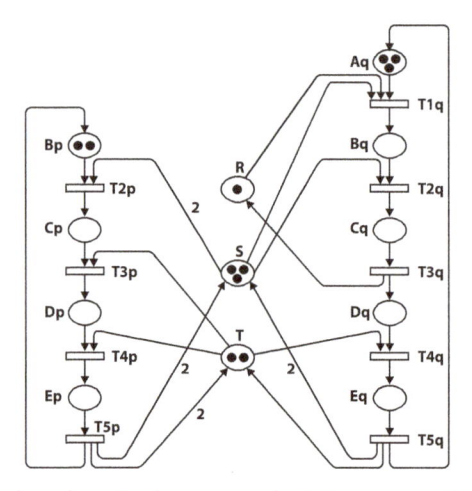

Figura 5.10 RPC descrevendo a alocação de recursos do sistema exemplificado.
Fonte: Jensen (1992).

O RPC funciona por meio de cartões coloridos. Para cada movimento a ser executado, o operador do equipamento recebe um cartão que representa a atividade a ser executada no processo p ou q.

Em geral, a RPC é realizada com o auxílio de sistemas computacionais, em virtude da complexidade dos movimentos repetitivos e alternados em cada rodada de cada um dos processos.

» Tipos de operações de estufagem e desestufagem de contêineres

A estufagem ou desestufagem de um contêiner pode ocorrer no armazém do vendedor ou no porto de embarque, e sua desova, no porto de destino ou no armazém do comprador. Os custos e as responsabilidades dessas operações são determinados no contrato de compra e venda. O que determina o local onde essas operações acontecerão é o contrato firmado com o transportador no tópico referente à contratação de praça (contratação do espaço em navio).

Existem as seguintes possibilidades para realizar estas operações:

1ª O contêiner será estufado no armazém do vendedor e desestufado no armazém do comprador: operação conhecida como h/h – *house to house* – casa a casa.

2ª O contêiner será estufado no armazém do vendedor e desestufado no porto de destino: operação conhecida como h/p – *house to pier* – casa ao porto.

3ª O contêiner será estufado no porto de embarque e desestufado no porto de destino: operação conhecida como p/p – *pier to pier* – porto a porto.

4ª O contêiner será estufado no porto de embarque e desestufado no armazém do comprador: operação conhecida como p/h – *pier to house* – porto a casa.

» Estufagem ou ovação de contêineres em armazéns

Estufar ou ovar é o ato de encher o contêiner com mercadorias que precisam ser unitizadas para serem transportadas. Essas mercadorias podem ser a granel, neogranel, embaladas ou paletizadas. O uso de contêineres para unitizar cargas depende de diversos fatores, como:

- Custo
- Destino
- Equipamentos, tamanho (comprimento, altura, largura) e peso do produto
- Disponibilidade de transporte
- Rapidez nas operações
- Aceitação pelo comprador, etc.

A estufagem do contêiner deve ser feita de acordo com o plano de estiva para evitar retrabalho. Seja qual for o tipo do contêiner, ele será padronizado externamente, com suas dimensões internas podendo ser diferentes em função do material utilizado para sua fabricação (espessura das paredes, das cabeceiras, do teto e do piso, isolamento térmico, etc.). As medidas dos contêineres são as constantes no padrão BIC, apresentado anteriormente.

A capacidade de carga também é estabelecida:

- Contêiner de 20': peso máximo 30.800 Kg, com capacidade de carga líquida de 28.000 Kg.
- Contêiner de 40': peso máximo 35.000 Kg, com capacidade de carga líquida de 31.000 Kg.

É importante observar que um contêiner de 40' leva somente algumas toneladas a mais do que um contêiner de 20'; portanto, ao contratar o aluguel de um contêiner, considere a seguinte condição:

> » **DICA**
> Embora seja visto como uma "embalagem" que facilita o transporte de mercadorias, para todos os efeitos legais, o contêiner é considerado um equipamento do veículo transportador, não se levando em conta, portanto, o seu peso ou volume para efeitos de frete, quando este é calculado sobre o peso ou volume da mercadoria.

> **DICA**
> Existem situações em que o contêiner é estufado parcialmente por um tipo de carga de um exportador único FCL (Contêiner Carga Plena), ou é dividido entre exportadores LCL (Contêiner Carga Parcial).

- Mercadoria pesada: tem melhor aproveitamento nos contêineres de 20' devido ao espaço físico disponível.
- Mercadoria volumosa: adapta-se melhor aos de 40' devido ao espaço físico disponível.

Em geral, os contêineres são alugados de empresas que realizam o transporte. O valor do aluguel varia com o tipo e o tamanho, porém, é sempre realizado por dia. Mesmo para o aluguel de longo prazo, em que o pagamento é feito mensalmente, o cálculo é sempre diário. Esta é a razão de os armadores cobrarem o *demurrage* dos seus clientes na base dia, já que o pagamento é feito por eles dessa forma.

Os contêineres são adquiridos pelos armadores por meio do *Master Container Lease Agreement* (Acordo de Aluguel de Contêiner), que é um sistema de *leasing* de *contêineres* disponibilizado pelas empresas de arrendamento mercantil. Os armadores pagam esses *leasings* utilizando as seguintes formas de negócios:

- Aluguel por dia – *Per Diem*: é o aluguel do contêiner por um determinado número de dias. Esta modalidade normalmente é utilizada quando existe a necessidade de suprir faltas temporárias enfrentadas pelos armadores.
- Aluguel para uma viagem simples – *One Way Leasing*: é o aluguel feito para cobrir toda a viagem de um navio (ponto de origem até o destino final), considerando o prazo para estufagem, a espera do navio e a desova. A devolução do contêiner ocorre no porto de destino.
- Aluguel para uma viagem redonda – *Round Trip Leasing*: é o aluguel que cobre a viagem de ida e volta do navio. A devolução do contêiner ocorre no porto de origem.
- Aluguel por curto prazo – *Short Term Leasing*: é o aluguel realizado por um período (acima de seis meses), que dá ao locatário o direito de utilizar o contêiner em várias viagens dentro do prazo combinado.
- Aluguel por longo tempo – *Long Term Leasing*: é o aluguel por um período acima de um ano (três a cinco anos).

Todo contêiner, antes de ser estufado, deve passar por uma vistoria para apurar:

- Se não há furos
- Se as portas, escotilhas e fechaduras funcionam adequadamente
- Se está seco
- Se há pontos de fixação para cargas de pesos e dimensões excepcionais
- Se está limpo
- Se não há restos nem odores de mercadorias anteriores
- Se a lona do *open top* ou *open side* não está rasgada
- Se o equipamento de refrigeração está funcionando perfeitamente, etc.

É aconselhável adotar os seguintes princípios e procedimentos ao estufar um contêiner:

- **Não deixar espaços vazios**: quando o contêiner é estufado completamente, não sobra espaço, e o produto não sofre deslocamentos que podem danificá-lo durante as operações portuárias e a viagem.

    Quando a carga for insuficiente para o preenchimento total do contêiner, deve-se primeiro preencher todo o piso, nunca colocando toda a mercadoria no fundo, e depois amarrá-la para impedir que se movimente.

- **Ponto de equilíbrio do equipamento**: precisa ser considerado na estufagem do contêiner para evitar problemas e acidentes, pois as cargas que não respeitam este item não dão ao contêiner o equilíbrio necessário para ser adequadamente manipulado pelos equipamentos de movimentação.

- **Excesso de peso em um dos lados do contêiner**: embalagens irregulares ou com diferenças de peso merecem atenção durante a estufagem para evitar o excesso de peso em um dos lados. Para evitar problemas desse tipo, é recomendado que as mercadorias mais pesadas sejam colocadas sob as mais leves e, quando em pequena quantidade, devem ser estivadas no meio do contêiner.
- **Agrupar as mercadorias por tipo**: é importante evitar estufar um contêiner com mercadorias completamente diferentes entre si (em relação a odor, umidade, peso específico, controles diferenciados de temperatura, etc.).
- **Carga congelada**: deve ser compactada. Todas as caixas ou paletes são colocados lado a lado, sem espaços para a circulação de ar. O ar deve passar sob a carga e retornar por cima para ser recirculado pelo equipamento de refrigeração.
- **Carga refrigerada ou resfriada**: precisa de espaços que permitam a circulação de ar.

> **» IMPORTANTE**
> A estufagem pode ser realizada manualmente, pelo transporte de cada volume, ou mecanicamente, pela utilização de empilhadeiras e paleteiras para o transporte da carga, de esteiras rolantes ou, no caso de contêineres sem teto, de guindastes para a colocação da mercadoria em seu interior.

» Desestufagem ou desova de contêineres em armazéns

Desestufar ou desovar um contêiner é o ato de retirar as mercadorias de seu interior. Ao chegar ao local da operação, é feita a verificação do estado geral do contêiner, observando:

- **Avarias em contêineres que serão desovados no porto**: as vistorias são feitas em contêineres P/P – *Pier to Pier*, LCL /LCL – *Less than Container Load* e contêineres CFS/CFS – *Container Full Shipper*. Ao serem constatadas avarias nesses tipos de contêineres (amassados 5 cm, furos, torções, piso quebrado, partes), deve ser lavrado o termo de avaria em até 24 horas após o recebimento.

  O documento deve ser assinado pelo representante do terminal de descarga e pelo transportador marítimo. Nestas situações, tanto o vendedor quanto o comprador têm de realizar a ovação e a desova do contêiner em área portuária, designada pelo armador de imediato.

- **Avarias em contêineres que não serão desovados no porto**: quando os contêineres são classificados como FCL – *Full Container Load*, P/H – *Pier to House* ou LCL/FCL, não é realizada a vistoria no terminal, e este está isento de realizar a vistoria de avaria. O contêiner é entregue ao importador sem ser aberto.
- **Lacres**: são verificados o número e o estado geral do lacre (quebrado, cola, falso). Somente o fiscal da Receita Federal pode autorizar o rompimento do lacre.

  Os lotes de mercadorias desovadas são depositados em quadras demarcadas e identificadas para o perfeito controle. A folha de descarga ou mantra deve ser entregue à Receita Federal e ao importador em 24h.

Todas as operações portuárias, sejam elas de embarque ou desembarque de mercadorias, devem ser feitas de acordo com os planos estabelecidos e processos desenvolvidos, pois as atividades possuem custos.

Realizar atividades não planejadas ou executá-las em desacordo com os processos traz prejuízos ao operador portuário e ao proprietário da carga.

capítulo 6

Processos de negócios portuários

Neste capítulo, serão apresentados os processos relativos aos negócios portuários. Esses processos estão passando por um total redimensionamento a fim de oferecerem um melhor nível de serviço, o qual, por sua vez, diminuirá os custos das operações e os custos logísticos adicionais arcados pelos operadores portuários e pelos clientes. Nesse sentido, os gestores dos portos descobriram que a melhoria dos processos de negócios possibilitará o desenvolvimento de estratégias sustentáveis que atenderão à demanda por serviços eficientes, o que, consequentemente, proporcionará grandes benefícios econômicos ao país e aos seus usuários. Desse modo, os processos de negócios portuários se tornarão mais competitivos nos mercados nacional e internacional.

Objetivos de aprendizagem

» Aprender sobre os processos de negócios portuários.
» Conhecer os tipos de contratos de afretamento de navio.
» Entender os termos e as condições de contratação de frete nacional e internacional.
» Relacionar os órgãos intervenientes nas atividades portuárias.
» Saber quais empresas e profissionais atuam na navegação.

» Introdução

A história nos mostra que os processos de negócios portuários estão intimamente ligados à prestação de serviços firmada por meio de contratos. Estes começaram a ser utilizados na Idade Média com base no Direito Bizantino, o qual estabelecia que "quando um homem afreta um navio, o contrato deve ser escrito e assinado pelas partes, o que, de outra forma, será nulo".

» NA HISTÓRIA

O Direito Bizantino é o conjunto de regras jurídicas justinianas que continuaram em vigor de 565 a 1453 d.C., adaptadas do Direito Romano à vida do povo do mais organizado império do mundo antigo. O Direito Romano estendeu-se até os tempos do Imperador Justiniano (565 d.C.) e continuou no período bizantino até fins da Idade Média (1453 d.C.), atravessando o Renascimento e chegando até os nossos dias.

Esses contratos eram escritos em uma única folha de papel em duplicidade, ou seja, eram escritos duas vezes, e a folha era dividida em duas partes, cada qual entregue ao contratante e ao contratado. Esse tipo de documento era chamado de *carta partita*, *charta partita* ou *charter party*, como ilustra a Figura 6.1.

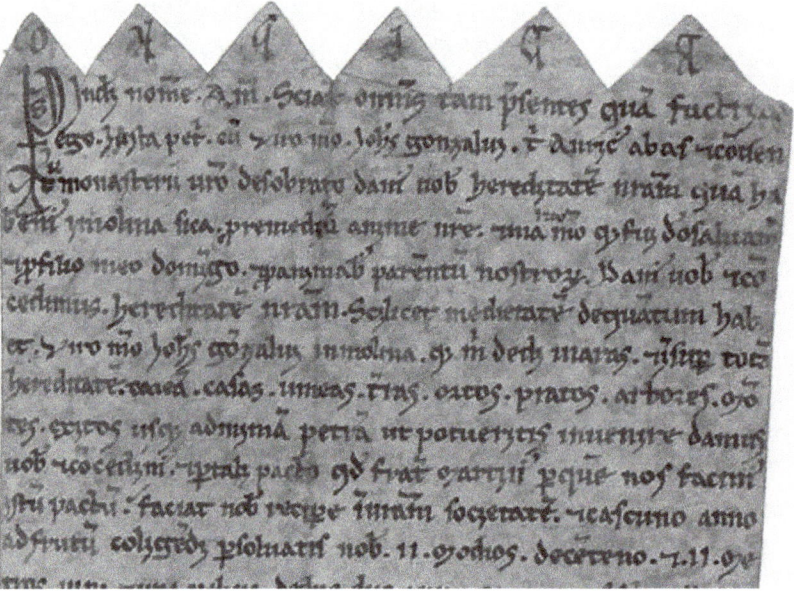

Figura 6.1 Carta partida.
Fonte: Real Academia Galega (c2014).

Nessa época, as companhias de navegação realizavam todas as operações relacionadas com o navio. O armador (proprietário do navio, pessoa física ou jurídica) cuidava da armação, do gerenciamento da tripulação, da operação técnica e, em muitos casos, ainda comandava o navio. Quando o armador era um empresário (pessoa jurídica), ele tinha funções específicas e possuía uma estrutura de gerenciamento financeiro, técnico (sobressalente, combustível, avarias, etc.), operacional (rotinas diárias do navio, pessoal, etc.) e comercial (emprego do navio, etc.).

» Contratos de afretamento de navio

Atualmente, os contratos de afretamento de navio são encontrados sob duas espécies:

1º Contratos para utilização do navio ou dos serviços do navio: adotado nos países onde o Direito Civil rege os contratos (por exemplo, no Brasil).

2º Contratos de utilização do navio ou dos serviços do navio para o transporte de mercadorias: Utilizados nos países em que a *Commom Law* rege os contratos (por exemplo, na Inglaterra).

Os contratos de afretamento podem ser:

- **Contrato de afretamento a casco nu**: firmado entre duas partes: de um lado, está o proprietário do navio (pessoa física ou jurídica) que possui registro de propriedade da embarcação junto à autoridade marítima portuária (no Brasil, também há a necessidade de inscrição no Tribunal Marítimo). De outro lado, existe o afretador a casco nu (pessoa física ou jurídica) que detém as responsabilidades de armar e controlar o navio (gestão náutica, de pessoal e comercial), como se fosse seu proprietário (contrata seguros de casco, máquina, etc.).

Neste caso, existem dois tipos de contrato, sendo o afretador o emitente do contrato de arrendamento (carta partida) ou do conhecimento:

- **Contrato de afretamento – *Bareboat Charter Party***: Neste tipo de contrato, o fretador fica com a posse e a administração do navio.

- **Não existência de afretamento – *Demise Charter Party***: Neste tipo de contrato, o proprietário do navio entrega a posse ao afretador, assegurando que a embarcação se encontra em boas condições de navegabilidade, estanqueidade, fortaleza e possui o aparelhamento e o equipamento de segurança adequados.

O afretador compromete-se a devolver a embarcação nas mesmas condições em que a recebeu dos proprietários, exceto pelos desgastes naturais; e o proprietário permanece apenas com a responsabilidade de administração do contrato. Cabe ainda ao afretador:

- Armar e provisionar o navio
- Providenciar reparos
- Fornecer os equipamentos
- Pagar o combustível e demais despesas

O seguro do casco e das máquinas ficará a cargo da parte que se comprometeu a fazê-lo na assinatura do contrato, cujas cláusulas comuns referem-se:

1. Aos danos causados ao navio: a responsabilidade do afretador a casco nu será aquela do Direito Civil que rege os contratos e decorrente dos estritos termos do contrato em questão.

2. Aos fretes gerados pelo navio durante o período do contrato: o proprietário do navio, por não ter a posse deste, não terá direito aos fretes. Estes são do afretador a casco nu.

3. Aos atos do comandante e da tripulação: o proprietário do navio não é responsável perante os embarcadores e/ou consignatários, visto que são eles prepostos do afretador a casco nu.

4. Aos conhecimentos de embarque – BL: Quando assinados pelo comandante, esses conhecimentos estão vinculados ao afretador a casco nu, e não ao proprietário. O afretador a casco nu é, para todos os efeitos, o transportador das mercadorias.

5. Aos casos de colisão ou abalroação pelo navio: responderá o afretador a casco nu perante terceiros (e da mesma forma perante o proprietário).

» **DEFINIÇÃO**

O Direito Civil, principal ramo do Direito Privado, é o conjunto de normas que regulam as relações entre os particulares que comumente encontram-se em uma situação de equilíbrio de condições. *Common Law*, ou Direito Comum, é o Direito que se desenvolveu em certos países por meio de decisões dos tribunais, e não mediante atos legislativos ou executivos. O Tribunal Marítimo tem como atribuições julgar os acidentes e os fatos da navegação marítima, fluvial e lacustre, bem como manter o registro da propriedade marítima.

- **Contrato de afretamento por tempo ou prazo – *Time Charter Party***: o proprietário aluga o navio ao afretador armado, equipado e em boas condições de navegabilidade, fortaleza, estanqueidade e segurança por um tempo determinado mediante pagamento – *hire*:

  - Ele mantém a posse do navio
  - Ele continua a ser o emissor do conhecimento de transporte
  - A tripulação é composta por seus empregados
  - Ele arca com as despesas de operação do navio (salários, rancho, seguro, reparos)

Este tipo de contrato é de utilização dos serviços do navio, portanto, apenas as despesas com óleo combustível, diesel, lubrificantes e as despesas portuárias são de responsabilidade do afretador, que deve devolver o navio nas mesmas condições em que este lhe foi entregue, excetuando os desgastes naturais.

Os tipos de contrato de afretamento por tempo mais utilizados, aprovados pelo **BIMCO** (*Baltic and International Maritime Council*), são:

- **Nype**: é o nome código para o contrato de afretamento por tempo aprovado pela *New York Produce Exchange*, em 1946. Houve uma revisão em 1981, e uma mais recente, em 1993.
- **Baltime 1939**: é o nome código para o contrato aprovado pelo BIMCO, e mais utilizado na região do Báltico.

São destacadas as seguintes cláusulas comuns aos tipos de contratos mencionados:

1. Descrição do navio: discrimina, em detalhes, o navio que está sendo afretado com tolerância de 5% para maior ou para menor:

   - Nome
   - Classe
   - Equipamentos
   - Consumo de combustível, etc.
   - Tonelagem
   - Capacidade de carga
   - Velocidade de cruzeiro
   - Potência de máquinas principal e auxiliares

2. Período de afretamento: é o período de utilização do navio, expresso em anos, meses e dias (ou uma combinação dos três). Também se utiliza a expressão "mais ou menos" ou "mínimo" ou "máximo" com relação ao período, com o objetivo de determinar uma tolerância.

3. Limites de rotas e de utilização: são estabelecidos pelo armador em virtude de fatores considerados de seu interesse:

   - Limites geográficos onde o navio poderá ser utilizado
   - Especificação de portos e berços seguros (conforme doutrina internacional)
   - Especificação do tipo de carga que poderá ser transportada (mercadorias legais e permitidas)
   - Especificação de calado para que o navio "sempre flutue em segurança"
   - Eventual restrição quanto ao tipo de carga a ser transportada

4. Autorização de subfretamento: permite ao afretador subfretar o navio a terceiro, mas ele continua sendo o responsável pela embarcação perante o armador de acordo com o contrato firmado.

5. Entrega do navio: necessária para que o contrato tenha início, e deve ser documentada com a data, a hora e o local onde o navio esteja flutuando e com as condições de navegabilidade e de operação (carga e descarga de mercadorias permitidas no contrato).

> **DICA**
> O hire é pago em intervalos determinados durante o período do contrato, de modo que o afretador poderá colocar o navio *off hire* em qualquer hipótese que afete a navegabilidade ou operacionalidade do navio (deficiência de equipamento, propulsão, etc.).

> **DEFINIÇÃO**
> O BIMCO é uma organização formada por empresas que atuam no ramo da navegação com o objetivo de discutir melhores práticas e principais questões dessa atividade.

6. Cláusula de cancelamento: permite a rescisão do contrato pelo afretador no caso de não apresentação do navio nas datas estipuladas, ou não estando o navio em condições para cumprir o contrato.

7. Pagamento do *hire*: contraprestação pela utilização dos serviços do navio, em que as condições de pagamento estabelecem:

   - Local
   - Datas
   - Valores
   - Periodicidade (mensalmente, quinzenalmente ou antecipadamente)

8. *Off hire* – fora de contrato: especifica as condições em que o afretador estará isento do pagamento do *hire*:

   - Nos casos de acidentes
   - Docagem
   - Existência de problemas de máquinas
   - Outros previstos em contrato

9. Deduções pecuniárias do *hire*: permite ou proíbe deduções do pagamento do *hire* em virtude da ocorrência de fatos não previstos no contrato, como:

   - Adiantamentos feitos pelo afretador por conta e ordem do armador
   - Deficiência de velocidade do navio
   - Outros motivos

10. Retirada (rescisão) do navio pelo não pagamento de *hire*: permite ao armador retirar o navio e rescindir o contrato nos casos de:

    - Não pagamento do *hire*
    - Pagamento parcial
    - Pagamento após a data estipulada no contrato

    Ao aplicar esta cláusula, o armador notifica o afretador de sua intenção. Se o navio estiver levando carga, a viagem deve ser concluída pelo afretador. Na prática, o navio é reafretado em outro nível de *hire*.

11. Emprego do navio e nomeação de agentes: permite ao afretador controlar o emprego do navio (do ponto de vista comercial) e nomear os agentes nos vários portos de escala.

12. Assinatura de "conhecimentos de embarque" – BL: determina, expressa ou implicitamente, quem deverá assinar os conhecimentos de embarque, se o comandante do navio ou o agente.

13. Reentrega do navio: quando do término do contrato, determina o local ou a área onde o navio será reentregue, ou seja, retornará à posse do armador (proprietário) nas mesmas boas condições em que ele foi recebido.

    - **Contrato de afretamento por viagem – *Voyage Charter Party* (VCP)**: é um contrato de prestação de serviços de transporte de mercadorias assinado entre duas partes, sejam elas pessoas físicas ou jurídicas, de acordo com a convenção de Roma, de 1980, e utilizado em escala global no transporte de mercadorias a granel, como petróleo e seus derivados.

Esses contratos podem ser firmados para realizar uma viagem completa (viagem redonda – *single voyage*), ou para viagens consecutivas (*consecutive voyages*) entre portos determinados. O frete por viagem – *Rate, Trip, Voyage* – é cobrado do afretador. O fretador cede o navio e sua equipagem ao afretador, mas mantém a posse do navio, sendo, por isso, o responsável:

- Pela expedição da carta partida
- Pela navegabilidade do navio
- Pelas despesas da viagem (combustível, alimentação, seguro, etc.)
- Pela segurança da carga

> **DICA**
> O VCP também pode ser utilizado para o transporte de carga geral, solta ou em contêineres, mediante impossibilidade de firmar outro tipo de contrato. No VCP, as despesas de estiva, manipulação da carga, carregamento e descarga, bem como as taxas portuárias e os impostos, ficam com a parte determinada no contrato.

As principais modalidades de afretamento praticadas neste tipo de contrato são:

- **TVCP** – *Tanker Voyage Charter Party*: contrato de fretamento de navio tanque.
- **COA** – *Contract of Affreightment*: contratos de fretamento a tonelagem ou volume.
- ***Slot Charter***: fretamento parcial do navio por viagem (VCP) que tem como referência o transporte de contêineres.

As obrigações contratuais do VCP são:

- **Transportador – *Carrier***: é a parte que fornece o espaço a bordo de seu navio. Ele é o responsável civil pela carga durante o transporte em qualquer situação.
- **Fretador – *Charterer***: é a parte que contrata o frete do navio para o transporte de sua mercadoria.

O contrato de transporte para operações internacionais segue as cláusulas do Conhecimento de Embarque – BL; já o contrato de transporte para operações de cabotagem segue as cláusulas do CTAC, Conhecimento de Transporte Aquaviário de Cabotagem.

As cláusulas básicas do contrato de afretamento por viagem são:

1. Tipo e peso da carga: devem constar as seguintes informações:
    - Descrição da carga (descrito com exatidão ou apenas superficialmente)
    - Método de estivagem
    - Especificação da unidade de medida utilizada (m^3, tonelada, etc.)
    - Peso (expresso de acordo com a medida utilizada)

2. Taxa e pagamento do frete: o frete em geral é fixado pelas partes e deve constar na CP e no BL:
    - Base de cálculo na tonelagem da carga: medida no porto de descarga.
    - Estipulado de acordo com a quantidade de carga transportada: valor fixo cobrado – *lump sum* – quando não é possível precisar a quantidade da carga na data do embarque. Neste tipo de contrato, o preço global cobrado pelo produto ou serviço é determinado antes da realização do projeto.

        É um contrato vantajoso para o cliente por ser de baixo risco, já que o valor não pode ser alterado mesmo ocorrendo imprevistos. Esse tipo de contrato nem sempre é a melhor opção e tem de ser bem especificado para não ocasionar o impedimento por parte do contratado em concluir o projeto.
    - Responsabilidade sobre atrasos na entrega: em geral, é do fretador (exceto se existirem disposições nas cláusulas de *laytime* e *demurrage*).
    - Condição de pagamento do frete: em geral, a condição é na entrega da carga, à vista e sem desconto, de acordo com a taxa de câmbio vigente no dia do pagamento.

3. Despesas de estiva, carga e descarga: são determinadas de acordo com a forma de pagamento do frete.

4. *Laydays*: estipula os prováveis prazos e tempos necessários à realização do transporte:
    - Data provável de início de carregamento: a carta partida especifica o início da contagem do prazo considerando as seguintes situações:
        - Chegada do navio à barra
        - Atracação do navio
        - Tempo disponível para carregamento ou descarregamento após a abertura dos porões

>> **DEFINIÇÃO**
Laytime é o tempo decorrido na operação, e *demurrage*, a indenização paga pelo afretador em um fretamento por viagem, pelo tempo que exceder das estadias nas operações de carga e descarga de um navio, conforme estiver estipulado na carta partida.

- Período de carregamento: o tempo entre o início do carregamento – *commercing date* – e a data máxima para carregamento – *cancelling date*.
- Período de estadia: período que extrapola o prazo contratado em que se considera a existência de domingos e feriados *(shinc* ou não *shex)* no período. Esse período é contado a partir da entrega da notícia de prontidão NOR *(Notice of Readiness)* pelo fretador ao afretador por intermédio do agente marítimo.
- Saída do navio – *With Reasonable Despatch*: após ser carregado o navio, este deve iniciar a viagem para evitar sansões ao armador ou fretador, exceto nas situações consideradas excludentes de sua responsabilidade (segurança da navegação, mau tempo, maré baixa, ausência de prático a bordo, guerra, indisponibilidade de rebocadores) ou caso fortuito ou força maior.
- Obediência de rota: o navio deve seguir a rota preestabelecida e ser conduzido ao porto de desembarque contratado. Isso não ocorrendo, o armador-fretador será responsabilizado pelos prejuízos que o afretador venha a sofrer. Algumas ocorrências de fatos excepcionais que justifiquem o desvio de rota estão previstas no contrato, como:
  - Arribada: a embarcação entra em um porto ou local não previsto (não é o porto de escala nem o de destino)
  - Interdito de comércio ou bloqueio
  - Salvamento ou assistência a navio em perigo
  - Recalada: retorno ao porto de saída
  - Declaração de guerra
  - Hipóteses de pirataria
  - Arresto por ordem de potência estrangeira
  - Provisionamento e salvamento de vidas humanas
  - Desvio para salvar o navio ou a carga
- Cláusula de desvio de rota – *Deviation Clause*: é comum a inserção da cláusula que autoriza o navio a desviar-se de sua rota, desde que este desvio seja razoável e justificado. No desvio injustificado de rota, além das responsabilidades pelos prejuízos, o armador-fretador deverá entregar a carga ao afretador e o frete não será pago.

5. Obrigações do afretador:
   a) Realizar o pagamento do frete.
   b) Colocar a carga, em qualidade e quantidade pactuadas, à disposição do fretador para embarque.
   c) Efetuar a carga e descarga do navio obedecendo às disposições do contrato.
      - Contrato de afretamento parcial – *Slot Charter*: utilizado no transporte de cargas de menor volume (em geral, contêineres) nas linhas regulares de navegação entre portos determinados, onde partes do navio são locadas a diversos afretadores. O instrumento contratual é o conhecimento de embarque – BL, ou a reserva de praça constante nas notas explicativas – *booking note*.
      - Afretamento de espaço – *Space Charter*: utilizado quando duas empresas fretadoras unem seus esforços *(joint venture)* para oferecer aos afretadores uma maior capacidade de transporte de carga em uma única viagem. Nestas operações, tais empresas cedem umas às outras espaços em seus navios para o transporte das cargas negociadas.

>> **DEFINIÇÃO**
Cancelling date é uma cláusula de cancelamento de contrato que possibilita ao afretador rescindir o contrato na hipótese de o navio não estar disponibilizado na data fixada.

>> **DICA**
No contrato de afretamento parcial, há casos em que a carga é contratada nessa modalidade, mas o armador precisa distribuí-la em diversos navios, o que lhe permite contratar outras companhias de navegação para o transporte por meio do COA (*Contract Of Affreightment*), que é anexado ao contrato original.

» Termos de condições de contratação do frete

Todos os tipos de contrato de afretamento começam com o nome do fretador, do afretador e do navio, junto com suas qualificações completas e as seguintes condições de contratação do frete:

1. Informação sobre a mercadoria a ser transportada e quantidade correspondente (volume, peso), inclusive quando se refere a diversas mercadorias, ou às mercadorias legais, com ou sem exclusões.
2. Indicação dos portos onde acontecerão a carga e a descarga e dos portos opcionais, com as respectivas ordens para as descargas dentro dos limites geográficos definidos.
3. Esclarecimento se a escolha dos agentes nos portos e a responsabilidade pelo carregamento e pela descarga cabem ao fretador ou ao afretador (nos contratos a prazo e a casco nu, isso sempre caberá ao afretador).
4. Tempo permitido para o carregamento e a descarga, e o termo inicial que está no início, na origem.
5. Estadias, sobrestadias, resgates de estadias.
6. Esclarecimento se o navio deve carregar atracado ao cais ou em um ancoradouro, e se as despesas de carga e descarga por meio de alvarengas e batelões são por conta do fretador, do afretador ou do consignatário.
7. Proporção e extensão das despesas que devem caber a cada uma das partes envolvidas relativas ao carregamento e à descarga (nos fretamentos a prazo e a casco nu, essas despesas cabem ao afretador).
8. Valor do frete, lugar e forma de pagamento (nos fretamentos a prazo e a casco nu, em geral o pagamento é feito adiantado por mês, sendo o frete calculado por tonelada de peso morto total do navio nas marcas de verão).
9. Esclarecimento se o navio pode ou não se desviar de sua rota para fazer abastecimento de combustível ou receber outra carga (fretamento parcial), e em quais limites.
10. Cláusulas de arbitramento, para o caso de disputa entre as partes contratantes.

Além dessas cláusulas básicas, existem as cláusulas legais que podem ser incorporadas aos contratos de fretamento de acordo com a negociação entre as partes, como:

- Cláusula de avaria grossa
- Não responsabilidade do armador em caso de negligência do capitão e tripulantes
- Explosão de caldeiras
- Riscos de guerra e de limitação de responsabilidade
- Acidentes no embarque ou desembarque da carga
- Defeitos na máquina ou no casco, etc.

No Brasil, não são aceitas cláusulas de não indenizar, mas as cláusulas de limitação de responsabilidade são bem aceitas internacional e nacionalmente. Nos contratos a prazo e a casco nu, sempre deve ser definido se cabe ao fretador ou ao afretador:

- A docagem do navio e a data em que será realizada.
- A quem caberá o seguro do casco e das máquinas.

Na carta partida ou no BL, deve constar o estado aparente das mercadorias de acordo com a avaliação do conferente de carga e descarga (trabalhador avulso contratado pelo armador). Ao constatar que a carga encontra-se em boas condições, o conferente declara que esta foi recebida "em aparente boa ordem e condição", o que permite a expedição do conhecimento limpo. Já se for constatada a existência de avarias na carga no momento do embarque, o conferente registra no instrumento contratual as condições reais nela encontradas, o que passará, portanto, a ser um conhecimento sujo – *unclean bill of lading*.

Expressões utilizadas nos termos de frete

As despesas de estivagem, rechego e manipulação da carga decorrentes do embarque ou da descarga (de responsabilidade de uma das partes contratantes) são estabelecidas no contrato pelos termos de frete formados com o uso das seguintes expressões na língua inglesa:

- F – *free* – livre de despesas para o armador.
- I – *in* – no embarque.
- O – *out* – no desembarque.
- S – *stowed* – estivado.
- T – *trimmed* – rechegado.
- L – *liner terms* – termos de linha.

Essas despesas dão origem às seguintes formas de contratos:

a) **FO – *Free Out*** – Livre de saída de bordo: ao exportador cabe apenas o pagamento das despesas relativas ao desembarque. Os gastos de embarque e estiva cabem ao armador.

b) **LIFO – *Liner In Free Out*** – Carregamento por conta do armador e descarga por conta do afretador: é idêntica à FO.

c) **FI – *Free In*** – Livre de entrada a bordo: ao exportador cabe o pagamento das despesas referentes a embarque e à estiva. Cabe ao armador a responsabilidade pelo pagamento das despesas com desembarque.

d) **FIS – *Free In and Stowed*** – Livre de entrada e arrumação: o armador não tem responsabilidade pelas despesas com carregamento e estivagem. É uma variante da FI.

e) **FILO – *Free In, Liner Out*** – Livre de entrada e responsável pela saída: o armador não tem responsabilidade pelas despesas com carregamento, mas cabe a ele o pagamento das despesas de descarga. É uma variante da FI.

f) **FISLO – *Free In and Stowed Liner Out*** – Livre de entrada e arrumação, e responsável pela saída: o armador não tem responsabilidade pelas despesas com carregamento e estivagem, mas cabe a ele o pagamento das despesas de descarga. É uma variante da FI.

g) **FIO – *Free In and Out*** – Livre de entrada e saída de bordo: cabe ao armador apenas o transporte da mercadoria. As despesas com embarque, estiva e desembarque cabem ao exportador.

h) **FIOS – *Free In Out Stowed*** – Livre de entrada, saída e arrumação: as despesas com carregamento, estivagem e descarga cabem a terceiros. É uma variante da FIO.

i) **FIOST – *Free In Out Stowed and Trimmed*** – Livre de entrada, saída, arrumação e distribuição da carga: utilizada no transporte de granéis. É uma variante da FIO.

j) **FIOT – *Free In Out and Trimmed*** – Livre para sair sem pendências: o armador não tem responsabilidade pelas despesas com carregamento, rechego e descarga.

k) **FIST – *Free In, Stowed and Trimmed*** – Livre para entrar sem pendências: o armador não tem responsabilidade pelas despesas com carregamento, estivagem e rechego.

l) **FFA – *Free From Alongside*** – Livre junto ao costado do navio: cabe ao armador as despesas referentes a embarque, estiva e desembarque. Cabe ao exportador colocar a mercadoria livre junto ao costado do navio.

> **DICA**
> A simples referência ao INCOTERMS 2000 em contratos de venda define claramente as respectivas obrigações das partes e reduz o risco de complicações legais.

» INCOTERMS – Termos Comerciais Internacionais

Os INCOTERMS são termos criados pela ICC (Câmara Internacional do Comércio) para unificar as práticas utilizadas entre os **compradores** e os **vendedores** no mercado internacional. Os INCOTERMS permitem às partes estabelecer responsabilidades sobre a movimentação da carga, o pagamento do seguro, entre outras. A Figura 6.2 ilustra as responsabilidades do importador e do exportador de acordo com os INCOTERMS.

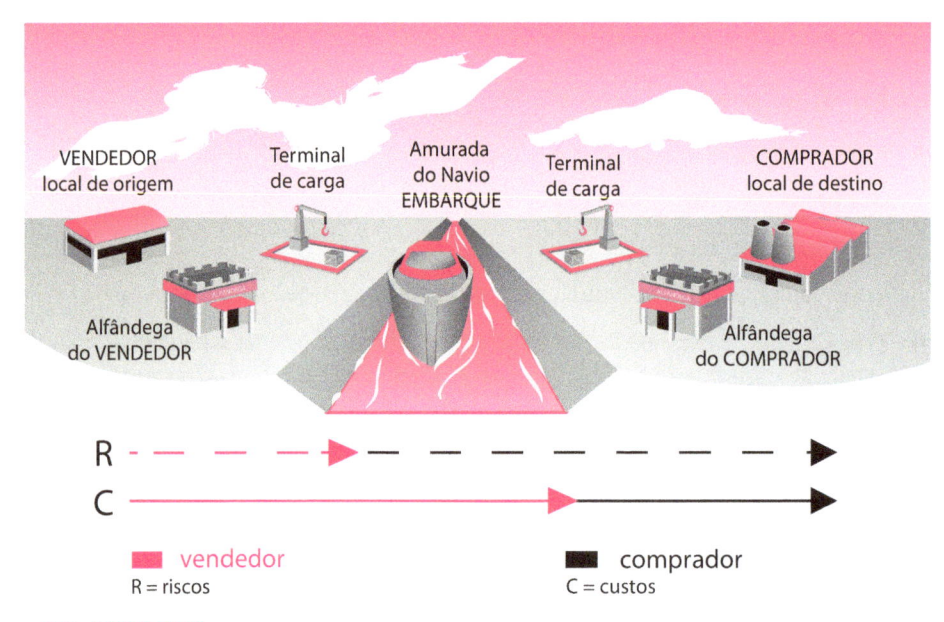

Figura 6.2 INCOTERMS.

Os INCOTERMS são subdivididos em quatro grupos:

Grupo E – Partida: o vendedor coloca as mercadorias disponíveis ao comprador na propriedade do vendedor e assume o mínimo de obrigações possível. O comprador é o responsável pela carga das mercadorias em veículo determinado por ele e pela descarga do veículo. O vendedor não tem responsabilidade por possíveis danos à carga durante seu desembarque.

O INCOTERM utilizado neste grupo é:

- EXW – *Ex Works* – Na origem: o vendedor entrega as mercadorias ao comprador na origem (estabelecimento, fábrica, armazém ou outro local), sem desembaraçá-las para exportação nem embarcá-las no veículo coletor do comprador.

Grupo F: o vendedor é obrigado a entregar as mercadorias a um transportador indicado pelo comprador. Quando a mercadoria é entregue no endereço do vendedor, a entrega é concretizada no momento em que ela é carregada no veículo transportador do comprador, e quando é entregue em local diferente, a entrega é concretizada após sua descarga e considerada à disposição do comprador.

Os INCOTERMS utilizados neste grupo são:

- FCA – *Free Carrier* – Livre no transportador: o vendedor entrega as mercadorias desembaraçadas para exportação ao transportador indicado pelo comprador no local designado. Se a entrega ocorrer na propriedade do vendedor, este será responsável pelo embarque. Se a entrega ocorrer em qualquer outro local, o vendedor não terá qualquer responsabilidade sobre o desembarque, que ficará totalmente a cargo do comprador. O FCA é empregado internacionalmente no transporte multimodal de contêineres ou *Rol-On-Roll-Off*.

- FAS – *Free Alongside Ship* – Livre ao lado do navio: o vendedor obriga-se a colocar a mercadoria no acostado do navio, no cais ou em barcaças, desembaraçada para exportação. O comprador arca com todos os custos e riscos de perda ou dano às mercadorias a partir do embarque das mercadorias.
- FOB – *Free On Board* – Livre a bordo: o vendedor obriga-se a colocar a mercadoria a bordo do navio por sua conta e risco. A responsabilidade do importador inicia a partir daí e abrange o frete, o seguro, a descarga e o transporte terrestre até o destino final.

Grupo C: o vendedor tem que contratar o transporte, mas não assume o risco de perda ou dano às mercadorias ou os custos adicionais após o embarque e despacho. No contrato, deve estar indicado até qual local o vendedor deve pagar os custos do transporte e seguro. Cabe ao vendedor a responsabilidade pelo pagamento do transporte até o local designado, e ao comprador, a responsabilidade pelo risco de perda ou dano às mercadorias na descarga e no transporte.

Os INCOTERMS utilizados neste grupo são:

- CFR – *Cost and Freight* – Custo e frete: o vendedor deve cobrir todos os custos necessários ao embarque, mais os fretes relativos ao transporte da mercadoria descarregada no porto de destino contratual. Os riscos por faltas ou avarias são assumidos pelo comprador no momento do embarque. O vendedor se responsabiliza pelo desembaraço alfandegário das mercadorias para exportação.
- CIF – *Cost, Insurance and Freight* – Custo, seguro e frete: além dos custos relativos ao embarque, ao frete e à descarga, o vendedor assume o pagamento do seguro, mas a responsabilidade por eventuais faltas ou avarias ocorridas durante o transporte é transferida ao comprador. A entrega das mercadorias se dá quando estas transpõem a amurada do navio no porto de embarque. O vendedor é o responsável pelo desembaraço aduaneiro das mercadorias para exportação.
- CPT – *Carriage Paid To* – Transporte pago até: o vendedor paga todos os fretes até o porto designado, mas os riscos do transporte e outros custos são transferidos ao comprador a partir do momento em que a mercadoria é entregue ao primeiro transportador. O desembaraço aduaneiro das mercadorias é de responsabilidade do vendedor.
- CIP – *Carriage and Insurance Paid to* – Transporte e seguro pagos até: idêntico ao contrato anterior adicionando a responsabilidade do vendedor pelo pagamento dos prêmios do seguro durante todo o percurso do transporte. O vendedor fica responsável pelo desembaraço aduaneiro das mercadorias para exportação.

Grupo D: os contratos são considerados de chegada e o vendedor tem de arcar com todos os custos e riscos necessários para levar as mercadorias ao local de destino. A única obrigação que fica a cargo do comprador é o desembaraço alfandegário.

Os INCOTERMS utilizados neste grupo são:

- DAF – *Delivery At Frontier* – Entregue na fronteira: o vendedor cumpre sua obrigação de entrega das mercadorias livres e desembaraçadas no ponto e local designados na fronteira, porém antes da divisa alfandegária do país limítrofe. Este termo pode ser usado em qualquer meio de transporte quando as mercadorias devem ser entregues em uma fronteira terrestre. Na fronteira portuária, usam-se os termos DES ou DEQ.

- **DES** – *Delivered Ex Ship* – Entregue no navio: o vendedor é responsável pela mercadoria estar disponível ao comprador a bordo, no porto de destino, cabendo a ele todos os custos e riscos de embarque, seguro e transporte marítimo. Ao comprador compete a descarga no porto de destino.

- **DEQ** – *Delivered Ex Quay* – Entregue no cais: o vendedor é responsável pela mercadoria até ela estar disponível ao comprador no porto de descarga, arcando com todos os custos a ela concernentes, bem como com os riscos que esta venha a sofrer no decorrer do transporte e da descarga. O comprador fica responsável pelo desembaraço alfandegário das mercadorias para importação e pelo pagamento de todas as despesas decorrentes da importação.

- **DDU** – *Delivered Duty Unpaid* – Entregue com direitos não pagos: a entrega é feita pelo vendedor ao comprador no local de destino designado, mas sem estarem pagos os encargos e sem a mercadoria estar desembaraçada para importação. O vendedor assume todos os custos e riscos envolvidos em levar a mercadoria até o importador, inclusive as formalidades alfandegárias, exceto os direitos, os impostos e outros encargos oficiais devidos em razão da importação. O comprador deve pagar quaisquer custos adicionais e assumir qualquer risco causado por sua omissão em desembaraçar no prazo as mercadorias para importação.

- **DDP** – *Delivered Duty Paid* – Entregue com direitos pagos: o vendedor entrega as mercadorias ao comprador no porto de destino, desembaraçadas para importação, arcando com todos os custos e riscos do transporte, do desembarque, do desembarace aduaneiro e de todos os tributos envolvidos na importação.

» Conhecimento de embarque – *Bill of Lading* – BL

O conhecimento de embarque, ou *Bill of Lading*, é o documento que acompanha a carga quando ela é embarcada para transporte em um navio. O BL é emitido pelo armador em formulário próprio e assinado pelo comandante do navio ou pela agência marítima representante do armador, e seu preenchimento é feito de acordo com as informações necessárias para representar fielmente a carga sendo embarcada.

O BL tem as cláusulas impressas no anverso do conhecimento, e as informações adicionais anotadas em seu corpo (número de carta de crédito, ordem de compra ou venda, trânsito, transbordo, etc.). No verso, o BL é preenchido com as informações do armador e da carga nos campos apropriados:

- Denominação da empresa emissora
- Data da emissão
- Embarcador
- Notificado, portos ou pontos de embarque, destino e transbordo
- Tipo da mercadoria e suas características gerais, como quantidade, peso bruto, embalagem, volume, marcas, etc.
- Número do conhecimento
- Nome e viagem do navio
- Consignatário
- Contêiner e suas características, ou mercadoria unitizada (palete)
- Frete e local de pagamento
- Outras informações

Os tipos de conhecimento de embarque são:

a) **Porto a porto**: emitido para embarque de carga em navios de linhas regulares somente durante o trajeto marítimo entre o porto de embarque e o porto de destino.

b) **Multimodal – TBL** – *Through Bill of Lading*: utilizado para contratar com o armador o transporte da mercadoria ponto a ponto, porto a ponto, ou ponto a porto. O TBL cobre o transporte da mercadoria nos diversos modais utilizados, facilita a operação de exportação e traz mais receita para o armador.

c) **Conhecimento baseado em afretamento** – *Charter Party Bill of Lading*: documento de transporte emitido com o amparo de um contrato de afretamento de navio para transportar uma única carga, ou poucas cargas, por um ou poucos embarcadores.

O conhecimento de embarque é emitido em três vias – "jogo completo de conhecimento de embarque" (*full set bill of lading*) – e possui três finalidades:

a) **Contrato de transporte**: entre o transportador e o embarcador, sendo emitido após o embarque da carga que representa.

b) **Recibo de entrega da mercadoria**: ao transportador ou a bordo do navio, sendo este a comprovação documental do armador de recebimento da carga para transporte.

c) **Título de crédito**: documento de resgate da mercadoria junto ao transportador no destino final para o qual o transporte foi contratado. Por ter as características de um título de crédito, o conhecimento pode ser transferido a terceiros mediante endosso nominal (somente a pessoa ou empresa conseguirá reclamar a mercadoria) feito no anverso do documento, onde estão as cláusulas que representam o contrato de transporte. O endosso pode ser feito em branco (ao portador), e quem estiver com a posse do conhecimento conseguirá reclamar a mercadoria.

O conhecimento de embarque também pode ser consignado como garantia (empréstimos, dívidas) a terceiros de três maneiras:

a) **À ordem do embarcador**: somente o embarcador conseguirá retirar a mercadoria junto ao transportador. É um BL que deve ser obrigatoriamente endossado para ser utilizado por um terceiro (destinatário da mercadoria).

b) **À ordem de alguém**: é um documento endossado que somente pode ser utilizado pela pessoa física ou jurídica determinada no documento (banco, financiador).

c) **Consignado a alguém**: o BL é nominal a uma pessoa física ou jurídica, normalmente o importador, mas o endosso também pode ser a um terceiro.

Os pagamentos de frete marítimo ao armador, referentes ao transporte de carga, podem ser feitos de três maneiras:

a) **Frete pré-pago** – *freight prepaid*: o frete é pago no país de embarque ou no exterior, após o embarque, para retirada do BL.

b) **Frete pago no destino** – *freight payable at destination*: o frete é pago pelo importador na chegada ou retirada da mercadoria.

c) **Frete a pagar** – *freight collect*: o frete é pago em qualquer parte do mundo (mencionado no BL) e o armador é comunicado pelo seu agente sobre o recebimento para liberar a mercadoria.

> **DICA**
> No BL, o valor do frete a ser pago não aparece e, em geral, consta a cláusula frete conforme acordo – *freight as per agreement*.

» Órgãos intervenientes nas atividades portuárias

Órgãos nacionais

No Brasil, o Transporte Marítimo é regulado pelos seguintes órgãos governamentais:

- **Ministério dos Transportes – MT**: órgão máximo no país responsável por todos os tipos de transporte, cuja missão é controlar e fiscalizar tudo o que diga respeito a essa atividade.

- **SEP – Secretaria de Portos**: secretaria ligada à Presidência da República e considerada como poder concedente de acordo com o Decreto nº 8.033/2013.

- **ANTAQ – Agência Nacional de Transportes Aquaviários**: entidade integrante da Administração Federal indireta, submetida ao regime autárquico especial, com personalidade jurídica de direito público, independência administrativa, autonomia financeira e funcional, vinculada ao MT e à Secretaria de Portos da Presidência da República, com sede e foro no Distrito Federal. A ANTAQ tem por finalidade:

  - I   Implementar, em sua esfera de atuação, as políticas formuladas pelo Ministério dos Transportes e pelo Conselho Nacional de Integração de Políticas de Transporte – CONIT, segundo os princípios e diretrizes estabelecidos na Lei nº 10.233/2001.

  - II   Regular, supervisionar e fiscalizar as atividades de prestação de serviços de transporte aquaviário e de exploração da infraestrutura portuária e aquaviária, exercida por terceiros, com vistas a:

    a) garantir a movimentação de pessoas e bens, em cumprimento a padrões de eficiência, segurança, conforto, regularidade, pontualidade e modicidade nos fretes e tarifas;

    b) harmonizar os interesses dos usuários com os das empresas concessionárias, permissionárias, autorizadas e arrendatários, e de entidades delegadas, preservando o interesse público;

    c) arbitrar conflitos de interesse e impedir situações que configurem competição imperfeita ou infração contra a ordem econômica.

- **DMM – Departamento da Marinha Mercante**: órgão vinculado à ANTAQ, responsável pelo controle dos registros de armadores, fretes, acordos bilaterais, conferências de fretes e outros assuntos reguladores do transporte marítimo brasileiro. Também é o responsável pelo registro de navios brasileiros que operam no transporte de cargas, tanto na cabotagem quanto na navegação de longo curso.

- **DP – Departamento dos Portos**: também vinculado à ANTAQ, é responsável pelo controle dos portos, e a quem as Companhias Docas estão subordinadas.

- **TM – Tribunal Marítimo**: vinculado ao Ministério da Marinha, responde pela investigação e pelo julgamento dos acidentes ocorridos na navegação marítima, com suas conclusões e laudos técnicos podendo ser usados pela justiça civil quando necessário.

Órgãos internacionais

No campo internacional, no transporte marítimo, existe a **IMO – *International Maritime Organization* – Organização Marítima Internacional**, entidade ligada à ONU – Organização das Nações Unidas. Sua função é promover a segurança no mar e a eficiência da navegação, bem como tomar medidas preventivas para evitar a poluição marítima que pode ser causada pelos navios por meio de acidentes ou más condições de conservação, entre outros. Este órgão é responsável pela criação do:

- **ISM Code – *International Safety Management Code* – Código de Gerenciamento Ambiental**: referente ao gerenciamento de navios com relação ao meio ambiente (mares e oceanos). Sua finalidade é tornar a navegação mais segura e confiável.

- **SOLAS – *Safety of Life at Sea* – Segurança da Vida no Mar**: convenção internacional que estabelece um conjunto de regras de controle da segurança e proteção da vida humana quando envolvida de alguma forma com a atividade de navegação marítima.

» Empresas e profissionais intervenientes na navegação

As empresas e os profissionais que intervêm na nagevação são:

- **Armador**: pessoa jurídica (ou física), estabelecida e registrada, com a finalidade de realizar transporte marítimo, local ou internacional, por meio da operação de navios (próprios ou de terceiros), explorando determinadas rotas, e que se oferece para transportar cargas de todos os tipos de um porto a outro. O armador é o responsável jurídico pela carga que está transportando a partir do momento em que emite o BL. Ele pode ter sua sede no país, ou não, mas deve declarar sua nacionalidade e portar a bandeira do país em que está sediado.

- **Agência Marítima**: empresa que representa o armador no país, no estado, na cidade ou no porto perante seus clientes. Ela pode pertencer ao próprio armador ou a terceiros contratados para representar o armador em todas as atividades ou em atividades distintas, como as comerciais ou as operacionais. Muitas vezes, esses agentes também são representantes e defensores dos interesses legais do armador. A agência marítima é responsável por assinar o BL em nome do armador e por:

  - Angariar cargas para o espaço disponível no navio do armador.
  - Controlar as operações de carga e descarga.
  - Administrar o navio.
  - Receber e enviar valores de fretes ao armador.
  - Representar o navio e o armador junto às autoridades portuárias e governamentais.
  - Atender aos clientes.

- **NVOCC – *Non Vessel Operating Common Carrier* – transportador comum não proprietário de navio**: armador sem navio (virtual) que se propõe a realizar o transporte marítimo em navios de armadores tradicionais constituídos. É uma forma de ter ou manter o controle sobre uma parte do navio sem ser seu proprietário e sem precisar afretá-lo e ser responsável pela sua administração e operação.

  O NVOCC possui acordo com armadores de compra de espaço nos navios em número de contêineres. Esses acordos são estabelecidos por contratos de frete com prazo de 3 a 12 meses. Ao ser nomeado por um armador estrangeiro como seu representante legal, o NVOCC brasileiro deve registrar a carta de nomeação no DMM – Departamento de Marinha Mercante.

  Em geral, o NVOCC opera com diversos clientes que enviam pequenos lotes de cargas fracionadas – *ship's convenience* –, que não são aceitos pelos armadores em função das dificuldades e dos custos para unitização. Ele assume o papel de embarcador perante o armador, sendo que o BL é emitido em seu nome, e emite ao dono da carga um conhecimento de embarque. O consignatário do BL emitido pelo armador ao NVOCC é outro NVOCC estabelecido no porto de destino da carga, que a receberá, fará a desova do contêiner e entregará a cada destinatário a sua própria carga.

- **Despachante Aduaneiro**: profissional responsável pela realização dos trâmites necessários ao desembaraço aduaneiro de mercadorias importadas ou destinadas à exportação nas áreas alfandegadas primárias (portos, aeroportos e fronteiras) e secundárias (EADIs, TRAs).

  Ele é o representante legal do importador ou exportador e o responsável pela assinatura de documentos necessários ao procedimento fiscal (despacho aduaneiro). Sua remuneração é feita pelo recolhimento de honorários (Guias de SDA) pagos pelos interessados junto aos órgãos de classe desses profissionais que, após reterem o IR incidente na fonte, devolvem-nos ao profissional que prestou os serviços.

- **Comissária de Despachos**: empresa cadastrada pelas autoridades aduaneiras que presta serviços nos portos, nos aeroportos e na fronteira aos importadores e exportadores (mediante procuração) nos trâmites necessários ao desembaraço aduaneiro. Ela também presta serviços aos transportadores em áreas em que estes não possuem conhecimentos, estrutura ou interesse.

    Este tipo de empresa mantém contrato com um despachante aduaneiro para despacho e liberação de cargas.

- **Transitário de Carga – *Freight Forwarder ou Forwarding***: prestador de serviços habilitado a realizar trabalhos completos na importação e na exportação de mercadorias, desde a retirada da mercadoria no depósito ou fábrica até sua entrega no armazém do importador ou exportador.

    Este tipo de empresa, em geral, é multinacional ou associada a outros transitários em diversos países para oferecer aos seus clientes o serviço porta a porta. A empresa especializada no transitário de carga opera em nome do cliente e sob sua responsabilidade para:

    - Realizar todos os trâmites legais necessários junto às repartições públicas e agências governamentais, marítimas e outras.
    - Reservar espaço em veículos transportadores.
    - Embarcar e desembarcar as mercadorias.
    - Emitir os documentos.
    - Negociar documentos bancários.
    - Contratar o câmbio.
    - Realizar as operações de liberação e despacho da carga (executar as funções de comissária de despachos).

O negócio portuário é complexo, regido por uma legislação em constante evolução.

A intervenção de diversos órgãos controladores torna o negócio portuário uma atividade burocrática que precisa ser gerida com muita atenção.

A entrada e a saída de mercadorias no porto, sejam elas para movimentações dentro do país, para exportação ou importação, geram muito trabalho e exigem normas que regulem o negócio portuário para evitar os riscos sempre presentes.

capítulo 7

Comércio internacional e procedimentos aduaneiros

Neste capítulo, serão apresentados o funcionamento do comércio internacional e os procedimentos aduaneiros subjacentes a ele. O comércio internacional é uma atividade econômica primordial da qual muitos países necessitam, assim como o Brasil, a fim de suprir seus habitantes de produtos que não são produzidos em território nacional, fornecendo, em troca, a outros países produtos que eles não possuem. Tal atividade traz divisas para o país e gera riquezas que são distribuídas entre todas as pessoas que participam do processo produtivo. Desse modo, o comércio internacional possui regras, as quais devem ser seguidas por todos os países que participam da Organização Mundial do Comércio.

Objetivos de aprendizagem

» Saber como funciona o comércio internacional.

» Entender como o Brasil controla a entrada e a saída de mercadorias e serviços.

» Conhecer os sistemas, os documentos e os processos utilizados no controle do comércio internacional.

» Compreender como são feitos os pagamentos e recebimentos internacionais e o desembaraço aduaneiro.

Introdução

> **NO SITE**
> Para assistir a um vídeo que explica as teorias clássicas do comércio internacional, acesse o ambiente virtual de aprendizagem www.grupoa.com.br.

Comércio internacional é o intercâmbio de bens, mercadorias, serviços e movimentações de capitais entre fronteiras internacionais ou territórios, sendo responsável pela venda de produtos do país no exterior (exportação) e pela compra de produtos que o país necessita do exterior (importação). Essas entradas e saídas de mercadorias representam entradas e saídas de divisas, as quais afetam diretamente o PIB (Produto Interno Bruto) de um país.

O comércio internacional é praticado desde os primórdios da humanidade e tornou-se importante economicamente quando os países passaram a ter crescimento urbano (feudalismo) e as primeiras empresas compostas por artesãos (corporações de ofício) surgiram.

PARA REFLETIR

A colonização de regiões do planeta por países mais desenvolvidos e poderosos e seu progresso industrial, o surgimento de empresas multinacionais, a evolução dos meios de transporte, o avanço dos sistemas de comunicação e a globalização da economia ocorrida nos últimos 20 anos impactaram o desenvolvimento de todas as atividades ligadas ao comércio internacional.

A Organização Mundial do Comércio – OMC

O primeiro acordo firmado com o objetivo de regulamentar as relações comerciais entre países foi o Acordo Geral sobre Tarifas e Comércio – GATT (*General Agreement on Tariffs and Trade*), assinado em 1947 por diversos países, inclusive pelo Brasil. Esse acordo foi aperfeiçoado ao longo dos anos e, na rodada de negociações que ocorreu no Uruguai (1986 – 1994), foi decidida a criação da Organização Mundial do Comércio – OMC, a vigorar a partir de janeiro de 1995.

A OMC fortaleceu e aperfeiçoou o sistema multilateral de comércio, surgido nos anos que se seguiram ao final da Segunda Guerra Mundial, com o propósito de garantir a livre competição entre os países-membros, eliminar os obstáculos ao comércio internacional e permitir o acesso cada vez mais amplo de empresas ao mercado externo de bens e serviços. A OMC incorporou as regras do GATT, que se restringiam ao comércio de bens (produtos), e acrescentou os setores de serviços e de propriedade intelectual ao seu âmbito normativo, passando a assumir as seguintes atribuições:

- Proporcionar mecanismos de solução de controvérsias.
- Supervisionar as políticas comerciais dos 134 países-membros.
- Atuar como fórum de negociações comerciais.
- Fornecer assistência técnica e cursos de formação para países em desenvolvimento, em matéria de comércio.

» *Zonas de comércio internacional integrado*

O comércio internacional tem caminhado, de um lado, para a liberação dos fluxos comerciais de bens e serviços e, de outro, para a formação de zonas integradas de comércio, as quais podem apresentar os seguintes formatos:

- **Área de livre comércio**: as barreiras ao comércio de bens entre os países-membros são eliminadas, mas estes mantêm autonomia na administração de sua política comercial.
- **União aduaneira**: a circulação intrabloco de bens e serviços é livre, a política comercial é uniformizada e os países-membros utilizam uma tarifa externa comum.
- **Mercado comum**: equivale à união aduaneira, mas permite também o livre movimento de fatores produtivos (trabalho e capital).
- **União econômica**: estágio posterior ao mercado comum, que contempla a coordenação estreita das políticas macroeconômicas dos países-membros e, eventualmente, a adoção de uma moeda única.

Dentre dezenas de tratados comerciais que seguem os formatos apresentados, os mais representativos para o Brasil são:

- **Mercado Comum do Sul – MERCOSUL**: criado pelo Tratado de Assunção (1991) e assinado pelos quatro países-membros: Argentina, Brasil, Paraguai e Uruguai. Atualmente, outros países já se associaram. Com a assinatura do Protocolo de Ouro Preto, em dezembro de 1994, o MERCOSUL ganhou personalidade jurídica de direito internacional: o Protocolo reconhece ao bloco competência para negociar, em nome próprio, acordos com terceiros países, grupos de países e organismos internacionais.
- **Associação Latino-Americana de Integração – ALADI**: criada em 1980 pela assinatura do Tratado de Montevidéu e integrada pelos países-membros do MERCOSUL e da Comunidade Andina, além de Chile, México e Cuba.
- **Comunidade Andina**: criada em 1969 com a assinatura do Acordo de Cartagena, que ficou conhecido como "Pacto Andino". Trata-se de uma organização sub-regional, hoje integrada por cinco países: Bolívia, Colômbia, Equador, Peru e Venezuela.

Em dezembro de 1996, o MERCOSUL celebrou com a Bolívia um Acordo de Complementação Econômica (ACE – 36), mediante o qual esta passou a ter a condição de membro associado ao MERCOSUL. Em 3 de julho de 1999, foi celebrado o Acordo de Alcance Parcial de Complementação Econômica (ACE – 39) entre os Governos das Repúblicas da Colômbia, do Equador, do Peru e da Venezuela, de um lado, e do Brasil, de outro. Ele entrou em vigor em 16 de agosto de 1999 e estabeleceu preferências tarifárias para 2.739 produtos. O ACE – 39 constitui um primeiro passo para a criação de uma zona de livre comércio entre o MERCOSUL e a Comunidade Andina.

- **Acordo de livre comércio da América do Norte – NAFTA**: assinado em dezembro de 1992 por Canadá, Estados Unidos e México, o *North American Free Trade Agreement* – NAFTA entrou em vigor em 1º de janeiro de 1994. O acordo prevê redução gradativa das tarifas aduaneiras no comércio de bens entre os três países.
- **União Europeia – EU**: tem origem em 1957 com a assinatura do Tratado de Roma. Tal tratado foi submetido a três revisões e, em 1987, estabeleceu as bases para a criação do mercado único europeu a partir de 1992, quando foi assinado o Tratado de Maastricht, o qual previa a união econômica e monetária dos Estados-membros. Em 1997, foi assinado o tratado de Amsterdã, voltado para temas sociais e de direitos humanos. Em 31 de dezembro de 1998, surgiu a Zona

> » **NO SITE**
> Para conhecer mais sobre o MERCOSUL, acesse o ambiente virtual de aprendizagem.

do Euro e, em 1º de janeiro de 1999, o Euro foi adotado como moeda única apenas em transações bancárias e em bolsas de valores. Em 1º de janeiro de 2002, as moedas e notas de euro passaram a circular nos países que compõem a Zona do Euro.

» *O sistema brasileiro de comércio exterior*

No Brasil, o comércio internacional é dirigido pelo Ministério de Desenvolvimento, Indústria e Comércio Exterior, cujo órgão gestor é a Secretaria de Comércio Exterior. O sistema brasileiro de comércio exterior atua em quatro áreas básicas:

a) Operações de comércio exterior.

b) Negociações internacionais.

c) Planejamento e desenvolvimento do comércio exterior.

d) Defesa comercial.

Para atuar nessas áreas, existe uma estrutura de órgãos responsáveis para cada uma:

Departamento de Operações de Comércio Exterior – DECEX: atua na regulamentação das operações de comércio exterior com o objetivo de expandir as vendas externas brasileiras (exportação). O DECEX busca o aperfeiçoamento dos mecanismos de comércio exterior brasileiro e programa ações para simplificar e adequar o competitivo ambiente de negócios internacionais por meio de uma política de desenvolvimento econômico sustentável.

Compete ao DECEX:

- Desenvolver, executar e acompanhar políticas e programas de operacionalização do comércio exterior e estabelecer normas e procedimentos necessários à sua implementação.

- Implementar diretrizes setoriais de comércio exterior e decisões provenientes de acordos internacionais e de legislação nacional referentes à comercialização de produtos.

- Acompanhar, participar de atividades e programar ações de comércio exterior relacionadas com acordos internacionais que envolvam comercialização de produtos ou setores específicos referentes à área de atuação do departamento.

- Coordenar, no âmbito do Ministério, ações sobre acordos de procedimentos de licenciamentos das importações junto a blocos econômicos e à OMC, e participar de eventos nacionais e internacionais; desenvolver, executar, administrar e acompanhar mecanismos de operacionalização do comércio exterior e seus sistemas operacionais.

- Fiscalizar preços, pesos, medidas, classificação, qualidades e tipos declarados nas operações de exportação e importação, diretamente ou em articulação com outros órgãos governamentais, respeitadas as competências das repartições aduaneiras.

- Opinar sobre normas para o Programa de Financiamento às Exportações – PROEX, pertinentes a aspectos comerciais.

- Analisar pedidos de redução da alíquota do imposto de renda nas remessas financeiras para o exterior destinadas a pagamento de despesas vinculadas à promoção de produtos brasileiros realizada no exterior.

- Coordenar o desenvolvimento, a implementação e a administração de módulos operacionais do Sistema Integrado de Comércio Exterior – SISCOMEX, no âmbito do Ministério, assim como coordenar a atuação dos demais órgãos anuentes de comércio exterior visando à harmonização e à operacionalização de procedimentos de licenciamento de operações cursadas naquele ambiente.

- Coordenar a atuação dos agentes externos autorizados a processar operações de comércio exterior e representar o Ministério nas reuniões de coordenação do SISCOMEX.
- Manter e atualizar o Cadastro de Exportadores e Importadores da Secretaria de Comércio Exterior – SECEX, bem como examinar pedidos de inscrição, atualização e cancelamento de Registro de Empresas Comerciais Exportadoras constituídas nos termos da legislação específica.
- Examinar e apurar a prática de fraudes no comércio exterior e propor a aplicação de penalidades.
- Participar de reuniões em órgãos colegiados em assuntos técnicos setoriais de comércio exterior e de eventos nacionais e internacionais relacionados ao comércio exterior brasileiro.
- Coordenar e implementar ações visando ao desenvolvimento do comércio exterior brasileiro em articulação com entidades representativas do setor produtivo nacional, entidades internacionais, Estados, Distrito Federal e municípios e demais órgãos governamentais.

Em sua atuação técnica, o DECEX elabora estudos que buscam oferecer ao exportador informações e orientações sobre a colocação de seus produtos e serviços no mercado internacional, como:

- Avaliações setoriais de comércio exterior e sua interdependência com o comércio interno.
- Logística das operações de comércio exterior.
- Criação e aperfeiçoamento de sistemas de padronização, classificação e fiscalização dos produtos exportáveis.
- Evolução de comercialização de produtos e mercados estratégicos para o comércio exterior brasileiro com base em parâmetros de competitividade setorial e disponibilidades mundiais.
- Sugestões de aperfeiçoamentos de legislação de comércio exterior.

Departamento de Negociações Internacionais – DEINT: regula as negociações internacionais das quais o Brasil participa, zelando pelos seus interesses. Suas principais atribuições são:

- Desenvolver atividades de comércio exterior junto a organismos internacionais (OIT, MERCOSUL, NAFTA, blocos econômicos, outros) e participar de acordos internacionais.
- Negociar e promover estudos e iniciativas internas destinadas ao apoio, à informação e à orientação da participação brasileira em negociações de comércio exterior.
- Coordenar, no âmbito interno, os trabalhos de preparação da participação brasileira nas negociações tarifárias em acordos internacionais e opinar sobre a extensão e retirada de concessões.

Departamento de Planejamento e Desenvolvimento do Comércio Exterior – DEPLA: responsável pela elaboração do planejamento e do desenvolvimento do comércio exterior com as seguintes atribuições:

- Propor e acompanhar a execução das políticas e dos programas de comércio exterior.
- Formular propostas de planejamento da ação governamental em matéria de comércio exterior.
- Desenvolver estudos de mercados e produtos estratégicos para a expansão das exportações brasileiras.
- Planejar e executar programas de capacitação em comércio exterior dirigidos às pequenas e médias empresas.

NO SITE
Para assistir a um vídeo sobre as perspectivas do comércio exterior brasileiro, acesse o ambiente virtual de aprendizagem.

- Elaborar e editar material técnico para a orientação da atividade exportadora.
- Formular estratégias de parcerias entre órgãos e entidades públicas e privadas para o desenvolvimento de ações e programas relacionados com a promoção das exportações.
- Planejar a execução e a manutenção de programas de desenvolvimento da cultura exportadora e acompanhar, em fóruns e comitês internacionais, os assuntos relacionados com o desenvolvimento do comércio internacional e do comércio eletrônico.
- Produzir, analisar, sistematizar e disseminar dados e informações estatísticas de comércio exterior.
- Participar de comitês e fóruns nacionais e internacionais relacionados à promoção das exportações.
- Coordenar as ações de desenvolvimento e implementação do programa Estado Exportador, coordenar atividades, implementar ações e prestar informações sobre comércio exterior.

» Câmara de Comércio Exterior – CAMEX

A Câmara de Comércio Exterior – CAMEX, do Conselho de Governo, tem como objetivo a formulação, a adoção, a implementação e a coordenação de políticas e atividades relativas ao comércio exterior de bens e serviços, incluindo o turismo. A CAMEX é composta por um Conselho de Ministros, abrangendo as seguintes pastas:

- Desenvolvimento, Indústria e Comércio Exterior.
- Casa Civil da Presidência da República.
- Relações Exteriores.
- Fazenda.
- Agricultura, Pecuária e Abastecimento.
- Planejamento, Orçamento e Gestão.

Também podem ser convidados a participar das reuniões os titulares de outros órgãos e entidades da administração pública federal sempre que constar da pauta assuntos da área de atuação desses órgãos ou entidades, ou a juízo do Presidente da República.

Também participam da CAMEX:

- **Secretaria-Executiva**: órgão de assessoramento e apoio técnico.
- **Comitê Executivo de Gestão – GECEX**: integrado por membros natos e por membros designados pelo Presidente da República; é um núcleo executivo.
- **Comitê de Financiamento e Garantia das Exportações – COFIG**: colegiado integrante da Câmara de Comércio Exterior – CAMEX, com as atribuições de enquadrar e acompanhar as operações do Programa de Financiamento às Exportações – PROEX e do Fundo de Garantia à Exportação – FGE, estabelecendo os parâmetros e as condições para a concessão de assistência financeira às exportações e de prestação de garantia da União.
- **Conselho Consultivo do Setor Privado – CONEX**: composto por até 20 representantes do setor privado, escolhidos pela CAMEX, com mandatos pessoais e intransferíveis, competindo-lhe assessorar o Comitê Executivo de Gestão por meio da elaboração e do encaminhamento de estudos e propostas setoriais para o aperfeiçoamento da política de comércio exterior.

Entre outros atos necessários à consecução dos objetivos da política de comércio exterior, compete à CAMEX:

- Definir diretrizes e procedimentos relativos à implementação da política de comércio exterior visando à inserção competitiva do Brasil na economia internacional.
- Coordenar e orientar as ações dos órgãos que possuem competências na área de comércio exterior.
- Definir, no âmbito das atividades de exportação e importação, diretrizes e orientações sobre normas e procedimentos, para os seguintes temas, observada a reserva legal:
    a) Racionalização e simplificação do sistema administrativo.
    b) Habilitação e credenciamento de empresas para a prática de comércio exterior.
    c) Nomenclatura de mercadoria.
    d) Conceituação de exportação e importação.
    e) Classificação e padronização de produtos.
    f) Marcação e rotulagem de mercadorias.
    g) Regras de origem e procedência de mercadorias.
- Estabelecer as diretrizes para as negociações de acordos e convênios relativos ao comércio exterior, de natureza bilateral, regional ou multilateral.
- Orientar a política aduaneira, observada a competência específica do Ministério da Fazenda.
- Formular diretrizes básicas da política tarifária na importação e na exportação.
- Estabelecer diretrizes e medidas dirigidas à simplificação e à racionalização do comércio exterior.
- Estabelecer diretrizes e procedimentos para investigações relativas a práticas desleais de comércio exterior.
- Fixar diretrizes para a política de financiamento das exportações de bens e de serviços, bem como para a cobertura dos riscos de operações a prazo, inclusive as relativas ao seguro de crédito às exportações.
- Fixar diretrizes e coordenar as políticas de promoção de mercadorias e de serviços no exterior e de informação comercial.
- Opinar sobre política de frete e transportes internacionais, portuários, aeroportuários e de fronteiras, visando à sua adaptação aos objetivos da política de comércio exterior e ao aprimoramento da concorrência.
- Orientar políticas de incentivo à melhoria dos serviços portuários, aeroportuários, de transporte e de turismo, com vistas ao incremento das exportações e da prestação desses serviços a usuários oriundos do exterior.
- Fixar as alíquotas do imposto de exportação, respeitadas as condições estabelecidas no Decreto-Lei nº 1.578, de 11 de outubro de 1977.
- Fixar as alíquotas do imposto de importação, atendidas as condições e os limites estabelecidos na Lei nº 3.244, de 14 de agosto de 1957, no Decreto-Lei nº 63, de 21 de novembro de 1966, e no Decreto-Lei nº 2.162, de 19 de setembro de 1984.
- Fixar direitos *antidumping* e compensatórios, provisórios ou definitivos, e salvaguardas.
- Decidir sobre a suspensão da exigibilidade dos direitos provisórios.
- Homologar o compromisso previsto no art. 4º da Lei nº 9.019, de 30 de março de 1995.

- Definir diretrizes para a aplicação das receitas oriundas da cobrança dos direitos de que trata o inciso XV deste artigo, e alterar, na forma estabelecida nos atos decisórios do MERCOSUL, a Nomenclatura Comum do MERCOSUL de que trata o Decreto nº 2.376, de 12 de novembro de 1997.

A CAMEX sempre deve observar os acordos internacionais, os atos normativos, os princípios gerais e as políticas públicas vigentes antes de propor ações pertinentes ao comércio internacional, como:

- Os compromissos internacionais firmados pelo país:
    - na Organização Mundial do Comércio – OMC;
    - no Mercado Comum do Sul – MERCOSUL;
    - na Associação Latino-Americana de Integração – ALADI.
- O papel do comércio exterior como instrumento indispensável para promover o crescimento da economia nacional e aumentar a produtividade e a qualidade dos bens produzidos no país.
- As políticas de investimento estrangeiro, de investimento nacional no exterior e de transferência de tecnologia, que complementam a política de comércio exterior.
- As competências de coordenação atribuídas ao Ministério das Relações Exteriores no âmbito da promoção comercial e da representação do Governo:
    - na Seção Nacional de Coordenação dos Assuntos relativos à ALCA – SENALCA;
    - na Seção Nacional para as Negociações MERCOSUL – União Europeia – SENEUROPA;
    - no Grupo Interministerial de Trabalho sobre Comércio Internacional de Mercadorias e Serviços – GICI;
    - na Seção Nacional do MERCOSUL.

> **DEFINIÇÃO**
> *Dumping* é a prática comercial de venda de produtos, mercadorias ou serviços para outro país por preços abaixo de seu valor justo, visando, com isso, a excluir os fabricantes de produtos similares concorrentes, passando a dominar o mercado e a impor preços altos.

» *Departamento de Defesa Comercial – DECOM*

O Departamento de Defesa Comercial – DECOM é um órgão vinculado à Secretaria de Comércio Exterior, integrante do MDICE, e tem como principais atribuições:

- Examinar a procedência e o mérito de petições de abertura de investigações de *dumping*, de subsídios e de salvaguardas à defesa da produção doméstica.
- Propor a abertura de investigações e conduzi-las de acordo com a aplicação de medidas *antidumping*, compensatórias e de salvaguardas.
- Recomendar a aplicação das medidas de defesa comercial previstas nos correspondentes acordos da Organização Mundial do Comércio – OMC.
- Acompanhar as discussões relativas às normas e à aplicação dos acordos de defesa comercial junto à OMC.
- Participar de negociações internacionais relativas à defesa comercial, elaborando posições técnicas para a delegação brasileira presente nas negociações nos foros internacionais.
- Acompanhar as investigações de defesa comercial abertas por terceiros países contra exportações brasileiras e prestar assistência à defesa do exportador, em articulação com outros órgãos governamentais e com o setor privado.

» *Defesa comercial*

A defesa comercial brasileira atua em todo o processo de acompanhamento e interferência no volume de bens, produtos, mercadorias e serviços importados, a fim de garantir a consecução das relações de comércio exterior, sem que haja danos ou prejuízos para a produção e a indústria doméstica.

O objetivo da defesa comercial é bloquear ou eliminar condutas que violam as regras, as práticas e os costumes por meio de instrumentos de defesa comercial que permitem a imposição de medidas *antidumping* ou compensatórias para proteger o setor prejudicado pela entrada de mercadorias importadas. As medidas de salvaguardas são adotadas mediante acordo firmado com as autoridades comerciais e garantem proteção temporária ao setor econômico atingido para que ele se reestruture e se torne competitivo.

» Instrumentos de defesa comercial

Os instrumentos de defesa comercial são formados pelo conjunto de atos e medidas adotado pelo Estado brasileiro para:

- Proteger o mercado interno do avanço predatório de agentes econômicos estrangeiros.
- Evitar prejuízos ou recompor os danos experimentados por empresas nacionais (produção industrial doméstica).
- Resguardar os interesses de seus exportadores.

As medidas adotadas para proteger o mercado são:

- **Medidas ou direito *antidumping***: adotadas para evitar que os produtores nacionais experimentem danos injustificáveis, oriundos de importações realizadas a preços de *dumping*, prática considerada desleal pela OMC. Essas medidas impõem tarifação pecuniária a mercadorias, produtos ou bens importados, comercializados com preço de *dumping*, para neutralizar seu potencial efeito danoso à indústria nacional.
- **Medidas compensatórias**: adotadas para contrabalançar o subsídio concedido, direta ou indiretamente, no país exportador, à fabricação, à produção, à exportação ou ao transporte de qualquer produto cuja entrada no país cause dano à indústria doméstica, recompondo assim o equilíbrio econômico-financeiro entre o preço do produto estrangeiro e o similar nacional.
- **Medidas de salvaguarda**: aumentam temporariamente a proteção a determinado setor da indústria doméstica que esteja sofrendo, ou sob a iminência de sofrer, prejuízos graves oriundos do aumento das importações. A adoção dessas medidas temporárias permite que a indústria doméstica se ajuste e aumente a sua competitividade com a indústria estrangeira.

WWW°

» **NO SITE**
Para assistir a um vídeo sobre medidas de salvaguarda tomadas contra o Brasil sob pretexto de prática de *dumping*, acesse o ambiente virtual de aprendizagem.

» *Sistema integrado de comércio exterior – SISCOMEX*

O Sistema Integrado de Comércio Exterior – SISCOMEX é o sistema administrativo do comércio exterior brasileiro, *online*, que integra as atividades da Secretaria de Comércio Exterior – SECEX, da Secretaria da Receita Federal – SRF e do Banco Central do Brasil – BACEN, no registro, acompanhamento e controle das diferentes etapas das operações de exportação. A Figura 7.1 apresenta a página de acesso ao SISCOMEX.

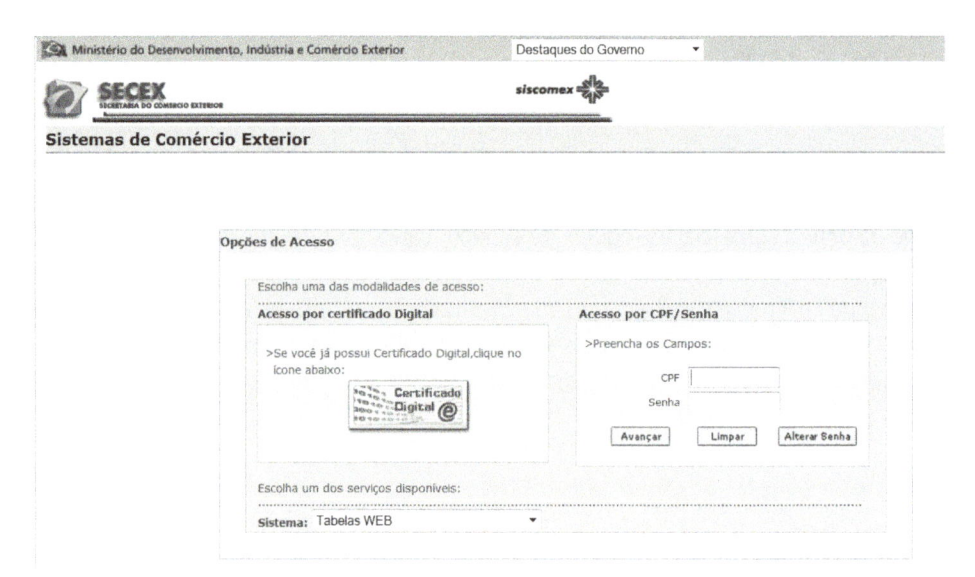

Figura 7.1 Página de acesso ao SISCOMEX.
Fonte: Brasil (2014?).

O sistema informatizado da SISCOMEX permite o acesso de qualquer ponto conectado à Internet em bancos, corretoras, despachantes aduaneiros ou no próprio estabelecimento do usuário. Para se cadastrar, o usuário deve dirigir-se a uma repartição da Secretaria da Receita Federal e obter uma senha vinculada ao seu CPF, ou ao CPF de um funcionário da empresa. Com isso, o SISCOMEX elimina diversos documentos anteriormente impressos que eram utilizados no processamento das operações.

Na exportação, o SISCOMEX realiza os seguintes registros:

1. **RE – Registro de Exportação**: é o conjunto de informações de natureza comercial, financeira, cambial e fiscal que caracterizam a operação de exportação de uma mercadoria e definem o seu enquadramento.

2. **RV – Registro de Venda**: em geral, é utilizado para operações de exportação de produtos negociados em bolsa – *commodities*. Esse registro antecede o RE. Atualmente, nenhum produto está sujeito a esse registro.

3. **ROC ou RC – Registro de Operação de Crédito**: representa o conjunto de informações de caráter comercial, financeiro e cambial nas exportações realizadas a prazo e com incidência de juros separadamente do principal (exportações financiadas), sendo obrigatório para operações com prazo de pagamento superior a 360 dias e para prazos iguais ou inferiores, sempre que houver incidência de juros. O RC deve ser solicitado antes de solicitar o RE.

4. **SD – Solicitação de Despacho**: é o documento que comprova a exportação do produto. A SD é fornecida eletronicamente via SISCOMEX após fiscalização documental ou física da carga pela Receita Federal a pedido do despachante aduaneiro.

5. **CE – Comprovante de Exportação**: é o documento oficial emitido pela Receita Federal do Brasil – RFB que comprova o embarque da mercadoria. O CE consubstancia a operação de exportação e tem força legal para fins administrativos, cambiais e fiscais.

Na importação, o SISCOMEX realiza os seguintes registros:

1. **LI – Licença de Importação**: é um documento eletrônico com validade de 60 dias que deve ser obtido antes do embarque da mercadoria no exterior. Seu objetivo é licenciar as importa-

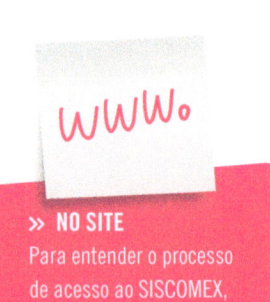

>> **NO SITE**
Para entender o processo de acesso ao SISCOMEX, acesse o ambiente virtual de aprendizagem.

>> **DICA**
O despachante aduaneiro tem como função desembaraçar papéis junto aos órgãos públicos federais e intervenientes no comércio exterior. Ele precisa ter conhecimento de toda a cadeia de serviço dos seus clientes, desde os procedimentos iniciais, os chamados tratamentos administrativos, até as necessidades específicas para entrega e armazenamento da carga.

ções de produtos cuja natureza, ou tipo de operação, está sujeita a controles de órgãos governamentais que autorizam ou não a importação.

2. **Extrato de LI**: documento necessário para o desembaraço alfandegário de qualquer produto controlado.

3. **DI – Declaração de Importação**: documento eletrônico que consolida as informações cambiais, tributárias, fiscais, comerciais e estatísticas de uma operação de importação de bens. A DI é providenciada após a chegada da mercadoria ao país e será utilizada no despacho aduaneiro.

4. **Extrato de DI**: documento impresso pelo importador contendo as informações digitadas na DI, que servirá de base para a conferência dos documentos aduaneiros pela autoridade fiscal.

5. **CI – Comprovante de Importação**: documento emitido depois de cumpridos todos os procedimentos do despacho aduaneiro. O CI comprova a importação e autoriza a entrega da mercadoria ao importador.

6. **ROF – Registro de Operação Financeira**: registro obrigatório para financiamentos do importador a longo prazo, obtido após a emissão da LI mediante declaração do importador ou arrendatário no Sistema de Informações do Banco Central – SISBACEN. Para realizar esse registro, é necessário informar:

    - Os participantes da operação (devedor, fornecedor, financiador, arrendador, garantidor e assemelhados).
    - As condições financeiras e o prazo de pagamento do principal, juros e encargos.
    - Dados da manifestação do credor ou do documento em que constem as condições da operação, além de manifestação do garantidor, se houver.
    - Demais dados requeridos nas telas da transação.
    - A operação somente será considerada como autorizada quando aprovada pelo BACEN.

» Processos e formas de exportação

No Brasil, existem duas formas de realizar a exportação de produtos:

Direta: quando o fabricante ou produtor exporta diretamente para o importador no exterior. É considerada a forma de exportação mais eficiente, pois o fabricante fica mais próximo do cliente e do mercado importador, obtendo maior margem de lucro. A exportação direta oferece incentivos fiscais diretos ao exportador de produtos primários, semielaborados ou manufaturados:

- Isenção de pagamento do IPI.
- Não incidência de pagamento do ICMS.
- Manutenção dos créditos fiscais de IPI e ICMS gerados nas compras de matérias-primas, produtos intermediários e materiais de embalagem.
- Isenção de pagamento do PIS e COFINS.

> **DEFINIÇÃO**
> *Drawback* é a suspensão ou a eliminação de tributos incidentes sobre matérias-primas, insumos, componentes, embalagens e insumos importados, para a industrialização de produtos exportados.
> *Trading company* é uma empresa comercial que atua como intermediária entre empresas fabricantes e compradoras em uma operação de exportação ou importação.

- Ressarcimento do valor pago do PIS e COFINS na compra no mercado interno de insumos utilizados no produto exportado.
- Importação de insumos, livre de impostos e sob o regime de *drawback*, condicionada à posterior exportação do novo produto gerado.

Indireta: quando o fabricante ou produtor vende a mercadoria no mercado interno para uma empresa intermediária, seja ela uma empresa comercial exportadora/importadora ou uma *trading company*, que exportará o produto, sem qualquer alteração em sua natureza. Este tipo de operação evita que o fabricante corra os riscos decorrentes da falta de pagamento do importador ou de seu país, e elimina gastos com pesquisas de mercado e com procedimentos administrativos da exportação.

Quando uma empresa mercantil no Brasil adquire no mercado local produtos do fabricante para sua posterior exportação, este goza dos incentivos fiscais, independentemente de o produto ser primário, semielaborado ou manufaturado. Os incentivos fiscais oferecidos são:

- Suspensão de pagamento do IPI.
- Não incidência de pagamento do ICMS.
- Manutenção dos créditos fiscais de IPI e ICMS gerados nas compras de matérias-primas, produtos intermediários e materiais de embalagem.
- Isenção de pagamento apenas do COFINS.
- Ressarcimento do valor pago do PIS e COFINS na compra no mercado interno de insumos utilizados no produto exportado.
- Importação de insumos sob o regime de *drawback*, mas sem o benefício do ICMS, pois os fiscos estaduais não reconhecem essa operação quando o importador e o exportador são empresas diferentes.

Se a empresa mercantil for uma *trading company*, o fabricante venderá o produto com isenção (e não suspensão) do pagamento do IPI e também com isenção do PIS. Em ambas as situações, a empresa intermediária exportadora deverá fornecer ao fabricante o memorando de exportação a fim de comprovar a efetiva exportação do produto.

Somente será concretizada a exportação, para efeitos fiscais, quando ocorrer a saída física do produto para o exterior. Essa saída será considerada pela data de embarque no meio de transporte da seguinte forma:

- **Marítimo**: data da cláusula de envio a bordo – *shipped on board* no conhecimento de carga – BL.
- **Aéreo**: data do voo.
- **Rodoviário**: data da transposição de fronteira da mercadoria, que corresponde à data de seu desembaraço aduaneiro.
- **Ferroviário**: data da transposição de fronteira da mercadoria, que corresponde à data de seu desembaraço aduaneiro.

» Aspectos administrativos da exportação

Para exportar, não há necessidade de qualquer alteração no contrato ou no estatuto social da empresa, desde que as empresas que nunca exportaram se credenciem junto ao SISCOMEX para registrar suas operações. O exportador deve levar em consideração que:

- Não existe valor ou quantidade mínima para exportar, mas o exportador deve avaliar os custos bancários, de embarque, de despachante, etc., pois, dependendo desses valores, eles podem inviabilizar a exportação de pequenas quantidades.
- Atualmente, não é necessário ter **Certificado ISO 9000** para exportar, mas a tendência é de que, em um futuro próximo, ele passe a ser exigido pelos países desenvolvidos.
- A micro ou pequena empresa também pode exportar, pois a legislação de comércio exterior não apresenta qualquer restrição.
- Uma pessoa física também pode exportar, desde que em quantidades que não revelem prática de comércio e que não configurem habitualidade.

Os agricultores e os pecuaristas registrados no INCRA e os artesãos e os artistas registrados como profissionais autônomos não têm qualquer restrição quantitativa.

> **» DEFINIÇÃO**
> O Certificado ISO 9000 é concedido a empresas que possuem um grupo de normas técnicas que estabelecem um modelo de gestão da qualidade para organizações em geral, qualquer que seja o seu tipo ou dimensão.

» Documentos necessários à exportação

O exportador é o responsável pela emissão ou obtenção de todos os documentos de exportação, inclusive daqueles solicitados pelo importador. Os documentos utilizados na exportação se dividem em:

- **Documentos de uso interno**: utilizados dentro do país:
  - RE – Registro de Exportação: informa todas as características da operação sob o aspecto comercial, fiscal e cambial (Figura 7.2).

Figura 7.2 Tela do SISCOMEX para registro de exportação.
Fonte: Brasil (2014?).

  - RES – Registro de Exportação Simplificado: preenchido eletronicamente pelo exportador ou por seu representante via SISCOMEX e utilizado em exportações simplificadas, ou seja, com valor até US$ 10.000,00.
  - Nota Fiscal: acompanha o produto do estabelecimento do exportador ao local de embarque.

- Contrato de Câmbio: documento legal para a conversão da moeda estrangeira da exportação e seu recebimento em reais. Preenchido eletronicamente pelo banco ou corretor de câmbio via SISBACEN e assinado pelas partes envolvidas (Figura 7.3).

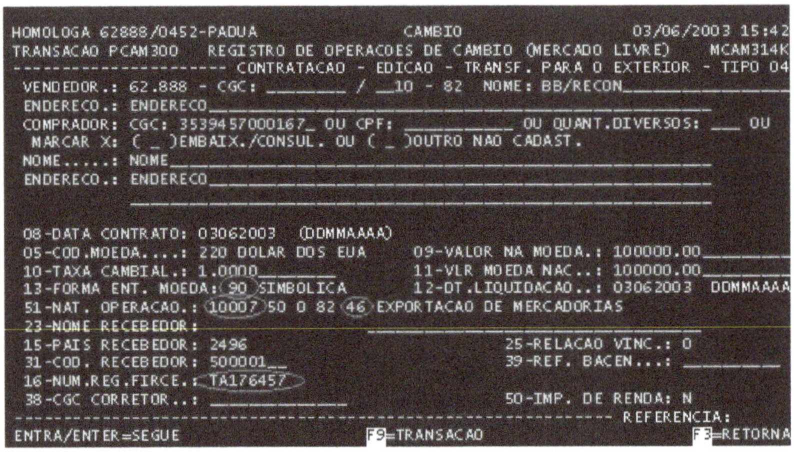

```
HOMOLOGA 62888/0452-PADUA                CAMBIO                03/06/2003 15:42
TRANSACAO PCAM300   REGISTRO DE OPERACOES DE CAMBIO (MERCADO LIVRE)    MCAM314K
--------------------- CONTRATACAO - EDICAO - TRANSF. PARA O EXTERIOR - TIPO 04
 VENDEDOR.: 62.888 - CGC: ________ / __10 - 82  NOME: BB/RECON_______________
 ENDERECO.: ENDERECO_____________________________________________
 COMPRADOR: CGC: 35394570001 67_ OU CPF: ___________ OU QUANT.DIVERSOS: ___ OU
  MARCAR X: ( _ )EMBAIX./CONSUL. OU ( _ )OUTRO NAO CADAST.
 NOME.....: NOME_________________________________________________
 ENDERECO.: ENDERECO_____________________________________________
            _____________________________________________________

 08-DATA CONTRATO: 03062003  (DDMMAAAA)
 05-COD.MOEDA....: 220 DOLAR DOS EUA      09-VALOR NA MOEDA.: 100000.00________
 10-TAXA CAMBIAL.: 1.0000________         11-VLR MOEDA NAC..: 100000.00________
 13-FORMA ENT. MOEDA: 90 SIMBOLICA        12-DT.LIQUIDACAO..: 03062003 DDMMAAAA
 51-NAT. OPERACAO.: 10007 50 0 82 46 EXPORTACAO DE MERCADORIAS
 23-NOME RECEBEDOR:                   _____________________________
 15-PAIS RECEBEDOR: 2496                            25-RELACAO VINC.: 0
 31-COD. RECEBEDOR: 500001__                        39-REF. BACEN...: _________
 16-NUM.REG.FIRCE.: TA176457
 38-CGC CORRETOR..: ______________                  50-IMP. DE RENDA: N
-------------------------------------------------------------- REFERENCIA:
ENTRA/ENTER=SEGUE                     F9=TRANSACAO                    F3=RETORNA
```

Figura 7.3 Tela de registro do contrato de câmbio do BACEN.
Fonte: Banco Central do Brasil (2014).

- **Documentos de uso externo**: utilizados nos países a que se destinam as exportações:
  - Fatura Consular: exigida por alguns poucos países, repete a maioria das informações contidas na Fatura Comercial. É um documento impresso preenchido pelo exportador e visado pelo consulado do país importador.
  - Documento de Saque ou Cambial – *Draft*: título de crédito da exportação, a exemplo da duplicata no mercado interno, inclusive quanto à eventual necessidade de aceite ou protesto.
  - Fatura Comercial – *Commercial Invoice*: documento necessário para o pagamento da exportação e para a liberação das mercadorias pelo comprador no exterior (importador). Contém todas as informações da comercialização: valores, quantidades, prazos, forma de pagamento, modalidade de transporte, assinatura do exportador.
  - Romaneio de Embarque – *Packing List*: documento que descreve individualmente os volumes das embalagens de transporte, indicando:
    - Respectivos conteúdos.
    - Pesos líquido e bruto.
    - Dimensões e numeração dos volumes em ordem sequencial.
  - *Bill of Lading* ou *Airway Bill*: emitido pelo transportador internacional da mercadoria ou seu agente de carga.
  - Certificado Fitossanitário: aplica-se a produtos que requeiram análise específica. É emitido pelos Ministérios da Agricultura ou Saúde a pedido do exportador.
  - Certificados de Origem para ALADI ou para o MERCOSUL: destinam-se a comprovar a origem do produto nas exportações para países integrantes desses blocos comerciais.
  - Certificado de Origem Form – A – SGP: tem a finalidade de assegurar a origem dos produtos nas exportações para Estados Unidos, Europa, Japão, Canadá e alguns outros países desenvolvidos. É um documento impresso preenchido pelo exportador e visado pelo Banco do Brasil, apresentado junto com cópia da fatura comercial.

- Certificado ou Apólice de Seguro: documento em que deverá constar os dados de seguro, as reservas e as coberturas, o valor da cobertura e o prêmio a ser pago. É emitido pela companhia seguradora a pedido do exportador.
- Certificado de Qualidade ou de Inspeção: atesta que o produto a ser exportado atende ao nível de qualidade exigido. É emitido por empresas especializadas ou não, e eventualmente por pessoas.

» Modalidades de pagamento utilizadas no comércio exterior

As modalidades de pagamento utilizadas no comércio exterior são as seguintes:

- **Pagamento antecipado**: o importador realiza o pagamento da mercadoria antes do seu embarque por meio de cheque ou ordem de pagamento bancária. Os documentos originais acompanham a mercadoria ou são enviados diretamente ao importador. Cabe ao exportador entregar uma cópia dos documentos ao banco que realizou o fechamento de câmbio.
- **Cobrança à vista ou a prazo**: o importador efetua o pagamento da exportação, à vista ou a prazo, após a mercadoria chegar ao destino no exterior. Os documentos originais devem ser entregues pelo exportador ao banco que efetuou ou efetuará o fechamento do câmbio, o qual, por sua vez, os enviará ao banco correspondente no exterior para realizar a cobrança da operação. O exportador assume todos os riscos pela eventual falta de pagamento da operação pelo importador.
- **Carta de crédito à vista ou a prazo**: o importador solicita a um banco no seu país, antes do embarque da mercadoria, que garanta o pagamento da operação, mediante a abertura de uma carta de crédito a favor do exportador, cujo pagamento ocorrerá no momento em que forem entregues ao banco negociador no país exportador todos os documentos de exportação exigidos.

  O custo para a abertura de uma carta de crédito normalmente varia entre 0 a 4% do seu valor. A carta de crédito pode ser transferida para um ou mais beneficiários uma única vez, desde que nela conste a expressão "transferível". Os documentos originais devem ser entregues exclusivamente ao banco negociador da carta de crédito no Brasil, que os remeterá ao banco no exterior que abriu a carta de crédito.

- **Cartão de crédito e/ou boleto bancário**: no caso do cartão de crédito, há garantia de pagamento pelo banco responsável pela sua emissão; já no caso do boleto, não há essa garantia, e o exportador assume todos os riscos pela eventual falta de pagamento da operação pelo importador. Os documentos são entregues diretamente ao importador.

> » **DICA**
> O importador, em geral, prefere pagar nas formas apresentadas a seguir para não correr o risco de pagar e não receber.

» Negociando a exportação

Ao realizar o contato comercial com os importadores, pessoalmente, por telefone, carta, fax ou e-mail, o idioma utilizado deve ser o do país do importador, ou o inglês, considerado o idioma oficial do comércio internacional.

Esse contato, em geral, resulta na solicitação de uma proposta de exportação que pode ser apresentada por meio de correspondência, na qual contenham os dados necessários à avaliação da operação de exportação pelo importador (proforma *invoice*). Na proforma *invoice*, devem constar todas as informações referentes a essa operação:

- Preços unitário e total.
- Descrição detalhada da mercadoria.
- Condição de venda INCOTERMS.
- Prazo de embarque.

- Tipo de embalagem.
- Condição de venda INCOTERMS.
- Quantidade.
- Prazo de validade da proposta.
- Número dos volumes e suas dimensões.
- Pesos líquido e bruto.
- Modalidade de pagamento.
- Local de embarque e desembarque.
- Modalidade de pagamento
- Meio de transporte.
- Quantidades mínimas ou máximas por pedido
- Outras informações consideradas importantes pelo exportador para avaliação da proposta pelo importador.

Para realizar exportações com segurança, é interessante buscar informações sobre o importador. Essas informações são obtidas:

- Em empresas especializadas em fornecer informações cadastrais.
- No cadastro de empresas inadimplentes (por país), mantido pelo Banco Central do Brasil.
- Em bancos comerciais, principalmente os de capital estrangeiro.

» Cálculo do preço de exportação

O preço de exportação de um produto é importante para o fechamento do negócio, por isso, ele deve ser analisado de acordo com os incentivos fiscais e financeiros oferecidos à exportação. As margens de lucro devem ser compatíveis com as vigentes no mercado internacional.

A empresa exportadora precisa ter uma estrutura de custos específicos para definir seus preços de exportação, evitando que os custos de mercado interno onerem direta ou indiretamente o preço de seus produtos no mercado internacional. Basicamente, os itens de custo a serem considerados na formação do preço de exportação são:

- Custo de mão de obra e encargos sociais.
- Custos administrativos.
- Frete e seguro internos.
- Custos portuários ou de embarque.
- Custos bancários.
- Margem de lucro.
- Comissão de agente (se houver).
- Despesas de publicidade no exterior (se houver).
- Custo de matérias-primas, produtos intermediários e materiais de embalagens, sem IPI e ICMS.
- Custos fixos (depende de critérios da empresa).
- Embalagem do produto ou embalagem de transporte.
- Custos de despachante.
- Custos financeiros (ACC/ACE ou outros).
- Imposto de renda sobre lucro.
- Vistos consulares (se houver).
- Custo do seguro de crédito à exportação (se houver).

Dependendo da condição de venda negociada, as despesas com frete e seguro internacional também deverão ser computadas.

» Siscarga

O sistema de comércio exterior de carga Siscarga é o módulo de controle aduaneiro do SISCOMEX Carga que se integra com o sistema da Marinha Mercante.

O Siscarga registra eletronicamente o controle de entrada e saída de embarcações e da movimentação de mercadorias nos portos do país, adiantando às aduanas informações fiscais sobre os produtos, como a NCM (Nomenclatura Comum da Mercadoria, código utilizado pela Organização Mundial do Comércio, OMC).

O Siscarga permite que os armadores, NVOCCs e agentes de carga obtenham os seguintes benefícios:

- Envio eletrônico de informações de manifestos, BLs e contêineres para o sistema da Marinha Mercante, não sendo mais necessária a entrega física do documento.
- Padronização de procedimentos aduaneiros nos portos nacionais.
- Integração dos diversos módulos do SISCOMEX.
- Permissão para que os importadores analisem via sistema a posição das suas importações.

» Exportação de serviços

Serviços são bens intangíveis; logo, não podem ser embalados para entrega ao cliente. Na exportação de serviços, não existem os procedimentos logísticos e burocráticos exigidos para a entrega física do bem. Os serviços, em geral, são admitidos de acordo com as necessidades do cliente e, por isso, precisam ser customizados.

As adaptações aos serviços têm de ser feitas com a colaboração e a participação do cliente; desse modo, entender o desejo do cliente é fundamental para o sucesso da negociação, o que requer do exportador algumas habilidades interpessoais e sensibilidade cultural.

Os serviços são vendidos mediante assinatura de um contrato de prestação de serviços entre as partes, que obedece às leis dos países do prestador e do tomador de serviços. Todos os registros de exportação de serviços devem ser feitos no SISCOSERV (pessoas físicas somente acima de US$ 20 mil).

Para efetivar a comercialização do serviço, o exportador terá de obter do importador a relação dos documentos a serem providenciados, os quais, em geral, são:

- Contrato de compra e venda internacional.
- Nota Fiscal.
- Fatura *Invoice* ou Fatura Proforma.
- Fatura Comercial ou *Commercial Invoice*.
- Contrato de Câmbio ou Contrato de Câmbio Simplificado.

» *Incentivos fiscais à exportação*

Os incentivos fiscais buscam proporcionar benefícios aos exportadores para tornar seus produtos e serviços competitivos no mercado internacional. Os principais benefícios concedidos aos exportadores em termos fiscais estão relacionados aos seguintes impostos:

- **ICMS – Imposto sobre a Circulação de Mercadorias e Serviços**: a exportação de produtos primários, semielaborados e industrializados é imune ao ICMS de acordo com a lei vigente. Neste caso, o exportador pode creditar-se do ICMS pago:

- Na aquisição de insumos destinados à industrialização ou de mercadorias para revenda.
- Da energia elétrica (na proporção da exportação sobre as saídas ou prestações totais, ou integralmente, quando consumida no processo de industrialização).
- Dos serviços de comunicação (na proporção da exportação sobre as saídas ou prestações totais).

- **IPI – Imposto sobre Produtos Industrializados**: são imunes da incidência do imposto os produtos industrializados destinados ao exterior (BRASIL. Constituição, art. 153, § 3°, inciso III, 1988), contemplando todos os produtos, de origem nacional ou estrangeira. O estabelecimento exportador pode creditar-se do IPI pago na aquisição dos insumos que industrializou.
- **PIS – Programa de Integração Social**: as exportações são isentas do PIS, de acordo com o artigo 14, § 1°, da MP n° 2.158-35, de 24 de agosto de 2001.
- **COFINS – Contribuição para o Financiamento da Seguridade Social**: as receitas oriundas de exportações são isentas de recolhimento de acordo com o art. 7° da Lei Complementar n° 70, de 30 de dezembro de 1991.
- **ISS – Imposto Sobre Serviços**: o ISS não incide sobre as exportações de serviços para o exterior do país, conforme art. 2, I, da Lei Complementar n° 116, de 31 de julho de 2003.
- *Drawback*: o regime aduaneiro especial de *drawback* consiste na suspensão ou eliminação de tributos incidentes sobre insumos importados para utilização em produto exportado.

» Desembaraço aduaneiro

O desembaraço aduaneiro autoriza a saída de mercadoria para o exterior (exportação) e a entrega de mercadoria ao importador (importação). Sua finalidade é verificar a exatidão dos documentos quanto aos dados declarados pelo exportador ou importador em relação à mercadoria exportada ou importada, conforme legislação vigente.

A maioria das mercadorias exportadas ou importadas é submetida ao **desembaraço aduaneiro comum**, de exportação ou importação; entretanto, em algumas situações, o interessado pode optar pelo desembaraço aduaneiro simplificado. O desembaraço aduaneiro é processado com base em declaração formulada pelo exportador ou importador no SISCOMEX.

Desembaraço aduaneiro na exportação

Para desembaraçar uma carga para exportação, deve-se realizar o **despacho de exportação**, ou seja, o procedimento fiscal necessário para o desembaraço aduaneiro da mercadoria destinada ao exterior. Tal despacho é realizado de duas maneiras:

Despacho aduaneiro simplificado: é realizado mediante declaração simplificada de exportação. Suas informações servem como base de cálculo dos tributos e para os controles administrativos e cambiais aplicáveis. O despacho aduaneiro simplificado é feito:

- Com registro no SISCOMEX: quando a mercadoria é exportada por pessoa física com ou sem cobertura cambial, até o limite de US$ 50.000,00 ou o equivalente em outra moeda. Em geral, este tipo de operação é utilizado para o envio de bagagem desacompanhada de viajante, e a DSE ou DSI pode ser elaborada ou transmitida por um servidor aduaneiro da Unidade da SRF onde for processado o despacho aduaneiro.

- Neste caso, não é necessário que o interessado providencie habilitação para utilizar o SISCOMEX. Acima desse valor, o exportador deve providenciar sua habilitação.
- Despacho simplificado sem registro no SISCOMEX: ocorre por meio de formulários para declaração simplificada de exportação, como envios realizados por representações diplomáticas e envios de amostras sem valor comercial e de bens destinados à assistência, à ajuda humanitária e a salvamento. Também se aplica a envios de equipamentos para exposições, materiais artísticos e outros que retornarão ao país após o evento internacional.

Despacho aduaneiro: processado com base em declaração formulada pelo exportador ou importador. As informações prestadas servem como base para o cálculo dos tributos e para os controles administrativos e cambiais das operações de comércio exterior. O despacho aduaneiro é realizado:

- Com registro no SISCOMEX: realizado por pessoas habilitadas. Permite a análise em tempo real pelos órgãos gestores do sistema: Secretaria da Receita Federal – SRF; Secretaria de Comércio Exterior – SECEX; e Banco Central do Brasil – BACEN.
- Sem registro no SISCOMEX: realizado por meio de formulários próprios específicos para cada caso, em razão da natureza da mercadoria, da operação e/ou da qualidade do interveniente; em geral, se aplica à exportações realizadas por representações diplomáticas e ao envio de amostras sem valor comercial e de bens destinados à ajuda humanitária.

Desembaraço aduaneiro na importação

O desembaraço aduaneiro na importação ocorre mediante imputação de dados no sistema. Nele são apurados os tributos e feitos os controles administrativos e cambiais das operações.

Toda mercadoria que ingresse no país, importada em caráter definitivo ou não, está sujeita ao despacho aduaneiro processado pelo SISCOMEX, obedecendo as seguintes etapas:

1. **Registro**: o despacho tem início na data do registro da Declaração de Importação – DI no SISCOMEX, e, para tanto, devem ter sido satisfeitas todas as exigências legais e documentais indicadas na legislação.
2. **Parametrização**: etapa na qual o SISCOMEX processa a seleção paramétrica nas DI, selecionando-as em um dos canais:
   - Verde: Desembaraço automático.
   - Vermelho: Exame documental e físico da mercadoria.
   - Amarelo: Exame documental.
   - Cinza: Destinado à análise preliminar do valor aduaneiro.
3. **Recepção**: uma vez parametrizada a DI, esta deve ser recepcionada no recinto alfandegado em que teve registro.
4. **Distribuição**: a DI é direcionada (distribuída) a um auditor fiscal da Receita Federal para análise.
5. **Conferência**: análise e conferência da DI, obedecendo a seleção paramétrica.
6. **Desembaraço**: ato final do despacho aduaneiro. Uma vez atendidas as exigências fiscais inerentes à importação, é emitido o Comprovante de Importação – CI, e a mercadoria é entregue ao importador.

O comércio internacional brasileiro está em crescimento e necessita que os portos estejam preparados para atender às necessidades de exportadores e importadores.

Muitos regulamentos, processos de negócio, procedimentos administrativos e operacionais já foram aperfeiçoados, mas ainda não atendem à demanda do país.

Os custos incidentes sobre as operações e as tarifas portuárias ainda são caros em relação a outros países, e precisam ser ajustados para que os portos brasileiros se tornem competitivos.

capítulo 8

Custos e tarifas portuárias na comercialização de fretes

Neste capítulo, serão apresentados os custos e as tarifas incidentes sobre as operações portuárias e o modo de comercialização de fretes no porto. Por sua natureza comercial, o porto é um local onde acontecem operações logísticas, o que, por conseguinte, implica em custos na execução de suas atividades. Os custos portuários se referem às diversas despesas operacionais com a remuneração da mão de obra e o uso de equipamentos e instalações, além das tarifas cobradas pela administração dos portos destinadas à sua manutenção. Todas essas despesas são pagas pelos usuários dos portos.

Objetivos de aprendizagem

» Saber quais são os custos fixos e variáveis que incidem sobre as operações portuárias.
» Conhecer como são comercializados os fretes marítimos.
» Entender como são cobradas as tarifas portuárias.

Introdução

Toda atividade econômica, industrial, comercial ou de prestação de serviços gera custos. Estes influenciam diretamente os preços cobrados pelos produtos oferecidos ao mercado e pelos serviços prestados pelas empresas.

No caso dos serviços portuários, o preço é, no momento, uma grande preocupação do governo brasileiro, e tem sido objeto de inúmeras ações do Ministério dos Transportes na busca de minimizar o denominado "Custo Brasil", a fim de tornar o produto brasileiro mais competitivo ao ser exportado ou movimentado pelo modal aquaviário dentro do país.

> **» DEFINIÇÃO**
> Investimento é o gasto ativado em função de uma vida útil ou de benefícios futuros. São todos os sacrifícios havidos pela aquisição de bens ou serviços que são estocados nos ativos da empresa para baixa ou amortização quando de sua venda, consumo, desaparecimento ou desvalorização.

Conceito de custos

Os custos são compostos por todos os insumos de capital, bens e serviços aplicados na realização de determinados objetivos. Eles representam o valor monetário dos insumos utilizados na obtenção de um bem ou serviço. O custo indica se o preço cobrado pelo produto ou serviço trará retorno financeiro à empresa e permitirá que ela continue operando no mercado. A continuidade ou não de uma atividade depende da obtenção de retorno dos investimentos e da lucratividade das operações.

A apuração dos custos é necessária para a determinação do valor pelo qual devem ser vendidos os produtos e para o controle gerencial da empresa, uma vez que o custo baliza as margens de lucratividade e proporciona uma visão de como estão sendo desempenhadas as atividades. Os custos têm como finalidade:

- Fornecer dados que permitam estabelecer o preço de venda dos produtos.
- Viabilizar a análise dos resultados apresentados pela empresa e de cada um de seus produtos.
- Permitir o controle e a correta avaliação de estoques de produtos fabricados e em fase de elaboração.
- Apoiar o planejamento das atividades de médio e longo prazo.
- Subsidiar o sistema orçamentário no estabelecimento de metas de faturamento, custos e resultados.

Classificação dos custos

Existem muitas formas de classificar os custos, mas, basicamente, eles são considerados:

Quanto à origem: nesta classificação, adota-se como parâmetro para agrupar os custos as ações, os itens ou os processos que originaram os custos, como:

- Custos com trabalho humano: mão de obra com todos os encargos.
- Com capital utilizado: custos com financiamento das atividades, sejam eles de capitais próprios ou de terceiros.
- Com o material aplicado: matérias-primas, embalagens e quaisquer insumos físicos.
- Com tributos: impostos, taxas, etc.
- Com depreciações (custo ou despesa decorrente do desgaste ou da obsolescência dos ativos imobilizados).

Quanto à função: o agrupamento é definido pela aplicação/utilização do elemento gerador do custo:

- Custos de fabricação: energia elétrica.
- Custos de administração: honorários da diretoria.
- Custos de vendas: desconto de duplicatas.
- Custos de expedição: estiva portuária.

Quanto à forma de imputação ao produto: a presença dos custos diretos fica configurada toda vez que é possível identificar determinado custo diretamente em cada unidade produzida, de serviço ou procedimento.

Quanto ao grau de variabilidade: a discussão do que é custo fixo ou variável está centrada no grau de variabilidade dos custos quanto ao nível de ocupação. A classificação e conceituação mais aceitas são:

- Custos fixos: também chamados custos da empresa, pois são aqueles que, pelo seu valor total, não se alteram em função do número de unidades produzidas ou do nível de utilização da capacidade produtiva. O custo fixo representa o volume total de custos da empresa que deverão ser absorvidos pela venda dos produtos e serviços.
- Custos variáveis: também chamados custos do produto, uma vez que são aqueles cujo valor total varia proporcionalmente ao número de unidades produzidas. O custo variável unitário é o custo de materiais, mão de obra e de outros diretamente ligados ao produto e, portanto, constitui o valor mínimo que o produto deve fazer retornar ao sistema econômico-financeiro da empresa (Figura 8.1).

>> **NO SITE**
Para saber mais sobre análise de custos, acesse o ambiente virtual de aprendizagem www.grupoa.com.br/tekne.

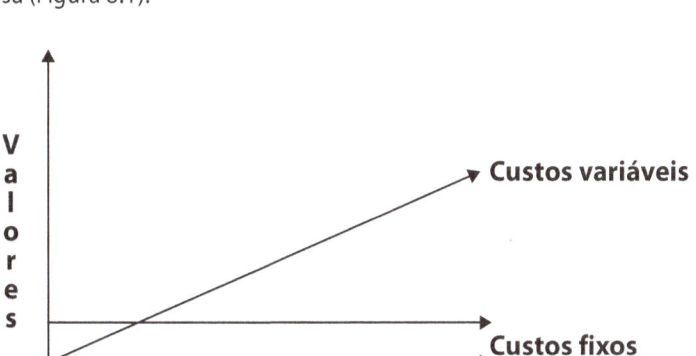

Figura 8.1 Representação gráfica dos custos fixos e variáveis.

>> *Custos portuários*

Os portos, como todas as empresas, possuem custos fixos e variáveis que devem ser alocados em suas operações. Cada terminal portuário é tratado individualmente quanto a cada um desses custos com a finalidade de verificar sua viabilidade econômica.

Os custos fixos do porto são os custos estruturais que ocorrem em períodos determinados, independentemente de variação no volume de atividades em iguais períodos.

» Custos fixos

Os principais custos fixos considerados na gestão de operações de um terminal portuário são:

Arrendamento: em geral, o custo de arrendamento é definido como uma taxa cobrada por metro quadrado, base mensal (R$/m² por mês), sobre a área destinada ao armazenamento dos produtos e todas as demais áreas ocupadas pelo terminal (recepção e descarga de veículos e vagões, subestação elétrica, sanitários, entre outras). O valor do arrendamento tem origem no processo de concorrência pública para a privatização, e o valor é ofertado pelo próprio interessado em arrendar a área portuária.

Condomínio: também cobrado por metro quadrado, base mensal (R$/m² por mês), da mesma forma que o arrendamento. O valor do condomínio é estipulado pela administração do porto com base em despesas comuns rateadas entre os terminais arrendados.

Seguros: a apólice de seguro cobre os riscos inerentes às operações portuárias, incluindo incêndio, desmoronamento, colisão de equipamentos portuários em navios, queda de equipamentos no mar e outros.

Custos de mão de obra: dividem-se de acordo com a natureza da execução do trabalho:

- Mão de obra operacional: os terminais portuários contam com um alto índice de mecanização e também exigem utilização de mão de obra operacional intensa em virtude de funcionarem 24 horas por dia.
- Mão de obra administrativa: geralmente composta por profissionais das áreas de recursos humanos, segurança do trabalho, suprimentos, controladoria, fiscal e logística.
- Mão de obra de manutenção: composta por planejadores, líderes, mecânicos, eletricistas e respectivos auxiliares, responsáveis pelas atividades inerentes à manutenção do terminal portuário. Esta atividade vem sendo terceirizada pelos terminais.

> » **IMPORTANTE**
> Os condomínios portuários podem acelerar o processo de modernização dos portos se empresas interessadas nas operações de retroárea investirem em sua construção e esses funcionarem com rateio de custos, regras internas de funcionamento estabelecidas em uma "convenção de condomínio", prevendo frentes de cais de uso coletivo e retroáreas de uso exclusivo. Essa "convenção" seria aprovada pelos "condôminos" iniciais e pela respectiva Autoridade Portuária (eventualmente, também pelo CAP).

» Custos variáveis

Os principais custos variáveis considerados na gestão de operações de um terminal portuário são:

Energia elétrica: a medição do consumo e o processamento da cobrança são realizados pelo próprio porto. Cada terminal portuário possui sua própria subestação elétrica, com os respectivos transformadores rebaixadores de tensão, bem como os equipamentos de medição de consumo.

Água: cada terminal possui hidrômetros, que medem o consumo de água. A medição e a cobrança do consumo são realizadas pelo porto.

Máquinas e equipamentos de movimentação de cargas: necessários para auxiliar na movimentação do produto a ser embarcado ou desembarcado.

Taxa de fluxo: cobrada pelo volume de carga movimentado na saída de produtos dos armazéns até o navio; volume carregado no navio.

Infraestrutura Portuária – IEP: remunera a utilização das infraestruturas de acesso aquaviário, de acostagem e da faixa de cais e que os requisitantes encontram para acesso e execução de suas operações no porto. A IEP é cobrada pelo porto em função de três variáveis:

- Quantidade: considera a movimentação de produto proveniente de ou para a embarcação. No caso dos produtos a granel, o valor é cobrado por tonelada.

- Tempo: leva em consideração uma série de fatores, para que o valor devido pelo usuário seja calculado com base em um período de 6 horas de atracação. No caso dos terminais de uso privativo, não arrendados, a remuneração da infraestrutura utilizada pelas instalações de uso privativo é aquela definida no respectivo contrato.
- Espaço ocupado: leva em consideração o comprimento em metros lineares de cais ocupados pela embarcação. Também chamada taxa de atracação, pois são cobrados todos os itens utilizados, como cais, píeres ou dolfins de amarração, e as despesas com defensas e amarradores. O valor depende do local do porto em que o navio estiver atracado. Locais considerados mais "nobres", como a área do "Corredor de Exportação", próximo à entrada do Porto de Santos, possuem tarifas mais altas. De maneira inversa, berços de atracação considerados menos nobres possuem tarifas menores.

Infraestrutura Terrestre – IET: remunera a utilização da infraestrutura terrestre, mantida pela Administração do Porto, que os requisitantes e/ou arrendatários encontram para acesso e execução de suas operações no porto. Essa taxa abrange: arruamento, pavimentação, sinalização e iluminação, acessos rodo ou ferroviários, dutos e instalações de combate a incêndio, redes de água, esgoto, energia elétrica e telecomunicação, instalações sanitárias, áreas de estacionamento, sistema de proteção ao meio ambiente e de segurança do trabalho, vigilância das dependências portuárias e demais recursos necessários.

A IET é cobrada pelo porto em função de três variáveis:

- Tempo: está atrelado ao local de atracação. A taxa é cobrada por um período de 6 horas, considerando os turnos de trabalho oficiais do porto.
- Local de atracação da embarcação: em áreas mais nobres, o valor é maior.
- Área ocupada pelo terminal portuário: está atrelada a regiões do porto.

Custos de manuseio: compõem os preços dos serviços para a movimentação de mercadorias, os quais são pagos:

- Pelo armador do navio ou pela empresa de navegação quando se trata de serviços de linha regular – *liners* (contêineres e carga geral variada).
- Pelo dono das mercadorias (importador ou exportador), no caso de navios afretados ou *tramps* (carga geral homogênea ou granéis).

Em geral, esses custos se referem aos seguintes serviços:

Estiva: a mão de obra portuária se divide em trabalhadores vinculados contratados pela empresa que opera o terminal e em trabalhadores avulsos controlados pelo OGMO. Ambos trabalham dentro do navio e realizam os serviços de:

- Estiva/Desestiva: mão de obra para os serviços a bordo do navio (estivadores).
- Administração da estiva: valor pago aos sindicatos de mão de obra avulsa ou ao OGMO pela administração do fornecimento desse tipo de mão de obra.
- Peação/Despeação: pagamento da mão de obra de trabalhadores avulsos utilizada na fixação dos contêineres nas baias e nos conveses dos navios.
- Rechego: pagamento da mão de obra e dos equipamentos utilizados nos serviços de ajuntamento das cargas a granel no final da descarga, de limpeza dos porões e de carregamentos.

Capatazia: é a atividade de movimentação de mercadorias nas instalações de uso público, compreendendo o recebimento, a conferência, o transporte interno, a abertura de volumes para conferência aduaneira, a manipulação, a arrumação e a entrega, bem como o carregamento e a descarga quando efetuados por aparelhamento (guindastes) portuário. Os trabalhadores da capatazia trabalham no porto (em terra). Eles não adentram ao navio e desempenham as atividades de:

- Conferentes: pagamento da mão de obra avulsa para os serviços de conferência das cargas nas operações de carregamento e descarga.
- Consertadores: pagamento da mão de obra avulsa para consertar sacarias, fardos e outras embalagens.
- Arrumadores/ Portuários: pagamento da mão de obra avulsa para a execução de serviços em terra não fornecidos pela administração portuária.
- Outros: pagamento de aluguel de material de estiva, vistoria de lacres, horas extras, remoções, e os sem especificação.

Custos com a entrada e a saída dos navios: além dos custos referentes à infraestrutura portuária, também são pagos:

- Pelo armador do navio ou pela empresa de navegação quando se trata de serviços de linha regular – *liners* (contêineres e carga geral variada).
- Pelo dono das mercadorias (importador ou exportador), no caso de navios afretados ou *tramps* (carga geral homogênea ou granéis).

Esses custos se referem aos seguintes serviços:

- Praticagem: pagamento dos serviços de condução e manobras nas bacias de evolução e atracação das embarcações em águas restritas do porto, desde o embarque do prático na barra até a área de fundeio ou a área de atracação, e vice-versa, através do canal de acesso. Nestes serviços está incluído o transporte de autoridades em lanchas especiais.
- Rebocador: pagamento pelos serviços de reboque em auxílio às embarcações nos canais de acesso, nas manobras em bacias de evolução e na atracação e desatracação.
- Agenciamento: serviços de assistência geral à escala do navio pagos pelo armador.
- Outros: pagamento de vigias portuários de portaló, despacho do navio, tradução de manifestos, despesas de comunicação, contribuições a entidades de classe (CNNT e FENAMAR), transporte e serviços de táxi para tripulantes, e os não especificados.

Custos adicionais: a Tarifa de Utilização de Faróis – TUF é cobrada dos navios estrangeiros em sua primeira entrada em portos brasileiros ou cujo país de registro não tenha acordo de reciprocidade com o Brasil relativo à sua cobrança.

» Custos com a qualidade dos serviços prestados

A evolução da qualidade nos serviços provocada pelas exigências dos clientes trouxe a questão do custo da qualidade aos responsáveis pela gestão das operações e fez surgir a necessidade de controlar os custos. Estes, por sua vez, podem ser entendidos como os gastos sendo feitos para oferecer o serviço de acordo com as exigências dos clientes ou o quanto está custando à empresa não oferecer os serviços com a qualidade desejada pelos clientes.

Os custos da qualidade são divididos em:

Custos de controle: dividem-se em:

- Custos de prevenção: visam a evitar a não conformidade nos serviços, de modo que as ações realizadas procuram prevenir a ocorrência de falhas nos serviços a serem oferecidos. Exemplos: a capacitação de funcionários, as auditorias da qualidade e a manutenção preventiva de equipamentos.
- Custos de avaliação: são os gastos com atividades desenvolvidas para verificar a conformidade dos serviços com os padrões de exigências dos clientes, devendo ser realizada do início ao fim do processo. Exemplos: respostas obtidas nas pesquisas de satisfação de clientes.

Custos de falhas no controle: dividem-se em:

- Custos de falhas internas: são custos que ocorrem nas dependências da empresa onde um serviço não conforme é detectado. Exemplos: retrabalho e tempo perdido provocado pela falta de qualidade.
- Custos de falhas externas: são os gastos com as falhas detectadas após a realização do serviço, com consequências representativas de que o serviço entregue estava abaixo das expectativas dos clientes. Exemplos: multas contratuais, indenizações.

A identificação de qualquer não conformidade o mais breve possível evita prejuízos maiores, uma vez que:

- Falhas identificadas no processo de prevenção têm custos irrisórios, de mudanças com fácil adaptação.
- Falhas encontradas na avaliação ainda não causam prejuízos maiores.
- Falhas detectadas no processo de execução dos serviços trazem custos relevantes.
- Falhas detectadas pelos clientes trazem enormes prejuízos devido à insatisfação que será disseminada.

> **» DICA**
> A relação dos custos de prevenção e de avaliação é inversamente proporcional aos custos das falhas internas e externas, pois quanto mais se gasta com atividades de prevenção e avaliação, menos custos serão despendidos com falhas de controle.

» Tarifas portuárias

Todos os portos possuem a sua tabela de tarifas contendo os valores cobrados pelo uso da infraestrutura e pelos serviços portuários reajustados periodicamente. Pelo fato de não existir uma estrutura tarifária única vigente nos portos brasileiros, adotamos a tabela de tarifas em vigor no Porto de Santos.

A tabela de tarifas do Porto de Santos, em vigor desde 1º de maio de 2005 está em fase de reajuste, o que será de forma escalonada até 2015. Um reajuste de 58,2% já ocorreu, com previsão de novos reajustes em 1º de janeiro de 2014 e em 1º de janeiro de 2015. As tarifas cobradas pelo Porto de Santos são sempre devidas pelos requisitantes e constam em três tabelas:

- Tabela I: Utilização da infraestrutura portuária.
- Tabela II: Utilização da infraestrutura terrestre.
- Tabela V: Serviços gerais.

Essas tabelas apresentam, além dos valores cobrados, as normas de aplicação, a abrangência, as isenções e as explicações sobre a cobrança. Nelas também constam os critérios para aplicação do Imposto Sobre Serviços de Qualquer Natureza (ISSQN) e reajustes tarifários.

> **» NO SITE**
> Para saber sobre as tarifas cobradas pelo Porto de Santos, acesse o ambiente virtual de aprendizagem.

» Comercialização de fretes

O frete marítimo representa o montante recebido pelo armador como remuneração pelo transporte da carga. Ele é calculado com base no tempo e no custo da viagem considerando a regularidade de serviço e o espaço disponível – *slots* em cada navio.

A receita de frete *gross freight revenue* depende basicamente do número de **TEUs** transportados:

Receita de frete = quantidade de carga × frete.

Frete = preço por unidade transportada expresso em US$/TEU.

> 1 TEU = Contêiner de 20'   2 TEUs = Contêiner de 40'

O frete marítimo pago ao armador para realizar o transporte é composto pelo número de **TEUs transportados × frete marítimo + sobretaxas**. O preço unitário para levar uma carga do porto A para o porto B é normalmente expresso em dólares por TEU de carga transportada. As sobretaxas são as que já foram detalhadas no Capítulo 6.

> » **DEFINIÇÃO**
> TEU – *Twenty-foot Equivalent Unit* – Unidade equivalente a 20 pés. É uma medida utilizada para calcular o volume de um contêiner.

» O mercado de fretes

O frete marítimo é estabelecido por livre negociação, sendo o mercado, portanto, altamente competitivo. Não há barreiras à entrada de novos armadores e existem diversas parcerias entre eles – *joint ventures* que atuam em um mesmo porto e oferecem o mesmo serviço marítimo.

O mercado de fretes oferece serviços cada vez mais sofisticados com crescente demanda de navios maiores e mais velozes, exigindo mais investimentos dos terminais marítimos em infraestrutura. Os clientes buscam fretes mais competitivos e parcerias para realizarem seus negócios. Um caminho adotado na atualidade pelos armadores é a fidelização.

A economia mundial é o grande motor da logística internacional. Quando ela atravessa momentos de grande crescimento, os preços dos fretes sobem; quando ela diminui sua atividade, os preços dos fretes caem. O armador não tem como diminuir o tamanho de seus navios, por isso, ele precisa colocar em prática, acima de tudo, o princípio básico de todas as atividades comerciais: o bom atendimento aos clientes.

Manutenção de clientes de fretes

Já está provada a teoria de que é mais fácil e barato manter um cliente do que conquistar um novo. Nesse sentido, também está provado que a empresa necessita adotar estratégias inovadoras para conquistar novos clientes a fim de crescer em seu faturamento e em suas atividades. Assim, os clientes da empresa são o alicerce para seu crescimento e, portanto, precisam ser estáveis. Para isso, eles têm de se sentir satisfeitos ao perceber o valor do serviço recebido.

As empresas dependem da rentabilidade a fim de cumprirem o seu papel e não podem praticar preços que não remunerem adequadamente seus produtos e serviços.

A ideia de crescimento empresarial passa pela escolha de clientes rentáveis. E quais são os clientes interessantes para a empresa? A resposta passa pela análise da rentabilidade que os clientes oferecem à empresa. Os clientes mais rentáveis são os mais interessantes.

As empresas têm de mostrar ao cliente que o serviço oferecido vale o preço cobrado pela qualidade dos serviços prestados, pelo bom relacionamento interpessoal e pela atenção constante aos problemas do cliente. O atendimento ao cliente e sua fidelização criam valor e trazem a rentabilidade desejada. A grande dificuldade é saber qual é o nível da satisfação do cliente, uma vez que ele também sempre possui novas necessidades.

> » **IMPORTANTE**
> Quando comercializam fretes para seus navios, as empresas precisam considerar a possibilidade de estarem fazendo um único transporte para o cliente ou o primeiro de uma série que pode trazer grande lucratividade, dependendo da forma como esse frete é oferecido e negociado.

capítulo 9

Qualidade: métodos quantitativos e qualitativos

Neste capítulo, serão apresentados os métodos envolvidos na gestão portuária. Todas as atividades econômicas são planejados para atender às necessidades de pessoas interessadas nos produtos e serviços gerados. Esses interessados são os clientes, que possuem um nível de exigência com relação à qualidade desses produtos e serviços. Logo, a qualidade depende da exigência do cliente e, quando esta não é atendida, surge a insatisfação com os produtos e serviços oferecidos. A fim de medir a gestão da qualidade dos serviços, pesquisas e indicadores de resultados de processos acompanham o desempenho qualitativo oferecido, de modo a atender às expectativas dos clientes no serviço portuário.

Objetivos de aprendizagem

» Conhecer as principais ferramentas de qualidade utilizadas em um porto.

» Saber as métricas empregadas na gestão de qualidade dos serviços oferecidos em um porto.

» Utilizar os indicadores de resultados de processos para acompanhar o desempenho operacional e financeiro de um porto.

❯❯ *Introdução*

O conceito atual de qualidade nos ensina que a empresa precisa trabalhar na gestão e melhoria de seus processos de negócios, utilizando todos os recursos humanos, financeiros e materiais disponíveis. Para obter a qualidade, todos os envolvidos nos processos, independentemente do cargo que ocupem, são responsáveis por atingir as metas e os padrões de qualidade exigidos pelo mercado.

A qualidade não é mais privilégio de alguma empresa, nem um diferencial, pois o mercado considera que a empresa tem ou não a qualidade desejada. Boa parte dessa responsabilidade sobre a qualidade dos produtos e serviços ofertados ao mercado está na mão dos funcionários das empresas que executam os processos, e, por isso, eles precisam participar das discussões sobre os problemas enfrentados e devem ser agentes das soluções, ou seja, têm de estar bem treinados e preparados para desempenharem suas funções.

❯❯ *Conceito de processo*

Processo é um conjunto de causas (máquinas, matérias-primas, mão de obra, etc.) que provoca um ou mais efeitos (produtos e serviços). Logo, o processo é controlado por meio de seus efeitos.

Os itens de controle de um processo são índices numéricos (indicadores) estabelecidos sobre os efeitos de cada processo para medir a sua qualidade total. Cada pessoa da empresa deve comparar os seus itens de controle com os melhores do mundo (*benchmark*) e buscar soluções para os problemas que surgem quando um processo não funciona adequadamente.

Considerando que problema é o resultado indesejável de um processo, ou um item de controle com o qual não se está satisfeito, é preciso localizar os problemas e resolvê-los a fim de realizar um bom gerenciamento de processos.

❯❯ **Controle de processo**

Para controlar um processo, é preciso analisar seus padrões e estabelecer itens de controle que permitam obter bons resultados. Encontrar uma boa forma de estabelecer esse controle exige:

1. Estabelecimento de diretriz do controle (planejamento):
   - Meta
   - Método
2. Manutenção do nível de controle:
   - Atuar no resultado (queimou um motor – troca do motor).
   - Atuar na causa (queimou um motor – por que queimou o motor?).
3. Alteração da diretriz de controle (melhoria)
   - Alterar a meta.
   - Alterar o método.

Ciclo PDCA

A busca pela qualidade contínua dos processos deve passar pelo uso da ferramenta de controle de processo conhecida como Ciclo PDCA. Esse ciclo é um modelo de gestão pela qualidade total – GQT, formado pelas palavras inglesas *PLAN* (planejamento), *DO* (execução), *CHECK* (verificação) e *ACT* (ajuste).

Ao se deparar com um processo que precisa ser melhorado, esta ferramenta identifica o problema e elabora um plano de ação que trará ganhos no desempenho, por exemplo, no processo de entrada e saída de veículos do porto. A melhoria desse processo trará ganhos de produtividade e, por conseguinte, dará bons resultados à empresa (Figura 9.1).

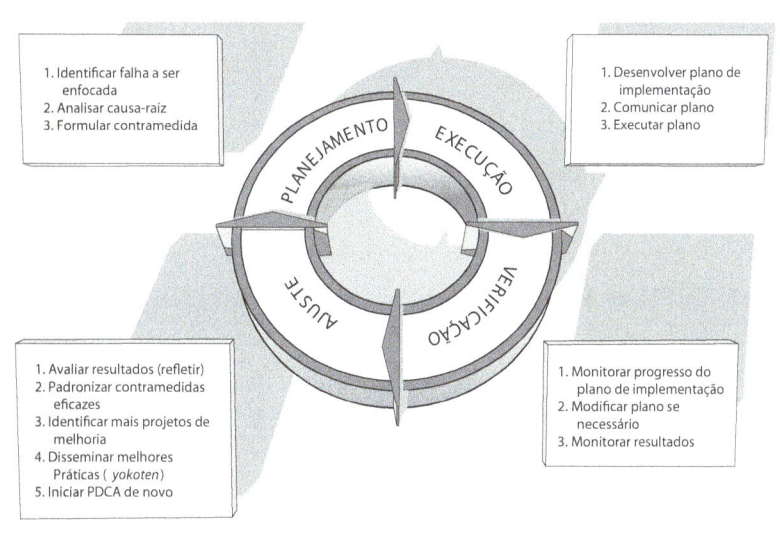

Figura 9.1 Controle de processo Ciclo PDCA.
Fonte: Liker e Franz (2013).

A solução de problemas é trabalhada com o uso do Ciclo PDCA por meio de uma ferramenta conhecida como Processo de Solução de Problemas – PSP (Figura 9.2).

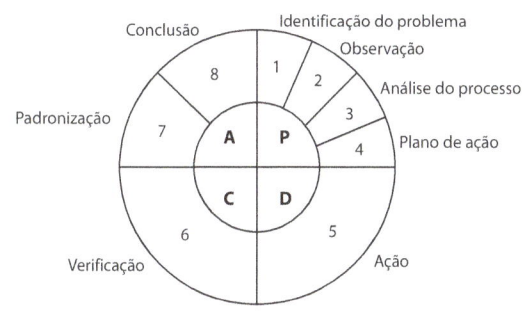

Figura 9.2 Ciclo PDCA de Solução de Problemas.

A melhoria acontece com a aplicação continuada da ferramenta PDCA (Figura 9.3).

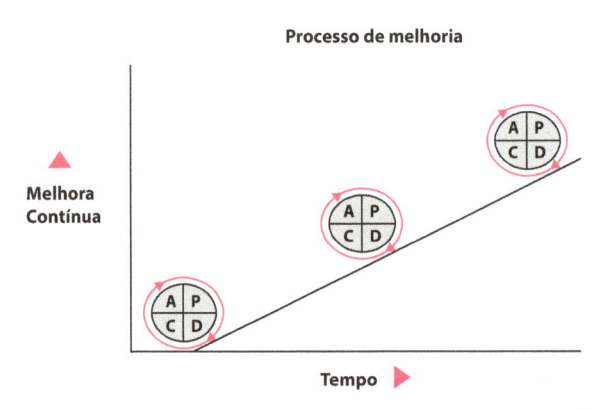

Figura 9.3 Representação de um processo de melhoria contínua com o uso da ferramenta PDCA.

Ferramenta 5W2H

A ferramenta 5W2H é um método que auxilia a elaboração de um plano de ação a fim de resolver os problemas identificados na aplicação do PDCA por meio de respostas a sete perguntas, com diversas versões sobre o assunto em estudo. Essas perguntas são:

- *What* (**O quê**): Quais são os itens de controle em qualidade, custo, entrega, moral e segurança? Qual é a unidade de medida?
- *When* (**Quando**): Qual é a frequência com que devem ser medidos? Quando atuar?
- *Where* (**Onde**): Onde são conduzidas as ações de controle?
- *How* (**Como**): Como exercer o controle? Indique o grau de prioridade para ação de cada item.
- *How much* (**Quanto custa**): Quanto será o valor a ser gasto para realizar esse controle?
- *Why* (**Por que**): Em que circunstâncias o controle será exercido?
- *Who* (**Quem**): Quem participará das ações necessárias ao controle (reunião)?

Respostas do tipo não, ninguém, nunca, etc. são claramente indicativas de problemas em potencial.

O método 5W2H é usado em três etapas na solução de problemas, conforme o Quadro 9.1:

Quadro 9.1 » Etapas de utilização da ferramenta 5W2H na solução de problemas

1º Ação	Investigando um problema ou processo, para aumentar o nível de informações e buscar rapidamente onde está a falha.
2º Plano de ação	Montando um plano de ação sobre o que deve ser feito, para eliminar um problema.
3º Padronização	Padronizando procedimentos que devem ser seguidos como modelo, para prevenir o reaparecimento do problema.

Fonte: Rojas (2009).

Para perceber os problemas, entender suas causas e propor soluções, é preciso saber como agir. Além disso, são necessárias ferramentas que ajudem nessa tarefa, porque, na maioria das vezes, as pessoas sentem que há algo errado, veem que as coisas não estão funcionando bem, mas não se sentem seguras para propor soluções por não saberem o que está errado.

> **» DICA**
> Em qualquer situação enfrentada no dia a dia em um porto, os planos de ação são úteis para proporcionar a segurança necessária na obtenção de resultados. Um plano de ação é um guia para realizar mudanças.

Programa 5S

Para trabalhar com qualidade e usar adequadamente as ferramentas de qualidade, o local de trabalho deve estar muito bem organizado; para tanto, é necessário implantar um programa conhecido como 5S. Este programa é útil para todas as pessoas da empresa que visam a mudar a maneira de pensar na direção de um melhor comportamento para toda a vida. Veja as formas de aplicação deste programa no Quadro 9.2.

Quadro 9.2 » **Formas de aplicação da ferramenta 5s nas áreas de produção e de administração**

5S	Aplicação na administração	Aplicação na produção
SEIRI Arrumação	Identificação de dados e informações necessárias e desnecessárias para decisões.	Identificação de equipamentos, ferramentas e materiais necessários e desnecessários em oficinas e postos de trabalho.
SEITON Ordenação	Determinação do local de arquivo para pesquisa e utilização de dados a qualquer momento. Deve-se estabelecer um prazo de 5 minutos para localizar um dado.	Determinação do local específico ou *layout* para os equipamentos serem localizados e utilizados a qualquer momento.
SEISOH Limpeza	Atualização e renovação constante dos dados para tomar decisões corretas.	Eliminação de pó, sujeira e objetos desnecessários, e manutenção da limpeza nos postos de trabalho.
SEIKETSU Asseio	Estabelecimento, preparação e implementação de informações e dados de fácil entendimento que serão muito úteis e práticos para decisões.	Ações consistentes e repetitivas visando à arrumação, ordenação, limpeza e manutenção de boas condições sanitárias e sem qualquer poluição.
SHITSUKE Autodisciplina	Hábito para o cumprimento dos procedimentos determinados pela empresa.	Hábito para o cumprimento dos procedimentos especificados pelo cliente.

Fonte: Rojas (2009).

> **NO SITE**
> Para assistir a vídeos sobre o programa 5S, acesse o ambiente virtual de aprendizagem www.grupoa.com.br/tekne

» *Ferramentas de qualidade utilizadas na gestão de terminais portuários*

As ferramentas de qualidade aqui indicadas são recursos utilizados na aplicação da Metodologia de Solução de Problemas nas operações de terminais portuários. Elas procuram definir, mensurar, analisar e propor soluções para os problemas que interferem no bom desempenho dos processos de trabalho.

Na década de 1960, Kaoru Ishikawa observou que, embora nem todos os problemas fossem resolvidos por essas ferramentas, ao menos 95% poderiam ser, e que qualquer trabalhador conseguiria utilizá-las. Embora algumas dessas ferramentas já fossem conhecidas há algum tempo, ele as organizou para aperfeiçoar o Controle de Qualidade.

De acordo com as ideias de Ishikawa, o controle de qualidade garante que as atividades de um processo ocorram conforme planejado. Na Figura 9.4, há a visão de aplicações das sete ferramentas da qualidade na melhoria dos processos.

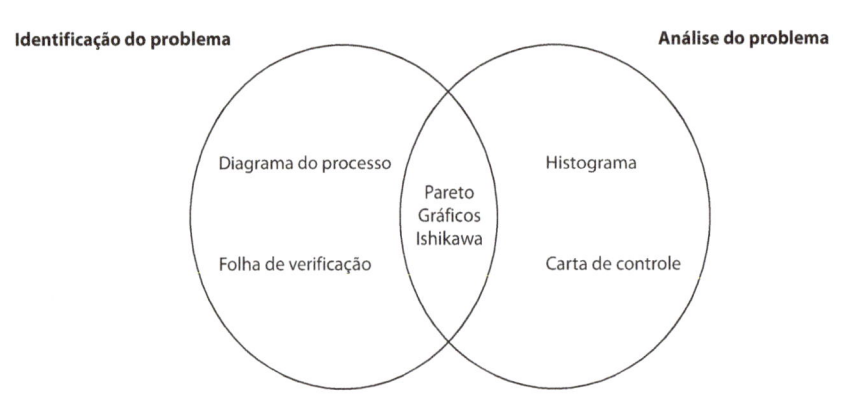

Figura 9.4 Diagrama de identificação das áreas de aplicação das sete ferramentas da qualidade.
Fonte: Rojas (2009).

Nem todas as ferramentas da qualidade são aplicadas na gestão de terminais portuários, pois algumas delas são empregadas exclusivamente na gestão de processos de produção, enquanto, nos terminais portuários, os processos desenvolvidos são exclusivos da área de serviços. A seguir, são apresentadas as ferramentas para gerir resultados de processos de serviços.

» Fluxograma (*Flowsheet*)

O fluxograma é uma das primeiras ferramentas quando se pretende estudar um processo. Trata-se de um **diagrama sistemático** que representa por meio de simbologia própria e simples as várias fases de qualquer processo e as relações de dependência entre elas. Um fluxograma ilustra qualquer atividade que se desenvolva no formato de um processo, o qual será analisado em cada um de seus passos (Figura 9.5).

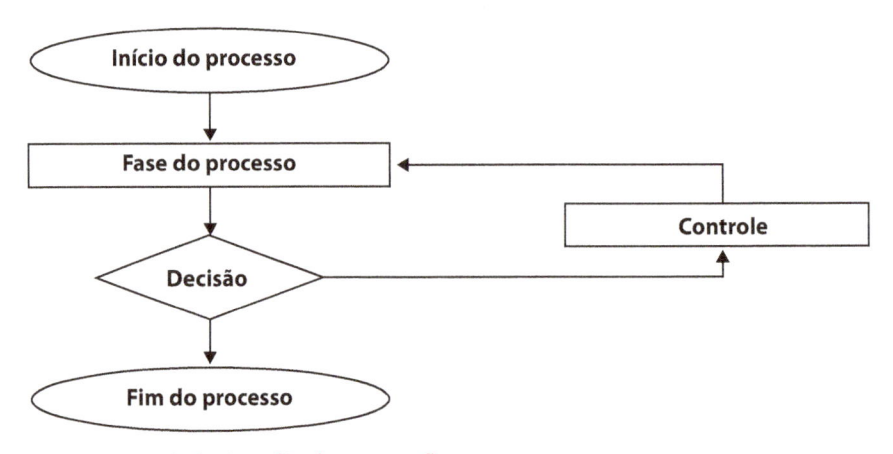

Figura 9.5 Fases e simbologia utilizadas em um fluxograma.

> » **DICA**
> Em um terminal portuário, o fluxograma serve para entender os problemas no processo de interesse, uma vez que possibilita a visão passo a passo, facilitando a análise das necessidades de mudanças ou de aperfeiçoamento do processo.

> » **NO SITE**
> Para aprender a construir um fluxograma no computador, acesse o ambiente virtual de aprendizagem.

» Diagrama de Pareto

No século passado, ao analisar a sociedade, o economista italiano Vilfredo Pareto concluiu que grande parte da riqueza se encontrava nas mãos de um número reduzido de pessoas. De forma sucinta, o chamado método ABC, ou dos 20-80%, afirma que a grande maioria dos efeitos é devida a um número reduzido de causas.

O **princípio de Pareto** serve para diferentes tipos de aplicações em termos de qualidade, cuja representação gráfica ordenada, em que cada causa é representada sob a forma de barras, permite observar a respectiva consequência gerada pela causa (problema estudado). A elaboração desse diagrama é assim sistematizada:

- Decidir o tipo de problema a ser investigado (exemplo: número de itens defeituosos, perdas em valores monetários, ocorrência de acidentes).
- Identificar e listar o tipo de causas que lhe dá origem (exemplo: processo, máquina, operador, método).
- Recolher dados e, para cada tipo de causa, registrar o número de vezes que eles contribuem para o efeito em questão.
- Ordenar de forma decrescente as causas pela respectiva frequência, começando pela classe com maior frequência. Se várias das causas apresentarem uma frequência de ocorrência de defeitos muito baixa quando comparadas com as outras, elas poderão ser reunidas em uma única classe denominada outros.
- Construir um diagrama de barras por essa ordem decrescente.
- Desenhar a curva acumulada (curva de Pareto) ao unir com segmentos de reta os valores percentuais acumulados até cada item.

> **» DICA**
> Em um terminal portuário, como em qualquer empresa, muitos problemas podem ser gerados por poucas causas que, ao serem solucionados, geram grandes resultados. O diagrama de Pareto é a ferramenta certa para identificar os problemas mais relevantes e que propiciam a ocorrência de outros problemas.

> **» NO SITE**
> Para aprender a construir o diagrama de Pareto no computador, acesse o ambiente virtual de aprendizagem.

» Diagrama de causa e efeito (Ishikawa)

O diagrama de causa e efeito, também chamado diagrama de Ishikawa (por ter sido criado por ele), ou de espinha de peixe (por ser essa a sua forma), é uma ferramenta simples muito utilizada em qualidade, pois permite a identificação e a análise das potenciais causas de variação do processo ou da ocorrência de um fenômeno, bem como da maneira como essas causas interagem.

Esse tipo de diagrama mostra a relação entre a característica da qualidade em questão e essas causas, as quais são, comumente, de seis naturezas, conforme mostra a Figura 9.6.

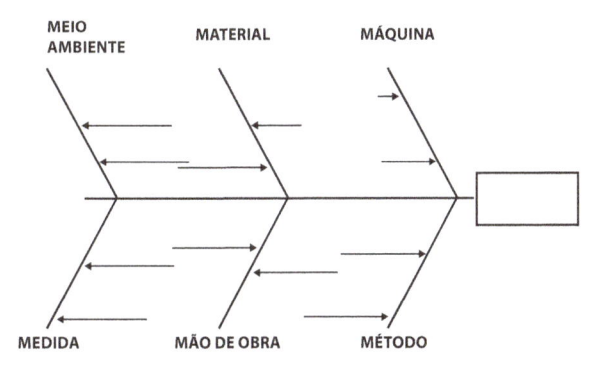

Figura 9.6 Diagrama de Ishikawa.
Fonte: Rojas (2009).

> **DEFINIÇÃO**
> *Brainstorming*, ou "tempestade de ideias", refere-se a uma técnica criativa na qual um grupo de pessoas se reúne para ter ideias sobre um determinado assunto, situação ou problema, sem censuras.

Existem outros casos, no entanto, em que as causas são de outra natureza. O procedimento para elaborar um diagrama desse tipo é assim sistematizado:

- Determinar a característica de qualidade cujas causas serão identificadas: por meio da investigação e da discussão com um grupo de pessoas (**brainstorming**), estabelecer as causas que mais diretamente afetam essa característica, isto é, aquelas que têm uma influência direta no problema a ser resolvido (causas primárias ou causas de nível 1).
- Traçar o esqueleto do diagrama, colocando em uma das extremidades a característica da qualidade em questão. A partir desta, inicia "a espinha do peixe", isto é, uma linha horizontal da qual devem irradiar as ramificações com as causas consideradas primárias.
- Identificar as causas secundárias (causas de nível 2) que afetam as primárias anteriormente identificadas, bem como aquelas consideradas terciárias que afetam as causas secundárias, e outras. Cada um desses níveis constituirá ramificações nas causas de um nível imediatamente inferior.

» Diagrama de barras ou histograma

O histograma é uma ferramenta que utiliza um método de representação gráfica do número de vezes que determinada característica ou fenômeno ocorre (distribuição de frequência). Ele permite obter uma impressão visual objetiva sobre a dispersão e a localização dos valores recolhidos e, caso a amostra seja representativa, da totalidade da população. Tal diagrama serve para o controle e a melhoria do processo.

A construção de um histograma passa pelas seguintes fases:

1. Escolha dos valores.
2. Cálculo da amplitude total da amostra.
3. Divisão em classes e cálculo da amplitude e dos limites de cada classe.
4. Determinação da frequência (absoluta ou relativa) de cada valor ou classe.

Para cada valor da característica, desenhe uma barra cuja altura seja proporcional à frequência com que esse valor ocorre. As barras correspondentes a valores consecutivos têm de estar unidas, e todas elas apresentam normalmente larguras semelhantes, conforme indica a Figura 9.7.

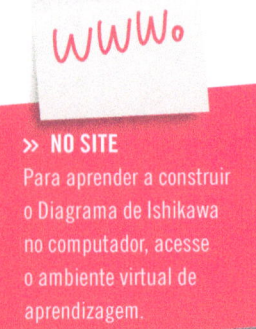

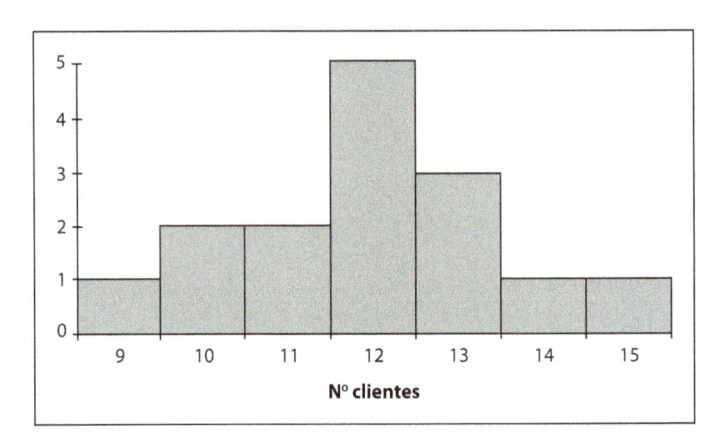

> **DICA**
> Em um terminal portuário, ao aplicar esta ferramenta para a resolução de um determinado problema, é necessário, primeiro, identificá-lo, isto é, decidir o problema a ser considerado, e caracterizá-lo convenientemente.

> **NO SITE**
> Para aprender a construir o Diagrama de Ishikawa no computador, acesse o ambiente virtual de aprendizagem.

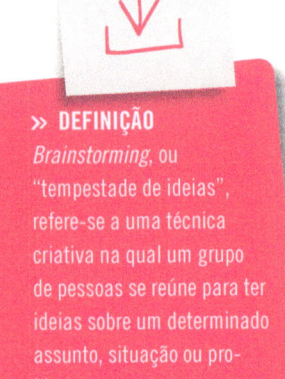

Figura 9.7 Histograma de frequências absolutas.

Em um terminal portuário, o diagrama de barras ou histograma serve para a construção de uma série histórica de acontecimentos, a fim de realizar a análise de motivos, datas, épocas, causas e outros fatos relacionados às ocorrências a serem apuradas.

» Diagrama de dispersão ou correlação

Para verificar se duas variáveis estão ou não relacionadas e o tipo de relação entre elas, o diagrama de dispersão ou correlação é a ferramenta indicada. Em geral, as relações constatadas são do tipo causa e efeito, não sendo possível, neste diagrama, identificar qual das variáveis é a causa e qual é o efeito.

A construção desse diagrama começa por recolher os pares de dados (x, y) entre os quais se pretende analisar a relação; organizar esses dados em uma tabela; encontrar os valores máximos e mínimos para x e y; marcar as escalas respectivas de forma que sejam mais ou menos iguais; e marcar os pontos no gráfico.

A observação da nuvem de pontos permite visualizar que existe uma relação entre as duas variáveis. Percebe-se que, quando a altura aumenta, o peso também tem tendência a aumentar, o que está de acordo com a nossa intuição. Diz-se, então, que existe uma correlação entre as duas variáveis.

Da marcação dos pontos surge uma das três situações:

a) **Correlação positiva**: o aumento de uma variável conduz ao aumento da outra variável.

b) **Correlação negativa**: o aumento de uma variável conduz à diminuição da outra variável.

c) **Ausência de correlação**: quando não parece haver qualquer tipo de ligação entre as variáveis consideradas.

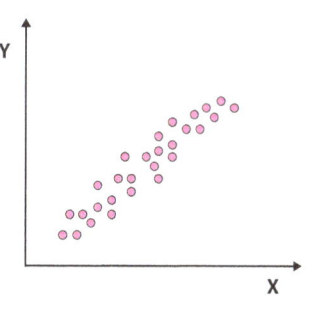

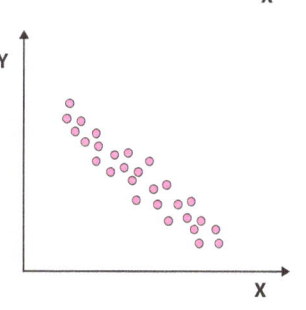

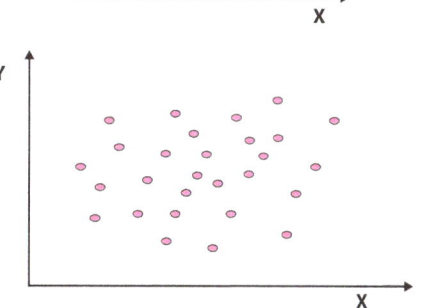

> » **NO SITE**
> Para aprender a construir um histograma no computador, acesse o ambiente virtual de aprendizagem.

> » **DICA**
> Em um terminal portuário, muitas ocorrências são causadas por fatos que, aparentemente, não são ligados, mas, na realidade, são interdependentes. Por exemplo, no caso de acidentes de trabalho no período noturno, se forem levantados os dados, é possível ver a correlação pelo diagrama gerado.

> » **NO SITE**
> Para aprender a construir um gráfico de dispersão ou correlação no computador, acesse o ambiente virtual de aprendizagem.

> **DICA**
> Em um terminal portuário, a folha de verificação possibilita estabelecer estatisticamente o número de falhas que ocorrem nos processos desenvolvidos. Sua utilização exige conhecimentos matemáticos e coleta de dados constante sobre as atividades desenvolvidas.

> **DEFINIÇÃO**
> Controle Estatístico de Processo é a técnica utilizada nos processos de controle da qualidade por meio de análise estatística.

> **NO SITE**
> Para aprender a construir uma carta de controle no computador, acesse o ambiente virtual de aprendizagem.

» Folha de verificação

Para utilizar a folha de verificação, é preciso ser objetivo no recolhimento de dados. O instrumento indicado para a coleta de dados é um questionário pré-impresso ou digital que permita a qualquer pessoa identificar corretamente os itens a medir/registrar e em que altura e sequência isso deve ser feito.

As folhas de verificação não só facilitam o recolhimento de dados, como também propiciam a sua organização. Com base nelas, será mais fácil posteriormente encontrar dados que venham a ser necessários, assim como fazer estudos retrospectivos. Nesse sentido, não existe uma folha de verificação *standard*, uma vez que as folhas de verificação são elaboradas em função do fim a que se destinam.

» Carta de controle

Uma carta de controle é uma ferramenta que adota um método gráfico no qual marcam-se pontos representativos de várias fases consecutivas de um processo, permitindo, assim, seguir a sua evolução. É um dos métodos mais empregados para conhecer as formas e as causas comuns que provocam variações nos processos e identificar a existência de causas especiais.

O **Controle Estatístico do Processo – CEP** baseia-se na utilização das cartas de controle e é o modo de interpretar as variações que ocorrem a fim de decidir se devem ou não ser feitas alterações no processo. A primeira fase da construção desse gráfico é a coleta de dados relativos à característica a ser estudada. Na segunda fase, os dados recolhidos são reunidos e anotados na carta.

A análise dos dados na carta ajuda a identificar as causas que levaram à ocorrência dos pontos fora de controle. Desse modo, o processo deverá ser alterado para contornar os problemas. Esse ciclo recomeça à medida que mais dados são recolhidos, interpretados e usados como base de atuação.

As cartas de controle se dividem em:

Cartas de controle por variáveis:

- Carta X-Am: utilizada quando o tamanho do subgrupo de amostra é igual a um, sendo necessário calcular a amplitude entre os subgrupos (amplitude móvel).

Cartas de controle por atributos:

- Carta p: a carta de controle "p" é utilizada quando o característico de qualidade de interesse é representado pela proporção de problemas em um processo realizado.
- Carta c: a carta "c" é utilizada quando se deseja controlar o número total de problemas em um processo.
- Carta u: a carta "u" tem a mesma aplicação da carta "c", mas a única diferença é que o tamanho do subgrupo para a carta "u" é maior do que um.
- Carta Np: a carta "np" aplica-se aos mesmos casos da carta "p". Entretanto, essa carta é utilizada quando se deseja saber o número de itens não conformes, em vez de conhecer a proporção de itens defeituosos.

» *Indicadores de processos*

Indicadores são medidas que representam ou quantificam um insumo, um resultado, uma característica ou o desempenho de um processo, de um serviço, de um produto ou da organização como um todo. Um indicador pode ser:

- Simples: decorrente de uma única medição.
- Composto: formado por várias medições.
- Direto ou indireto: obtido com dados coletados em relação à característica medida.
- Específico: são atividades ou processos específicos.
- Global: são resultados pretendidos pela organização como um todo.
- Direcionadores: indicam que algo pode ocorrer, ou resultantes (indicam o que aconteceu).

Os indicadores são utilizados para:

- Internalizar na organização as necessidades e expectativas dos clientes.
- Possibilitar o estabelecimento e desdobramento das metas de uma intervenção.
- Embasar a análise crítica dos resultados da intervenção e do processo de tomada de decisão.
- Contribuir para a melhoria contínua dos processos organizacionais.
- Facilitar o planejamento e o controle do desempenho pelo estabelecimento de métricas-padrão e pela apuração dos desvios ocorridos com os indicadores.
- Viabilizar a análise comparativa do desempenho da organização em intervenções diversificadas.

» Principais atributos dos indicadores

Os indicadores sempre se direcionam para a tomada de decisões gerenciais voltadas à solução dos problemas apontados, servindo de base, inclusive, para a revisão de metas já estabelecidas. Os indicadores não devem demandar mais trabalho no dia a dia, nem tempo excessivo para serem coletados e obtidos. Eles precisam ser representativos para os processos e atividades, levando a análises e melhorias da forma mais prática e objetiva possível.

Para que os indicadores se tornem viáveis e práticos, eles requerem alguns atributos especiais:

- **Adaptabilidade**: capacidade de resposta às mudanças de comportamento e às exigências dos clientes.
- **Representatividade**: captação das etapas mais importantes e críticas dos processos, no local certo, para que sejam suficientemente representativas e abrangentes. Dados desnecessários ou inexistentes não devem ser coletados. Os dados têm de ser precisos, atender aos objetivos e ser coletados na fonte correta.
- **Simplicidade**: facilidade de serem compreendidos e aplicados tanto pelos executores quanto pelos que receberão seus resultados. Seus nomes e expressões precisam ser conhecidos e entendidos por todos os envolvidos.
- **Rastreabilidade**: facilidade para identificação da origem dos dados, seu registro e manutenção. Sempre que possível, deve-se transformar os resultados em gráficos para um acompanhamento mais preciso, o que viabiliza a comparação com desempenhos anteriores.
- **Disponibilidade**: facilidade de acesso para coleta, estando disponível a tempo para as pessoas certas e sem distorções, servindo de base para que decisões sejam tomadas.
- **Economia**: investimento adequado do tempo de coleta. Não deve ser gasto tempo demais na procura de dados, muito menos na pesquisa ou no aguardo de novos métodos de coleta. Os benefícios trazidos com os indicadores devem ser maiores do que os custos incorridos na medição.

- **Praticidade**: garantia de que realmente funcionam na prática e que permitem a tomada de decisões gerenciais. Para isso, devem ser testados no campo e, se necessário, modificados ou excluídos.
- **Estabilidade**: garantia de que são gerados em rotinas de processo e que permanecem ao longo do tempo, permitindo a formação de uma série histórica.

» Tipos de indicadores

Existem os seguintes os tipos de indicadores:

Indicadores estratégicos: informam o andamento da aplicação do planejamento na direção da consecução da visão empresarial e refletem o desempenho em relação aos objetivos estratégicos da organização. São formulados segundo as dimensões e os critérios estabelecidos no planejamento estratégico da empresa.

Indicadores de processo: representam, de forma objetiva, as características do processo que devem ser acompanhadas ao longo do tempo para avaliar e melhorar o seu desempenho. Esses indicadores medem a eficiência e a eficácia dos processos por meio dos seguintes indicadores:

- Indicadores da qualidade: os indicadores de qualidade, ou indicadores da satisfação dos clientes, medem a eficácia do processo da organização como um todo, de um processo ou de uma área da empresa, e revelam, por meio de pesquisas de opinião, como o produto ou serviço é percebido pelo cliente. Tais indicadores mostram se o processo tem capacidade para atender aos requisitos dos clientes. Eles se dividem em:
  - Indicadores de qualidade: indicam se o resultado obtido está dentro dos padrões estabelecidos para o processo e em que nível o serviço se encontra.

> **» NO SITE**
> Para assistir a dois vídeos explicativos sobre indicadores, acesse o ambiente virtual de aprendizagem.

» EXEMPLO

Em uma unidade logística, o processo de entrega de mercadorias apresentou 10 falhas em um total de 2.000.

Para calcular o Nível de Qualidade de Entregas – NQE, é utilizada a seguinte fórmula:

NQE = (Total de Saídas Certas / Total de Saídas) * 100

Calculando: NQE = (1.990 / 2.000) * 100 = **99,5%**

Como o índice desejado na medição de um Indicador de Qualidade é de 100%, o número resultante da medida de um Indicador de Qualidade é o mesmo da medição da eficácia.

- Indicadores de não qualidade – INQ: indicam os índices de ineficácia dos processos. Considerando o exemplo anterior, podemos afirmar que: INQ = 100% − 99,5% = 0,50%
- Indicadores de produtividade: indicam a eficiência do processo. Estão ligados ao interior dos processos e são responsáveis por identificar a utilização dos recursos e esforços empregados para a geração de produtos e serviços.

> **» DICA**
> Medir o que se passa no interior dos processos e das atividades permite identificar problemas e, consequentemente, preveni-los, para que não tragam prejuízos aos clientes.

Para calcular os indicadores de produtividade, são utilizadas as seguintes fórmulas:

Total produzido / Recursos utilizados ou disponíveis

Ou

Recursos utilizados ou disponíveis / Total produzido

> **» EXEMPLO**
>
> Uma empresa investiu R$50.000,00 para treinar 1.000 funcionários. O Índice de Produtividade do investimento em treinamento é obtido com o seguinte cálculo:
>
> **IPIT** = 50.000,00 / 1.000 = **R$50,00** por treinamento

- Indicadores de capacidade: medem a capacidade de resposta de um processo por meio da relação entre as saídas produzidas por unidade de tempo.

> **» EXEMPLO**
>
> - n^o de peças produzidas / hora
> - n^o de atendimento / mês
> - n^o de correspondências enviadas / dia
> - n^o de clientes visitados / ano

- Indicadores de efetividade: indicam o impacto que as atividades de um processo têm sobre os resultados do serviço ou produto.
- Indicadores de projetos: não são objeto deste estudo, portanto, não discorreremos sobre eles aqui.

» Cálculo da eficiência

A eficiência pode ser calculada de duas formas, dependendo de como os indicadores de produtividade foram calculados. Para índices calculados como recursos utilizados por saídas, temos as seguintes fórmulas:

Recursos previstos / Recursos utilizados * 100%

Índice previsto = (Recurso previsto / Saídas) * 100%

Logo, podemos considerar que para as mesmas quantidades de saídas boas produzidas, Eficiência é:

Índice obtido = (Recursos utilizados / Saídas) * 100%

Este percentual poderá ser maior ou menor que 100%. Ele poderá ser maior que 100% quando alguma melhoria no processo for introduzida e este passar a consumir menos recursos do que o previsto.

> **» DICA**
> Um indicador de produtividade é um indicador de eficiência do processo revelado pela relação entre o resultado obtido na medição de um indicador de produtividade e o índice estabelecido como padrão do processo.

> **EXEMPLO**
>
> Um processo consumia 5 litros de água por peça fabricada. Com a substituição dos equipamentos usados no processo, passou a gastar 4 litros; logo, a eficiência na utilização do recurso "água" passou a ser de:
>
> $$5/4 \times 100 = \mathbf{125\%}$$

Quando algo desse tipo ocorre, os padrões usados precisam ser revisados e novos padrões estabelecidos de acordo com as mudanças ocorridas no processo.

» Diferenças entre os indicadores de produtividade e qualidade

O Quadro 9.3 mostra as diferenças básicas entre os indicadores de produtividade e de qualidade.

Quadro 9.3 » Diferenças básicas entre os indicadores de produtividade e de qualidade

Indicadores	Produtividade	Qualidade
Dizem respeito à	Forma de utilizar os recursos	Satisfação dos clientes
Medem	Eficiência	Eficácia
Tem foco	No esforço	Nos resultados
Indicam	Como fazer	O que fazer
Ensinam a	Fazer certo as coisas	Fazer as coisas certas
Seus índices	Têm no denominador o fator a ser avaliado	Expressam o grau de aceitação de uma característica

Fonte: Rojas (2009).

» Principais taxas e métricas para acompanhar o desempenho operacional de um porto

O conhecimento do desempenho operacional de um porto é fundamental para obter os melhores resultados por meio dos ajustes e das melhorias realizados nos processos. Desse modo, o gerenciamento de processos é um procedimento básico na busca de redução de custos e de aprefeiçoamento da qualidade operacional e produtiva.

Os **indicadores de resultados de processos** são essenciais e úteis para a gestão, de modo que não devem ser criados indicadores que não sirvam à melhoria dos processos. Assim, para implantar esses indicadores, é necessário conhecer o processo, e, para isso, é preciso mapeá-lo e identificar nele as atividades que precisam e podem ser aperfeiçoadas.

As atividades de um processo são inter-relacionadas com outras atividades de outros processos, sendo necessário, portanto, considerar como o processo afeta os demais processos envolvidos nas operações, como informações e recursos humanos e materiais.

Os indicadores permitem que cada atividade de cada um dos processos seja aprimorada com o objetivo de melhoria total, por meio da simplificação de operações, da eliminação do trabalho desnecessário, da capacidade de combinação de operações, da alteração da sequência das atividades, entre outras.

As operações portuárias são divididas em:

Atividades ligadas ao embarque e desembarque de mercadorias: são atividades desempenhadas no berço de atracação. As variáveis têm de ser consideradas para a decisão segundo o seu grau de importância (Tabela 9.1).

Tabela 9.1 » Ordenação das variáveis (berço) segundo seu grau de importância para a decisão

Importância para a decisão	Variáveis	Médias
Mais importantes	Tempo médio de operação de navio	6,27
	Número de guindastes	6,23
	Média de contêineres por ano	6,13
Importância intermediária	Número de berços	5,50
Menos importantes	Tempo médio para atracação	5,37
	Taxa de ocupação dos berços	5,23
	Número de caminhões	5,13
	Número de navios por ano	4,83

Fonte: Rios e Maçada (2003).

> **DICA**
> Em um porto, as operações precisam ser aprimoradas e seus processos, acompanhados, para seu aperfeiçoamento e melhoria.

Atividades ligadas às operações de pátio: são as atividades responsáveis pelos processos de organização e preparação de áreas para recebimento de mercadorias para embarque e provenientes de desembarque e de apoio a navios (gerenciamento de contêineres vazios, atendimento a carretas externas para depósito ou retirada de contêineres e atendimento à inspeção alfandegária). As variáveis devem ser consideradas para a decisão segundo o seu grau de importância (Tabela 9.2).

Tabela 9.2 » Ordenação das variáveis (pátio) segundo seu grau de importância para a decisão

Importância para a decisão	Variáveis	Médias
Mais importantes	*Layout* do pátio	6,20
	Tamanho do pátio para contêineres	5,93
	Tipos de equipamentos no pátio	5,90
	Tempo de contêiner de exportação no pátio	5,73
	Número de equipamentos no pátio	5,73
Importância intermediária	Número (altura) de contêineres na pilha	5,43
	Tempo de contêiner de importação no pátio	5,03
Menos importantes	Tempo médio de operação de equipamentos de pátio	4,73
	Número de caminhões	4,50
	Tempo médio de operação dos caminhões	4,50
	Tipos de contêineres	3,97

Fonte: Rios e Maçada (2003).

> **DICA**
> As tabelas estão ordenadas para permitir que os pontos que exigem mais atenção sejam priorizados nas ações de melhorias.

» *Parâmetros de desempenho operacional e financeiro de um porto*

Nos terminais portuários, a avaliação de medidas de desempenho para a melhoria do gerenciamento se inicia na operação. Essas medidas costumam ser expressas em números que quantificam os atributos do processo comparando-os com desempenhos obtidos em outros locais que realizam atividades semelhantes (*benchmarks*), ou com dados históricos do próprio porto.

Uma métrica de desempenho pode ser classificada individualmente ou em conjunto em uma das seguintes categorias:

- **De input**: tempo, custo ou recurso.
- **De output**: produção, resultado ou lucro.
- **Medidas compostas**: produtividade, utilização e disponibilidade.

A eficiência pode ser analisada com foco financeiro ou operacional:

Eficiência de custo: baixo custo de produção e operacional.

- Eficiência alocativa: obtida com o uso da habilidade de alocar melhor os recursos e as tecnologias disponíveis. Consideram-se custos de produção e preços finais na busca da melhoria da margem do negócio, seja por minimização de custos, seja por maximização de resultados.
- Eficiência técnica: obtida com o uso da habilidade de produzir o nível máximo de resultado considerando certo nível de ferramentas.
- Eficiência de distribuição: trata da otimização do bem-estar ou da escolha de consumo.

Eficiência de capital: baixo investimento ou custo de capital abaixo da média dos concorrentes. Os índices de eficiência financeira ajudam a entender o funcionamento das operações, da rentabilidade, dentre outros aspectos de uma empresa.

Os índices financeiros tradicionais, como os de liquidez, de endividamento, de atividade ou eficiência operacional e os de rentabilidade e lucratividade, permitem uma visão da situação econômica da empresa ao longo de determinados períodos de tempo. Exemplo disso são as empresas com foco nos mercados internacionais ou que possuem capital aberto, as quais passaram a utilizar alguns índices comuns para facilitar o entendimento sobre a situação financeira da empresa e atrair investidores estrangeiros:

- **EBITDA**: sigla, em inglês, que significa lucro antes de juros, impostos (sobre o lucro), depreciações e amortizações.
- **NOPAT**: ou lucro operacional líquido após imposto de renda e contribuição social.
- **EVA**: ou valor econômico adicionado.
- **MVA**: ou valor de mercado adicionado.

» **Indicadores de desempenho operacional**

Os indicadores de desempenho utilizados em terminais especializados na movimentação de contêineres são os seguintes:

- **Taxa média de ocupação**: verifica o nível de utilização das instalações do terminal ou conjunto de berços. A unidade de medida utilizada é a porcentagem (%).

$$\text{Fórmula de cálculo: } \frac{\{[STA/h\,/\,(365 \times 24)]}{n^{\underline{o}}\text{ de berços}\} \times (100)}$$

STA/h – Somatório do Tempo Atracado em horas.

- **Índice médio de conteinerização**: indica a taxa de utilização deste tipo de contentor ou embalagem, podendo caracterizar o perfil do terminal ou do porto. A unidade de medida utilizada é a porcentagem (%).

$$\text{Fórmula de cálculo: } (TtCM / TtCGM) \times (100)$$

TtCM – Total em toneladas dos Contêineres Movimentados.

TtCGM – Total em toneladas de Carga Geral Movimentada.

- **Atendimento ao tráfego**: indica a importância relativa de cada terminal ou conjunto de berços na movimentação de contêineres em relação à movimentação total de contêineres no porto. A unidade de medida utilizada é a porcentagem (%).

$$\text{Fórmula de cálculo: } (TCMT / TCMP) \times (100)$$

TCMT – Total de Contêineres Movimentados no Terminal.

TCMP – Total de Contêineres Movimentados no Porto.

- **Tamanho médio de consignação**: indica a característica do tamanho de navio que frequenta o porto para movimentação de contêiner em cada terminal ou conjunto de berços. A unidade de medida utilizada é o navio.

$$\text{Fórmula de cálculo: } \frac{SUM}{n^\circ \text{ de atracações}}$$

SUM – Somatório das Unidades Movimentadas.

- **Prancha média**: indica a produtividade média de cada terminal ou conjunto de berços, medida em relação ao tempo de atracação dos navios, tomado como tempo de atendimento. A unidade de medida utilizada é unidades/h.

$$\text{Fórmula de cálculo: } \frac{SUM}{\text{tempo atracado em horas}}$$

SUM – Somatório das Unidades Movimentadas.

- **Desbalanceamento**: indica o desbalanceamento entre importação e exportação de contêineres cheios do terminal ou do porto. A unidade de medida utilizada é a porcentagem (%).

$$\text{Fórmula de cálculo: } (TUE / TUM) \times (100)$$

TUE – Total em Unidades Exportadas.

TUM – Total de Unidades Movimentadas.

- **Relação cheio/vazio**: indica a quantidade útil de unidades movimentadas no terminal ou no porto. A unidade de medida utilizada é a porcentagem (%).

$$\text{Fórmula de cálculo: } (TUCC / TUCM) \times (100)$$

TUCC – Total em Unidades de Contêineres Cheios.

TUCM – Total em Unidades de Contêineres Movimentados.

- **Tempo médio de espera**: indica o tempo gasto em espera para atracação dos navios porta-contêiner para cada terminal ou conjunto de berços. A unidade de medida utilizada é a hora.

$$\text{Fórmula de cálculo: } \frac{STEAN}{QA}$$

STEAN – Somatório do Tempo de Espera de Atracação dos Navios.

QA – Quantidade de Atracações.

- **Quantidade de atracações**: indica a quantidade de atracações que compõe a amostragem para o cálculo dos indicadores de desempenho para contêiner em um determinado período de tempo. A unidade de medida utilizada é unidades/período de tempo.

    Fórmula de cálculo: Quantidade de Atracações no Período.

- **Quantidade de contêineres**: indica a quantidade de contêineres que compõe a amostragem para o cálculo dos indicadores de desempenho em um determinado período de tempo. A unidade de medida utilizada é unidades/período de tempo.

    Fórmula de cálculo: Quantidade de Contêineres no Período.

» Indicadores de desempenho operacional em terminais particulares

Além dos indicadores já apresentados, há ainda outros indicadores de desempenho utilizados em terminais particulares ou privatizados para exploração por empresas:

- **Taxa Comercial – TC**: mede o desempenho global de um navio, equipamento, linha, berço ou porto.

    O cálculo da TC de um navio é feito pela fórmula: $TC = \dfrac{CM}{TOD}$

CM – Carga Movimentada em toneladas.

TOD – Tempo Operacional Disponível – Tempo total de horas corridas em que o navio permanece atracado no terminal desde sua atracação até a desatracação.

- **Taxa Efetiva – TE**: mede o desempenho médio dos períodos de operação de um navio, equipamento, linha, berço ou porto, desconsiderando quaisquer paralisações, independentemente de sua causa ou responsabilidade.

    O cálculo da TE é feito pela fórmula: $TE = \dfrac{CM}{TOE}$

CM – Carga Movimentada em toneladas.

TOE – Tempo Operacional Efetivo.

- **Tempo Operacional Efetivo – TOE**: é o tempo total de horas em que o sistema esteve efetivamente em operação. Ele é calculado pela soma dos períodos em que o sistema operou.

    O cálculo do TOE é feito pela fórmula: $TOE = TOD - TEX - TOP - TMAN$

TOD – Tempo Operacional Disponível – Tempo total de horas corridas em que o navio permanece atracado no terminal desde sua atracação até a desatracação.

TEX – Tempo de Paralisações Externas – Tempo total de paralisações que não são de responsabilidade do porto, como condições atmosféricas adversas, bloqueio do plano de carga pelo cliente, entre outras.

TOP – Tempo de Paralisações Operacionais – Tempo total de paralisações de responsabilidade do porto, como limpeza de correias, posicionamento de equipamentos, troca de turno, entre outros.

TMAN – Tempo de Manutenção – Tempo total de manutenções corretivas, preventivas e preditivas, reformas, implantações ou manutenções de oportunidade, em que o equipamento ou sistema esteve bloqueado para operação, independentemente de haver ou não necessidade de sua utilização por parte da operação.

- **Taxa Efetiva Relativa – TER**: mede a relação percentual entre a taxa nominal do equipamento, linha, berço ou porto e a taxa efetiva realizada.

$$\text{O cálculo do TER é feito pela fórmula:} \quad TER = \frac{TE}{TNOM}$$

TE – Tempo Efetivo – mede o desempenho médio dos períodos de operação de um navio, equipamento, linha, berço ou porto, desconsiderando quaisquer paralisações, independentemente de sua causa ou responsabilidade.

TNOM – Taxa Nominal ou valor de projeto da taxa.

- **Disponibilidade física – DF**: mede a relação percentual entre o tempo em que o equipamento ou linha de produção não esteve bloqueado por manutenções e o tempo total do período avaliado. É o tempo em que o equipamento ou linha de produção é empregado efetivamente em operação, ou seja, representa o tempo total disponível em que a máquina de fato pode ser utilizada.

$$\text{O cálculo do TER é feito pela fórmula:} \quad DF = \frac{(TCAL - TMAN - TIME)}{TCAL \times 100\%}$$

TCAL – Tempo Calendário – Tempo total do período considerado.

TMAN – Tempo de Manutenção – Tempo total de manutenções corretivas, preventivas e preditivas, reformas, implantações ou manutenções de oportunidade, em que o equipamento ou sistema esteve bloqueado para operação, independentemente de haver ou não necessidade de sua utilização por parte da operação.

TIME – Tempo de Implantação de Melhoria – Tempo total de intervenções da engenharia, bloqueando o equipamento ou sistema para operação.

- **Produtividade relativa – PR%**: mede o desempenho médio dos períodos de operação propriamente dita de um equipamento ou linha de produção, desconsideradas quaisquer paralisações, independentemente de sua causa ou responsabilidade.

$$\text{O cálculo do PR\% é feito pela fórmula:} \quad PR\% = \frac{(CM/TOE)}{TNOM}$$

CM – Carga Movimentada em toneladas.

TOE – Tempo Operacional Efetivo.

TNOM – Taxa Nominal ou valor de projeto da taxa.

- **Utilização – U%**: relação percentual entre o total de tempo efetivamente operando e o total do tempo disponível do equipamento.

$$\text{O cálculo do U\% é feito pela fórmula:} \quad U\% = (TOE/TCAL - TMAN) \times 100\%$$

TOE – Tempo Operacional Efetivo.

TCAL – Tempo Calendário – Tempo total do período considerado.

TMAN – Tempo de Manutenção – Tempo total de manutenções corretivas, preventivas e preditivas, reformas, implantações ou manutenções de oportunidade, em que o equipamento ou sistema esteve bloqueado para operação, independentemente de haver ou não necessidade de sua utilização por parte da operação.

- **Índice de Eficiência Global do Equipamento – IEGE**: o sistema de gerenciamento gera o desempenho diário dos portos pela relação dos fatores de Disponibilidade Física, Utilização e Produtividade.

$$\text{O cálculo do IEGE é feito pela fórmula:} \quad IEGE = DF\% * PR\% * U\%$$

A qualidade dos serviços prestados somente é alcançada quando o desejo do cliente e seu nível de exigência são conhecidos. Saber os resultados obtidos nas operações é vital para constatar se o serviço foi prestado de acordo com a necessidade do cliente.

Os indicadores proporcionam à empresa a visão de qualidade sobre os processos desenvolvidos na prestação dos serviços portuários e oferecem dados que, após analisados, embasam as decisões dos gestores nas ações de melhorias das operações.

capítulo 10

Sistemas de informações portuárias – TI

Neste capítulo, serão apresentados os principais sistemas de informação empregados na gestão portuária. O uso de ferramentas computacionais em muito tem contribuído para a gestão das empresas, e, nos portos, não é diferente. Os softwares de gestão disponibilizam informações importantes para a tomada de decisão e possibilitam o controle das operações com grande segurança. Nos portos, os documentos impressos em papel estão sendo substituídos gradativamente por documentos eletrônicos, os quais oferecem visibilidade simultânea a os todos os usuários e gestores das atividades portuárias em tempo real.

Objetivos de aprendizagem

» Conhecer o funcionamento e as finalidades dos sistemas de processamento de dados eletrônicos e as informações utilizadas em um porto.

» Saber o funcionamento dos sistemas eletrônicos de transferência de informações por meio das redes de computadores.

» Examinar a utilidade dos sistemas de identificação por radiofrequência e por intercâmbio eletrônico de dados.

» Avaliar a comunicação e a informação eletrônica e o sistema utilizado no Porto de Santos – Supervia.

>> Introdução

No sistema portuário, concentra-se grande parte do ciclo de exportação e importação de insumos e bens de consumo. A qualidade dos serviços prestados pelo sistema portuário influencia diretamente o custo final dos produtos e determina a competitividade no mercado globalizado.

As novas tecnologias introduzidas na navegação marítima e na infraestrutura portuária provocaram profundas transformações no panorama do comércio mundial de modo a possibilitar o perfeito controle das operações portuárias. Nesse sentido, a movimentação da carga por meio do sistema portuário deve atender a dois requisitos básicos:

- Transcorrer no menor tempo possível.
- Ocorrer com segurança.

Para atender a esses requisitos, é preciso, portanto, utilizar tecnologias que possibilitem esse controle, como a **Tecnologia da Informação – TI**, ferramenta ideal para agilizar a **tomada de decisão** pelos gestores das operações portuárias. A TI é composta por sistemas de informação (ferramentas de gestão) que permitem acompanhar o planejamento, a organização e o controle dos recursos humanos e materiais que proporcioam serviços com qualidade nas operações portuárias.

> Um sistema de informação é um conjunto de componentes inter-relacionados trabalhando integrados para coletar, processar, armazenar e distribuir informação com a finalidade de facilitar o planejamento, o controle, a coordenação, a análise e a tomada de decisão por parte das empresas e das organizações. (LAUDON; LAUDON, 1999a, 1999b)

> **DICA**
> Um dos aspectos mais importantes dos sistemas de informação são a transmissão automática dos dados armazenados por rede, Internet ou satélite e a sua capacidade de atualização imediata.

>> Sistemas eletrônicos de transferência de informação – SETI

Existem diversos sistemas de **troca eletrônica de informação** cuja escolha depende das necessidades de cada empresa. Entre esses sistemas, são citados os seguintes:

- **SETI integrado**: apresenta como característica principal a comunicação entre computadores sem qualquer intervenção humana, minimizando os tradicionais erros de digitação. O sistema requer altos investimentos, conhecimentos técnicos específicos e sistemas de transmissão on-line e fixos, sendo utilizado com sucesso em organizações de grande porte com considerável volume de ordens e faturas padrão.

- **SETI – *Workstation***: a comunicação entre computadores é realizada com a intervenção humana, sendo um sistema adequado para organizações com volumes fixos e moderados de troca de informações; possui baixo custo e alto índice de erros.

- **SETI – *Web/Internet***: o preenchimento de informações é feito por meio de uma página na Internet – *website*, não sendo necessários grandes investimentos de infraestrutura. Essa modalidade de troca de informações tem a Web como interface e um dos parceiros, geralmente a grande empresa, como responsável pelo desenvolvimento, pela compra e pela disponibilização dos formulários Web padronizados. Os outros parceiros de negócios, normalmente as pequenas empresas, se conectam à página utilizando identificação de usuário e senha e preenchendo os formulários apropriados. O resultado é enviado para um servidor Web que valida o processo.

- **SETI Internet**: usa exclusivamente a Internet como meio de transmissão de mensagens, podendo ser realizada de duas formas *Open Internet* e via FTP; exige tecnologia compatível entre os parceiros comerciais e tem baixo nível de investimentos.

> **DEFINIÇÃO**
> FTP significa *File Transfer Protocol*, ou Protocolo de Transferência de Arquivos, e é uma forma bastante rápida e versátil de transferir arquivos pela Internet.

» Rede de computadores

Uma rede de computadores é uma interconexão de um ou mais computadores com o objetivo de compartilhar dados, programas, correio eletrônico e recursos, como impressoras, dispositivos de armazenamento e aplicativos. Para implantar uma rede, é necessário utilizar um meio físico de transmissão de dados, seja por cabo, fibra óptica ou *wireless*.

Também é preciso selecionar uma linguagem comum de entendimento da informação, isto é, de um protocolo de comunicação para que as informações e aplicações sejam compartilhadas. O protocolo de comunicação mais usado atualmente é o **TCP/IP** (*Transport Control Protocol/Internet Protocol*), cuja tecnologia permite interligar sistemas de diferentes fabricantes de forma segura.

Para conectar um computador em uma rede, são necessários:

- *Hardware*: placa de rede local, meios de transmissão, etc.
- *Software*: para operar na rede, capaz de oferecer ao usuário serviços de: confiabilidade, identificação, compartilhamento de recursos, emulação de terminal, correio eletrônico, transferência de arquivos e gerência de rede.

> **» DEFINIÇÃO**
> *Wireless* é uma rede sem fio. Refere-se a uma passagem aérea sem a necessidade de cabos – telefônicos, coaxiais ou ópticos – feita por meio de equipamentos que usam radiofrequência.

» Tecnologias da informação

O desenvolvimento tecnológico introduziu uma ampla gama de novas tecnologias que melhoraram o desempenho dos sistemas de informação. Entre essas tecnologias, são citadas:

- **VoIP –** *Voice over Internet Protocol*: **voz sobre IP**, também chamada de telefonia IP. É o roteamento de conversação humana que usa a Internet ou qualquer outra rede de computadores baseada no Protocolo de Internet, tornando a transmissão de voz mais um dos serviços suportados pela rede de dados. Possibilita o acesso à Internet e a bancos de dados corporativos, assim como o acionamento de *hardwares* por comando sonoro (Figura 10.1).

> **» DICA**
> Uma rede permite o compartilhamento de recursos, o maior controle das informações, o gerenciamento de aplicativos e o armazenamento de dados centralizado.

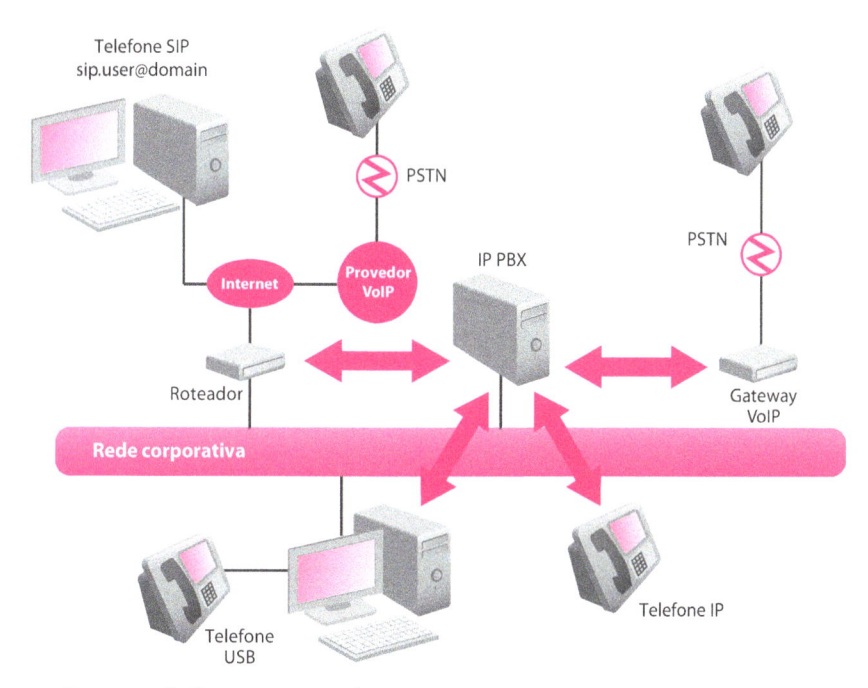

Figura 10.1 Esquema de funcionamento do VoIP.

- **Cartões inteligentes – *smart cards***: possuem impressos circuitos integrados que executam uma extensa gama de funcionalidades e garantem elevado grau de segurança e portabilidade de dados (Figura 10.2).

Figura 10.2 Cartão inteligente.

- **Biometria digital**: tem a capacidade de reconhecer características físicas específicas do usuário por uma enorme gama de métodos de identificação, que incluem a leitura da íris e da face, a geometria da mão e o reconhecimento do DNA. A tecnologia empregada, embora sofisticada, é bem simples, exigindo um sensor de leitura para a aquisição dos chamados pontos de minúcia, a partir dos quais é gerado um arranjo geométrico que o sensor analisa. Essa tecnologia é aplicada no controle de acesso físico, bem como no acesso lógico de gestão eletrônica de documentos (Figura10.3).

Figura 10.3 Leitor biométrico digital.
Fonte: Thinkstock.

- **Código de barras**: é uma forma de caracterizar o produto pela representação gráfica em barras (claras/escuras), cuja disposição está associada a um código de identificação exclusivo chamado GTIN (*Global Trade Item Number*)
- **Etiquetas inteligentes – *smart tags***: apresentam grande capacidade de armazenamento de informações, rastreamento dos produtos e processos e transmissão de informação à medida que o responsável munido do equipamento de radiofrequência se desloca pelas instalações.

>> *RFID – identificação por radiofrequência*

A tecnologia RFID (*Radio Frequency Identification*), ou identificação por radiofrequência, utiliza as etiquetas inteligentes, colocadas nos produtos, a fim de rastreá-los por ondas de radiofrequência utilizando uma resistência de metal ou carbono como antena. Essas etiquetas armazenam dados enviados por transmissores e respondem a sinais de rádio de um transmissor, enviando de volta informações com sua localização e identificação.

O microchip envia sinais para as antenas, que se comunicam com os diferentes sistemas da empresa: sistema de gestão, sistema de relacionamento com clientes, sistemas de suprimentos, entre outros. Esses sistemas localizam em tempo real os estoques, as mercadorias e todas as informações inseridas na etiqueta, e agilizam o processamento dos dados referentes a mercadorias e produtos que estão entrando e saindo do porto.

» Componentes da tecnologia RFID

A tecnologia RFID possui três componentes:

- **Antena**: a antena ativa o *Tag* por meio de um sinal de rádio, para enviar e receber informações no processo de leitura ou gravação de informações. As antenas são fabricadas em diversos tamanhos e formatos, possuindo configurações e características distintas, cada uma para um tipo de aplicação.

- **Leitor**: é um equipamento formado por uma antena, um *transceiver* e um decodificador. O leitor emite ondas de rádio dispersas em diversos sentidos no espaço, desde alguns centímetros até alguns metros. O campo eletromagnético gerado pelas ondas de radiofrequência alimenta o *transponder*, que responde ao leitor com os dados imputados em sua memória.

A leitura das etiquetas pode ser feita em diversos materiais, como papel, cimento, plástico, madeira, vidro, etc. Quando a etiqueta passa pela área de cobertura da antena, o campo magnético é detectado pelo leitor, que decodifica os dados e transmite para um computador processar as informações.

- ***Transponder* (transmitir e receber)**: é um dispositivo de comunicação eletrônico composto por uma antena e um microchip que recebe, amplifica e retransmite um sinal em uma frequência diferente, ou transmite de uma fonte uma mensagem pré-determinada em resposta à outra pré-definida de outra fonte. Eles também são chamados **RF tags** e estão disponíveis em diversos formatos: cartões, pastilhas, argolas (Figura 10.4).

As *RF tags* são confeccionadas em diversos tipos de materiais, como plástico, vidro, epóxi e outros, e são classificadas em duas categorias:

- **Ativas**: são alimentadas por uma bateria interna e permitem processos de escrita e leitura.

- **Passivas**: permitem somente a leitura (*read only*), usadas para curtas distâncias.

> » **DEFINIÇÃO**
>
> *Transceiver*, ou transceptor, é um dispositivo que combina um transmissor e um receptor utilizando componentes de circuito comuns para ambas as funções em um só aparelho. Se esses componentes não forem comuns, esse aparelho designa-se transmissor-receptor. Decodificador é o dispositivo que desfaz a codificação e possibilita que a informação original codificada seja recuperada. O mesmo método utilizado para codificar é apenas revertido para fazer a decodificação.

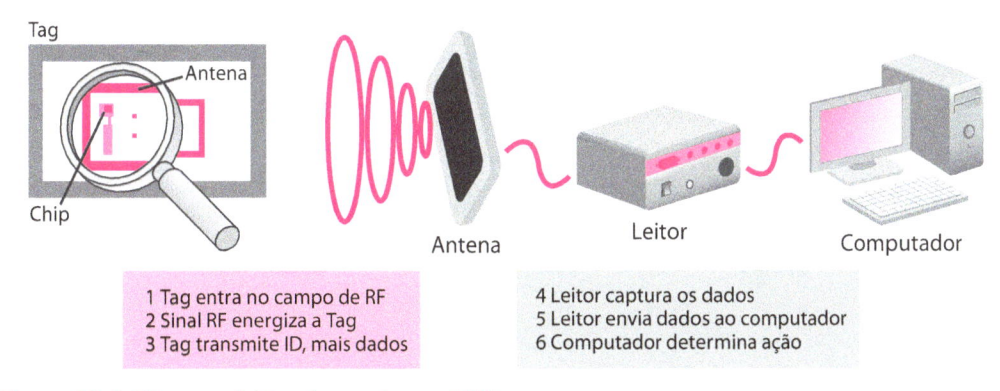

1 Tag entra no campo de RF
2 Sinal RF energiza a Tag
3 Tag transmite ID, mais dados
4 Leitor captura os dados
5 Leitor envia dados ao computador
6 Computador determina ação

Figura 10.4 Diagrama básico de um sistema RFID.

» Faixa de operação do sistema RFID

Os sistemas de RFID operam em:

- **Baixa frequência: entre 30 e 500KHz**, para pequenas distâncias de leitura. Utilizados em controles de acesso, identificação e rastreabilidade de cargas e produtos, entre outros.
- **Alta frequência: entre 850 e 950MHz e 2,4 e 2,5GHz**, para leitura em médias e longas distâncias e a alta velocidade. Utilizados em veículos e na coleta automática de dados.

Além de facilitar os processos de gestão portuária, o uso da tecnologia RFID possibilita:

- O armazenamento, a leitura e o envio dos dados para etiquetas ativas.
- A leitura da *tag* sem necessidade da proximidade da leitora para o reconhecimento dos dados.
- O inventário instantâneo com informações precisas sobre o armazenamento (previne roubos).

» *Intercâmbio eletrônico de dados – Electronic Data Interchange – EDI*

O EDI (*Electronic Data Interchange*) é um *software* de gestão que proporciona o intercâmbio eletrônico de dados estruturados de negócios de uma aplicação no computador de uma empresa para o computador de outra empresa. Esse *software* possibilita gerenciar de forma interativa o intercâmbio de informações.

Na indústria marítima (armadores, agentes, despachantes aduaneiros, terminais de contêineres e outros), o EDI é utilizado para o controle de operações, como:

- Transações de entrada e saída dos terminais – *gate in* – *gate out*.
- Operações de carga e descarga.
- Remoções via terra e envio de reservas – *bookings*.

O EDI possui três componentes básicos em uma rede de fluxo de informações, segundo Burmann e Campos (1999):

- **Meios de comunicação**: diversas são as formas de meios de comunicação para interligar as organizações, sendo estes os mais utilizados:
    - FTP: *File Transfer Protocol.*
    - SMTP: *Simple Mail Transfer Protocol.*
    - VAN: *Value Added Network.*
    - VPN: *Virtual Private Network e Internet.*
- ***Software* tradutor**: realiza cinco funções de interação com o sistema de gerenciamento de um terminal:
    1. Extração das informações do banco de dados.
    2. Tradução ou conversão das informações extraídas do banco de dados em uma mensagem estruturada definida com o parceiro.

3. Formatação ou customização das informações de acordo com a solicitação do parceiro.
4. Envio da mensagem de acordo com o meio de comunicação estabelecido entre os parceiros.
5. Controle de envio e recebimento das mensagens.

- **Padrões de mensagens**: o padrão de mensagens definido entre os parceiros é a parte fundamental do processo de intercâmbio eletrônico de dados, pois é este padrão que ditará como deve ser a estrutura da mensagem e sua respectiva formatação. O Quadro 10.1, de acordo com Fernandes (1996), mostra os quatro padrões:

Quadro 10.1 » **Descrição dos padrões de mensagens**

Padrão	Descrição
Proprietário	Comum entre os parceiros da indústria marítima, criado para atender às necessidades individuais
Setorial	Tem a finalidade de atender às necessidades de um determinado segmento de mercado
Nacional ou Regional	Surge para eliminar obstáculos entre empresas e setores da economia
Internacional	Surge com a finalidade de que todos os parceiros envolvidos mundialmente possam entendê-lo e aplicá-lo em seus respectivos sistemas

Fonte: Fernandes (1996).

Há dois padrões internacionais comumente utilizados pelos parceiros da indústria marítima:

- **Padrão ANSI** – *American National Standards Institute*: organização formada por grupos da comunidade industrial e comercial dos Estados Unidos.
- **Padrão UN/EDIFACT** – *United Nations/Electronic Data Interchange For Administration Commerce and Transport*: a ISO (*International Organization for Standartization*) é responsável por desenvolver regras de sintaxe e dicionário de dados, enquanto a Comissão Econômica para a Europa das Nações Unidas é responsável por desenvolver os documentos.

» Mensagens desenvolvidas pela UN/EDIFACT para as atividades de movimentação de contêineres

O Quadro 10.2 descreve um grupo das 16 principais mensagens utilizadas na movimentação de contêineres, em operações de navios, no recebimento ou na entrega em terminais de contêineres ou depósitos de vazios ou em qualquer terminal intermediário, em operações de estufagem e desova.

Quadro 10.2 » **Descrição das principais mensagens utilizadas por terminais de contêineres – TECON**

Mensagem	Descrição da função da mensagem
BAPLIE	Plano de pós-estivagem (*bayplan*) a bordo do navio
CALINF	Informação da escala de navio
COARRI	Relatório da movimentação dos contêineres de embarcados e descarregados
CODECO	Relatório de transações de *gate* de entrada e saída -*gate in – out*
CODENO	Informação de que o documento liberatório de exportação expirará
COEDOR	Relatório dos contêineres estocados (inventário)
COHAOR	Indicação de movimentação especial para contêineres
COPARN	Criação de *bookings* para contêineres cheios e vazios
COPINO	Mensagem de pré-notificação ou confirmação de que o veículo transportador chegará em uma janela de tempo para entrega ou recebimento de carga
COPRAR	Criação da ordem de embarque ou descarga
COREOR	Criação da ordem de liberação para entrega (pagamento de taxas)
COSTCO	Confirmação da estufagem ou desova
COSTOR	Criação da ordem para estufagem ou desova
CUSCAR	Informação de toda a carga manifestada de importação
DESTIM	Relatório das avarias do contêiner e estimação ou aprovação do reparo
VESDEP	Informação de saída do navio

Fonte: UN/EDIFACT (2013).

As mensagens mais utilizadas pelos armadores, agentes e terminais são:

- **BAPLIE**: permite uma desatracação mais rápida do navio, uma vez que todos os dados necessários sobre o plano de bordo estão contidos nela, como: número do contêiner, peso, tipo, dimensões de excesso, número IMO e classificação IMDG, temperatura, instruções especiais.

- **COARRI**: serve como confirmação da operação de embarque e descarga do contêiner cujas principais informações são: número do contêiner, data e hora da operação, avarias registradas antes do embarque ou após a descarga, lacres, tipo, peso, dimensões, temperatura.

- **CODECO**: informa as transações de *gate* de entrada e saída, isto é, data e hora de entrada e saída do caminhão ou vagão, documento de referência – *booking*, RC de vazios, processos, número do contêiner, peso registrado, avarias, lacres.

- **COPARN**: evita a digitação da documentação de *bookings* para exportação.

- **CUSCAR**: evita a digitação do manifesto de carga de importação.

O Quadro 10.3 indica a relação de envio e recebimento das mensagens pelos parceiros:

Quadro 10.3 » **Relação de envio e recebimento das mensagens**

Mensagem	Remetente da mensagem	Recebedor da mensagem
BAPLIE	*Center planner* do armador	Terminal de contêineres
	Terminal de contêineres	*Center planner*
CALINF	Armador	Terminal de contêineres
COARRI	Terminal de contêineres	Armador e agente
CODECO	Exportador	Armador e agente
	Terminal de contêineres	
	Depósito de vazios	
	CFS	
CODENO	Terminal de contêineres	Armador e agente
COEDOR	Terminal de contêineres	Armador e agente
	Depósito de vazios	*Leasing*
	CFS	Agente
		Alfândega
COHAOR	Armador/agente	Terminal de contêineres
	Leasing	Depósito de vazios
		CFS
		Terminal intermodal
COPARN	Armador/agente	Terminal de contêineres
	Leasing de contêineres	Depósito de vazios
		CFS
		Leasing
		Terminal intermodal
COPINO	Transportes rodoviários	Terminal de contêineres
	Transportes ferroviários	Depósito de vazios
		CFS
		Terminal intermodal
COPRAR	Armador/agente	Terminal de contêineres

(continua)

Quadro 10.3 » **Relação de envio e recebimento das mensagens** (*continuação*)

Mensagem	Remetente da mensagem	Recebedor da mensagem
COREOR	Armador/agente	Terminal de contêineres
		CFS
		Terminal intermodal
COSTCO	Terminal de contêineres	Armador e agente
	CFS	
	Terminal intermodal	
COSTOR	Armador e agente	Terminal de contêineres
		Depósito de vazios
		CFS
		Terminal intermodal
CUSCAR	Armador	Terminal de contêineres
	Agente	Alfândega
DESTIM	Depósito de vazios	Armador e agente
	Terminal intermodal	*Leasing*
VESDEP	Terminal de contêineres	Armador e agente

Fonte: UN/EDIFACT (2013).

» Benefícios no uso do EDI

Os benefícios do intercâmbio eletrônico de dados são:

Diretos: são percebidos imediatamente, uma vez que há:

- Eliminação do retrabalho na redigitação de documentos, pois estima-se que 70% dos dados de saída (*outputs*) de uma aplicação de uma empresa serão os mesmos dados de entrada (*inputs*) em outros sistemas.
- Economia de postagem.
- Redução de custos de manuseio das informações.
- Maior acurácia.

» CURIOSIDADE

Estima-se que 30% de todos os papéis para fins comerciais que circulam no mundo têm relação com o gerenciamento de transporte e que 50% desta documentação possuem algum erro.

Indiretos: são percebidos com o passar do tempo, pois há:
- Redução de paradas nas operações.
- Eliminação de erros na armazenagem.
- Integração com outros sistemas.

Estratégicos: são os mais significantes e normalmente menos tangíveis, uma vez que há:
- Compartilhamento de informações.
- Aumento de participação de mercado.
- Melhoria do nível de serviço oferecido ao cliente.
- Criação de dependência por parte do cliente.

O conteúdo do EDI pode ser utilizado pelo armador para disponibilizar informações em *sites* sobre a operação e o rastreamento da carga.

>> *Implantação de sistemas eletrônicos de informação em portos*

Há duas escolhas básicas sobre a tecnologia da informação para terminais:

1ª O desenvolvimento de sistemas em casa – *in house*, aproveitando o conhecimento empírico dos funcionários da empresa e moldando o sistema à sua realidade.

2ª A compra de *softwares* de gerenciamento de terminais de contêineres de comprovada eficiência mundial no setor.

O primeiro passo é conhecer e compreender as atividades realizadas para escolher as tecnologias da informação que vão contribuir para o aprimoramento do sistema. Em geral, os **softwares** de gerenciamento de terminais portuários são formados por módulos comuns, como banco de dados relacional, interfaces gráficas para gerenciamento das operações e auxílio à decisão baseada em algoritmos matemáticos, módulo de relatórios e interface para envio e recebimento de mensagens EDI, conforme apresentados no Quadro 10.4.

A atividade básica de movimentação pelo porto corresponde aos processos de embarque e desembarque da carga. Concomitante à movimentação física, existe um fluxo documental que estabelece as ações requeridas para essa movimentação de carga. Observando a Figura 10.5, é fácil entender o circuito documental que o emprego das tecnologias da informação proporciona, atuando isoladamente ou em conjunto, e que pode agilizar o desempenho dos processos portuários.

Quadro 10.4 » **Módulos que compõem os *softwares* de gerenciamento de terminais de contêineres**

Módulo	Descrição das funções
Planejamento da área de armazenagem	É responsável pelas funções de armazenamento baseadas em combinações e algoritmos matemáticos
Controle e distribuição dos equipamentos de manuseio	Controla todo o fluxo horizontal de equipamentos de transporte, como *reach-stackers*, RTGs, conjunto caminhão-chassi
Planejamento das operações de navios	Realiza as funções de sequenciamento de embarque e descarga de contêineres verificando a pré-estivagem do navio com a condição de armazenamento de pátio, minimizando remoções nas pilhas e posteriormente gerando o arquivo de pós-estivagem
Controle de registro de atividades logísticas	Controla todas as atividades logísticas de um terminal de contêineres, como atividades de *gate* de entrada e saída, *handlings* logísticos, uso das funções de coletores de dados e das informações em tempo real, relatórios, registros de avarias, lacres de segurança, data-hora efetiva da movimentação, e serve de base de dados para um conjunto de diversas interfaces gráficas
Comunicação via EDI	Administra o fluxo de informações via EDI e a relação com os respectivos parceiros

Fonte: Patrício e Botter (20--?).

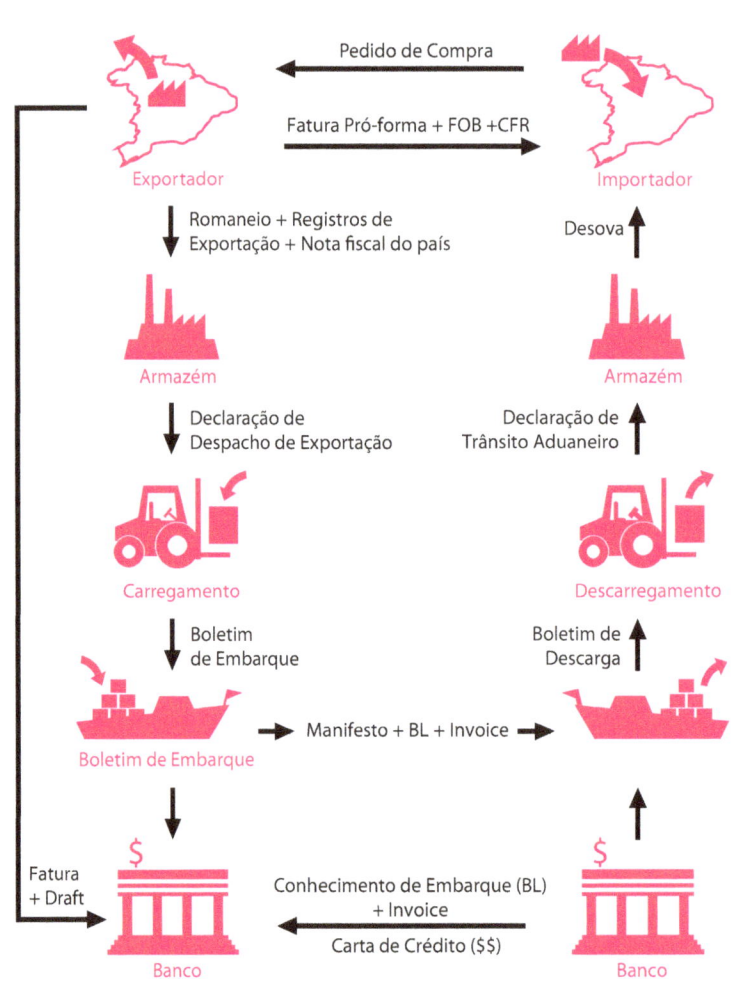

Figura 10.5 Ciclo de exportação e importação.

» Sistema eletrônico de informação – Supervia Eletrônica de Dados – Porto de Santos

O objetivo da implantação do *software* Supervia Eletrônica de Dados – SED foi possibilitar a distribuição eletrônica de informações via Internet utilizando os serviços de uma VAN para a conversão do padrão de linguagem EDIFACT, XML e padrão próprio da Companhia Docas do Estado de São Paulo – CODESP.

A SED oferece eficiência e confiabilidade nas operações de movimentação de carga e melhoria na qualidade dos serviços oferecidos. O sistema é baseado nas ideias do SETI/WEB e oferece duas opções para o envio de documentos:

- **Pela Internet:** é possível acessar gratuitamente o portal do Porto de Santos e realizar os procedimentos de atracação e manifesto de carga.
- **Pela caixa postal das VANs autorizadas:** é possível utilizar um aplicativo fornecido aos usuários.

As vantagens da transmissão eletrônica de dados estão associadas:

- Ao aumento da eficiência dos processos do Porto de Santos.
- Ao apoio à fiscalização da movimentação das cargas pela autoridade portuária.
- À integração dos sistemas gerenciais, notadamente aqueles relativos ao faturamento.
- À gestão de contratos.
- Ao controle de acesso de cargas e de trabalhadores portuários avulsos à zona alfandegada.

A Figura 10.6 apresenta o esquema da supervia eletrônica de dados:

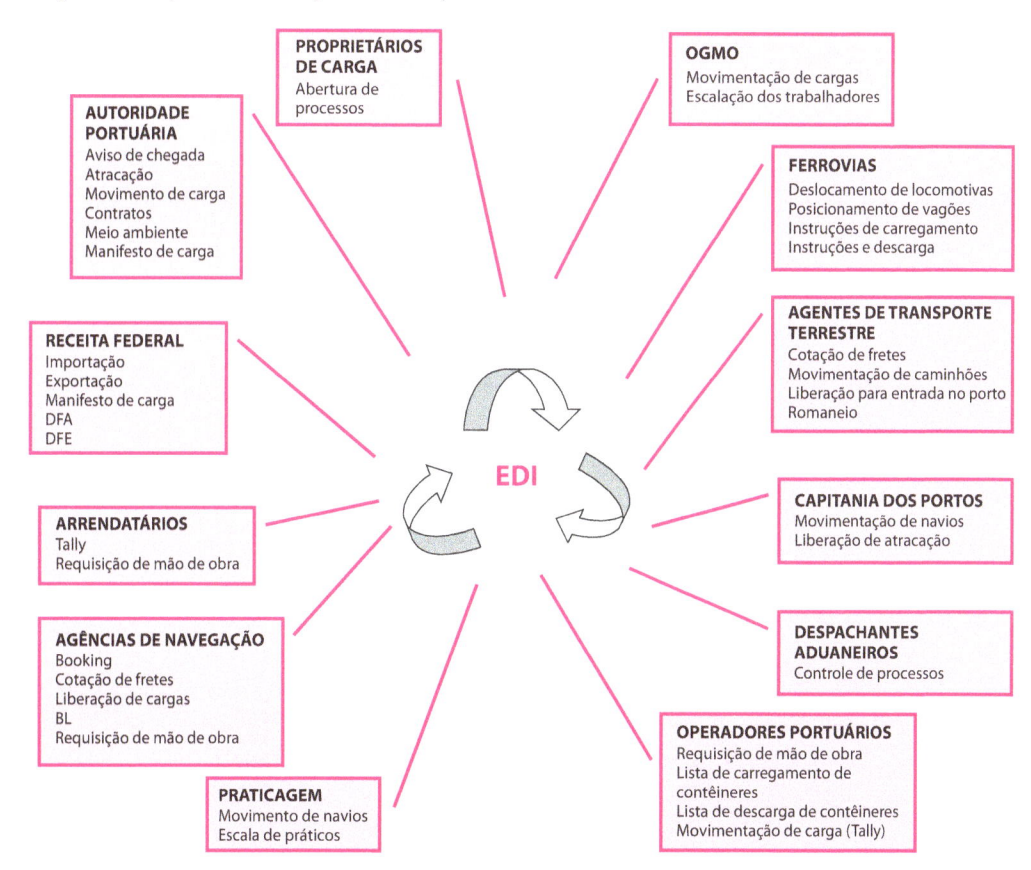

Figura 10.6 Diagrama esquemático da supervia eletrônica de dados.
Fonte: Fundação de Apoio à Universidade de São Paulo (2012).

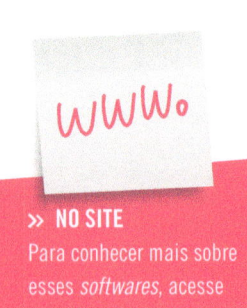

❯❯ *Outros sistemas utilizados nos portos e terminais*

No Brasil, existem outros sistemas sendo utilizados na gestão portuária com bons resultados:

- **SPARCS:** desenvolvido pela Navis, é um *software* para planejamento gráfico de controle em tempo real dos terminais de contêineres, que possui uma grande variedade de módulos e opções operacionais.

- **TOPS:** oferece um conjunto completo de recursos de gerenciamento de terminais, incluindo operações de otimização, gestão de estaleiro, gestão de navio, gestão de cais, alocação de guindaste, gestão de equipamentos de movimentação de contentores, gestão de portas, segurança do usuário e controles de acesso, relatórios e interface para sistemas financeiros, dados de rádio terminais e sistemas de GPS.

- **Tideworks:** solução de gerenciamento de terminal de contêiner com ferramentas de gestão de estoque em tempo real, ferramentas de fluxo de trabalho flexível e comunicação instantânea com clientes e parceiros.

Os sistemas de informações gerenciais contribuem muito para que as operações portuárias sejam realizadas e controladas pelas empresas que operam nos portos e pelos seus clientes.

Os sistemas informatizados possibilitam que os portos sejam administrados com elevado nível de qualidade em seus processos e com a rentabilidade desejada.

> ❯❯ **NO SITE**
> Para conhecer mais sobre esses *softwares*, acesse o ambiente virtual de aprendizagem.

capítulo 11

Segurança do trabalho e saúde no trabalho portuário

Neste capítulo, serão apresentados os principais problemas e procedimentos referentes à segurança e à saúde no trabalho portuário. A segurança do trabalho é fundamental para todos os trabalhadores, uma vez que dependem deles as atividades desenvolvidas nas empresas. Assim, receber treinamento e orientação sobre os procedimentos de segurança no trabalho é um direito do trabalhador salvaguardado pela legislação. Nos portos brasileiros, muitos acidentes podem ser minimizados se os armadores e as entidades ligadas aos trabalhos portuários priorizarem esse princípio.

Objetivos de aprendizagem

» Compreender a importância de trabalhar com segurança.
» Conhecer os itens de segurança descritos na NR 29.
» Analisar os aspectos referentes à saúde e à segurança do trabalho em um porto.

>> Introdução

A segurança do trabalho possui aspectos um tanto complexos na área portuária. Diferentemente das outras áreas da economia, os portos possuem uma situação específica, pois grande parte da mão de obra que trabalha nos portos é formada por trabalhadores autônomos, pagos pela produção que realizam.

A forma de contratação desses trabalhadores é de certo modo responsável pela maioria dos acidentes de trabalho que ocorrem nos portos, uma vez que a busca pelo ganho por produção que é acrescentado ao salário básico induz os trabalhadores a atuarem com maior esforço e mesmo com maior insegurança. Aliado a isso, a falta de equipamentos de segurança individual e coletiva, associada à baixa qualificação profissional, leva a condições propícias a acidentes.

As principais irregularidades no ambiente de trabalho estão ligadas a iluminação, equipamentos velhos e sucateados, lingas com defeitos e sem inspeção periódica, empilhadeiras, guindastes e navios em péssimo estado de conservação. Desse modo, o acidente de trabalho portuário passou a ser uma preocupação mundial.

Nesse sentido, a Organização Internacional do Trabalho (OIT) tem alertado, a partir da Convenção 129, sobre a responsabilidade de todos os envolvidos nas atividades portuárias quanto à segurança no trabalho. Essa convenção serviu de base para a NR 29 – Segurança e Saúde no Trabalho Portuário, que tem contribuído muito para a melhoria da segurança no trabalho portuário no Brasil.

>> PARA REFLETIR

No Porto de Santos, os operários de menor nível de escolaridade são as maiores vítimas de acidentes no trabalho. Em 2008, o OGMO contabilizou 138 acidentes, dos quais 73 resultaram em afastamento do trabalho. Entre 2007 e 2008, uma sucessão de acidentes fatais no porto, com sete vítimas, levou as entidades portuárias a promoverem cursos sobre segurança no trabalho. Em Vitória (ES), foram 177 acidentes, incluindo os de trajeto. Apesar desses dados, as apurações feitas a cada morte não têm resultado em maior segurança para os trabalhadores.

>> Importância da NR 29

A NR 29 foi publicada com a intenção de regular a proteção obrigatória contra acidentes e doenças profissionais, facilitar os primeiros socorros a acidentados e alcançar as melhores condições possíveis de segurança e saúde aos trabalhadores portuários. Em seu texto, foram impostas algumas obrigações a serem cumpridas, como:

- **Organizar o SESSTP**: o Serviço Especializado em Segurança e Saúde no Trabalho Portuário zela pelas normas de saúde, higiene e segurança no trabalho portuário avulso. Todo porto organizado ou instalação portuária de uso privativo e retroportuário deve dispor de um SESSTP, mantido pelo OGMO ou empregadores, conforme o caso, atendendo a todas as categorias de trabalhadores.

- **Criar a CPATP**: a criação da Comissão de Prevenção de Acidentes no Trabalho Portuário aponta os problemas, discute soluções, elabora mapas de riscos e desenvolve programas de treinamento.

- **Desenvolver planos**: de contingência para adoção de medidas internas ou em colaboração com órgãos externos (bombeiros) no caso de situações de emergência, como incêndio e explosão, incluindo socorro a acidentados:
  - PCE: Plano de Controle de Emergência.
  - PAM: Plano de Ajuda Mútua.

Os planos PCE e PAM estão em consonância com a Convenção OIT-174, a respeito de Acidentes Industriais Maiores. Assim, é necessária a atualização científica e tecnológica para a implementação desses planos. Convém lembrar que a sua elaboração é obrigatória também em um processo de licenciamento ambiental.

- Implantar os programas:
  - **NR 7 PCMSO**: específico do trabalho portuário.
  - **NR 9 PPRA**: específico do trabalho portuário.

As disposições contidas na NR 29 aplicam-se aos trabalhadores portuários em operações a bordo ou em terra, bem como aos demais trabalhadores que exerçam atividades nos portos organizados e nas instalações portuárias de uso privativo e retro portuárias, situadas dentro ou fora da área do porto organizado.

Em seu texto, a NR 29 utiliza muitas outras NRs e cita diversas NBRs que precisam ser conhecidas e obedecidas para que a segurança no trabalho portuário seja eficaz. A seguir, são indicados os links que dão acesso aos textos das NRs citadas no corpo da NR 29, das NBRs, das portarias e de outros textos legais para fins de consulta. As indicações seguem a sequência de citação na NR 29:

- **Portaria MTB nº 3.214, de 08 de junho de 1978** e alterações posteriores: http://www010.dataprev.gov.br/sislex/paginas/63/mte/1978/3214.htm
- **NR 6 –** EPI e EPC – Equipamentos de Proteção Individual e Coletiva: http://www010.dataprev.gov.br/sislex/paginas/05/mtb/6.htm
- **NR 4 –** Serviços Especializados em Engenharia de Segurança e em Medicina do Trabalho – SESMT: http://www010.dataprev.gov.br/sislex/paginas/05/mtb/4.htm
- **NR 5 –** Comissão Interna de Prevenção de Acidentes: http://www010.dataprev.gov.br/sislex/paginas/05/mtb/5.htm
- **NBR 6327 –** (Cabo de Aço para Usos Gerais) – Especificações: http://www.abntcatalogo.com.br/norma.aspx?ID=63077 – Norma cancelada e substituída pela NBR ISO 2408:2008 Versão corrigida 2:2009: http://www.abntcatalogo.com.br/norma.aspx?ID=51034

No corpo da **NBR 6327/83**, existem várias alterações que devem ser observadas para adoção dos procedimentos atualizados.

- No item 29.3.5.25 da NR 29, está citada a **NBR 11900/91 –** (Extremidade de Laços de Cabo de Aço – Especificações) que foi cancelada e substituída pela norma NBR 11900-3/2011.
- A **NBR 11900-3/2011** pode ser obtida no site da ABNT: http://www.abntcatalogo.com.br/norma.aspx?ID=088634

Para aplicar a **NBR 11900-3/2011**, é necessário consultar as normas:

- **ABNT NBR ISO 2107:2008**, disponível no site da ABNT: http://www.abntcatalogo.com.br/norma.aspx?ID=10171
- **ABNT NBR ISO 2408:2008** Versão Corrigida 2:2009, disponível no site da ABNT: http://www.abntcatalogo.com.br/norma.aspx?ID=51034
- No item 29.3.5.25 da NR 29 está citada a **NBR 13541/95 –** (Movimentação de Carga – Laço de Cabo de Aço – Especificações), que foi cancelada. Atualmente, vigora a **NBR 13541-2: 2012 Ed 2**, que pode ser obtida no site da ABNT: http://www.abntcatalogo.com.br/norma.aspx?ID=148943

> **» NO SITE**
> Para conhecer o roteiro de elaboração de um PCE e o PAM do Porto de Santos, e ler o relatório de gestão ambiental elaborado pela ANTAQ, acesse o ambiente virtual de aprendizagem www.grupoa.com.br/tekne.

> **» NO SITE**
> Para saber mais sobre as NRs 7, 9 e 29, acesse o ambiente virtual de aprendizagem.

Para aplicar a **NBR 13541-2: 2012 Ed 2**, é necessário consultar as normas:

- ABNT NBR 11436:1988, disponível no site da ABNT: http://www.abntcatalogo.com.br/norma.aspx?ID=6180
- ABNT NBR 11900-3:2011, disponível no site da ABNT: http://www.abntcatalogo.com.br/norma.aspx?ID=88634
- ABNT NBR 13541-1:2013, disponível no site da ABNT: http://www.abntcatalogo.com.br/norma.aspx?ID=255457
- No item 29.3.5.25 da NR 29 está citada a **NBR 13542/95 –** (Movimentação de Carga – Anel de Carga), que foi cancelada. Atualmente, vigora a **NBR ISO 13542:2009** – Papel e cartão, que pode ser obtida no site da ABNT: http://www.abntcatalogo.com.br/norma.aspx?ID=40088

Para aplicar a **NBR ISO 13542:2009** é necessário consultar as normas:

- ABNT NBR 14484:2000, disponível no site da ABNT: http://www.abntcatalogo.com.br/norma.aspx?ID=2605
- ISO 11093-4:199, disponível no site da ABNT: http://www.abntcatalogo.com.br/norma.aspx?ID=19054
- No item 29.3.5.25 da NR 29, está citada a **NBR 13543/95** (Movimentação de Carga – Laço de Cabo de Aço – Utilização e Inspeção), que foi cancelada em 30/08/2012 e substituída pela norma NBR 13541-2:2012 que, por sua vez, foi cancelada em 27/11/2012 e substituída pela norma **NBR 13541-2:2012 Ed 2**. A indicação para obter esta NBR foi feita acima.
- No item 29.3.5.25 da NR 29 está citada a **NBR 13544/95** (Movimentação de Carga – Sapatilho para Cabo de Aço), que foi cancelada em 21/02/2013 e substituída pela norma **NBR 11900-1:2013**, disponível no site da ABNT: http://www.abntcatalogo.com.br/norma.aspx?ID=195860

Para aplicar a **NBR 11900-1:2013**, é necessário consultar as normas:

- ABNT NBR 6323:2007, disponível no site da ABNT: http://www.abntcatalogo.com.br/norma.aspx?ID=864
- ABNT NBR ISO 2408:2008 Versão Corrigida 2:2009, disponível no site da ABNT: http://www.abntcatalogo.com.br/norma.aspx?ID=51034
- ISO 10425:2003, disponível no site da ABNT: http://www.abntcatalogo.com.br/norma.aspx?ID=26703
- ISO 6892-1:2009, disponível no site da ABNT: http://www.abntcatalogo.com.br/norma.aspx?ID=56880
- No item 29.3.5.25 da NR 29, está citada a **NBR 13545/95** (Movimentação de Carga – Manilha), que foi cancelada e substituída pela NBR 13545:1999, que foi cancelada em 18/03/2009 e substituída pela NBR 13545:2009 que, por sua vez, foi cancelada em 07/05/2009 e substituída pela NBR 13545:2009 Versão Corrigida em 2009, cancelada em 11/01/2012 e substituída pela NBR 13545:2012 que, por sua vez, também foi cancelada em 27/11/2012 e substituída pela **NBR 13545:2012 Ed 4:2012**, que pode ser obtida no site da ABNT: http://www.abntcatalogo.com.br/norma.aspx?ID=148947
- Para aplicar a **NBR 13545:2012 Ed 4:2012**, é necessário consultar as normas:
- ABNT NBR ISO 261:2004, disponível no site da ABNT: http://www.abntcatalogo.com.br/norma.aspx?ID=1185

- ABNT NBR NM ISO 6508-1:2008, disponível no site da ABNT: http://www.abntcatalogo.com.br/norma.aspx?ID=28981
- ISO 148-1:2009, disponível no site da ABNT: http://www.abntcatalogo.com.br/norma.aspx?ID=56388
- ISO 263:1973, disponível no site da ABNT: http://www.abntcatalogo.com.br/norma.aspx?ID=26665
- ISO 6506-1:2005, disponível no site da ABNT: http://www.abntcatalogo.com.br/norma.aspx?ID=18129
- **NR 21** – Trabalhos a Céu Aberto: http://portal.mte.gov.br/data/files/FF8080812BE914E-6012BF2D0B4F86C95/nr_21.pdf
- **NR 26** – Sinalização de Segurança: http://portal.mte.gov.br/data/files/8A7C816A31190C1601312A0E15B61810/nr_26.pdf
- **NR 17** – Ergonomia: http://portal.mte.gov.br/data/files/FF8080812BE914E6012BEFBAD7064803/nr_17.pdf
- **NR 24** – Condições sanitárias e de conforto nos locais de trabalho: http://portal.mte.gov.br/data/files/FF8080812BE914E6012BF2D82F2347F3/nr_24.pdf
- **NR 16** – Atividades e operações perigosas: http://portal.mte.gov.br/data/files/8A7C816A35F7884401366032742033EF/NR-16%20(atualizada%202012).pdf
- **NR 20** – Segurança e saúde no trabalho com inflamáveis e combustíveis: http://portal.mte.gov.br/data/files/FF8080812BE914E6012BF2CE145146B7/nr_20.pdf
- **Código IMGD:** https://www.ccaimo.mar.mil.br/convencoes_e_codigos/codigos/imdg
- **Norma CNEN 5.01**: http://www.cnen.gov.br/seguranca/normas/pdf/Nrm501.pdf
- **Norma CNEN** – NE- 3.01: http://www.cnen.gov.br/seguranca/normas/pdf/Nrm301.pdf
- **NR 19** – Explosivos: http://www010.dataprev.gov.br/sislex/paginas/05/mtb/19.htm
- **NBR 7505-5/2000** – Armazenamento de petróleo e de seus derivados líquidos: http://www.abnt.org.br/Erratas/NBR%207505-1.PDF

» PARA REFLETIR

As operações portuárias devem ser conduzidas com mais eficiência devido ao grande porte dos navios e ao aumento da demanda de cargas. A automação de processos se tornou essencial e, como consequência, a mão de obra precisa ser constantemente treinada.

As empresas que operam nos portos têm de investir na preparação adequada dos trabalhadores (treinamento e especialização). Os trabalhadores portuários precisam estar vinculados a empresas para terem segurança e planos de carreira, como já ocorre nas empresas manufatureiras. A eficiência decorre dessas premissas. Evoluir é a solução para os portos brasileiros.

REFERÊNCIAS

BALLOU, R. H. *Gerenciamento da cadeia de suprimentos/logística empresarial*. 5. ed. Porto Alegre: Bookman, 2006.

BALLOU, R. H. *Logística empresarial*: transportes, administração de materiais, distribuição física. São Paulo: Atlas, 2010.

BANCO CENTRAL DO BRASIL. *Site*. Brasília: BACEN, 2014. Disponível em: <http://www.bcb.gov.br/>. Acesso em: 18 fev. 2014.

BOGOSSIAN, M. P. *Entraves operacionais portuários*: plataforma de análise comparativa. 2011. 303p. Tese (Doutorado em Engenharia Civil e Ambiental) – Faculdade de Tecnologia, Universidade de Brasília, Brasília, 2011. Disponível em: <repositorio.unb.br/bitstream/10482/.../2011_MarcosPauloBogossian.pdf>. Acesso em: 10 fev. 2014.

BOTTER, R. C. *Apresentação e trabalhos desenvolvidos*. São Paulo: CILIP, 2012. Disponível em: <http://aapa.files.cms-plus.com/SeminarPresentations/2012Seminars/12LatinAmericanCongress/RUI%20CARLOS%20BOTTER.pdf>. Acesso em: 14 jan. 2014.

BRASIL. *Constituição Federal (1988)*. Brasília: Presidência da República, 1988. Disponível em: <http://www.planalto.gov.br/ccivil_03/constituicao/constituicao.htm>. Acesso em: 01 fev. 2012.

BRASIL. *Decreto nº 2.376, de 12 de novembro de 1997*. Altera a Nomenclatura Comum do MERCOSUL e as alíquotas do Imposto de Importação e dá outras providências. Brasília: Presidência da República, 1997. Disponível em: <http://www.planalto.gov.br/ccivil_03/decreto/Antigos/D2376.htm>. Acesso em: 10 fev. 2014.

BRASIL. *Decreto nº 6.620, de 29 de outubro de 2008*. Dispõe sobre políticas e diretrizes para o desenvolvimento e o fomento do setor de portos e terminais portuários de competência da Secretaria Especial de Portos da Presidência da República, disciplina a concessão de portos, o arrendamento e a autorização de instalações portuárias marítimas, e dá outras providências. Brasília: Presidência da República, 1993. Disponível em: <http://www.planalto.gov.br/ccivil_03/_Ato2007-2010/2008/Decreto/D6620.htm>. Acesso em: 10 fev. 2014.

BRASIL. *Decreto nº 8.033, de 27 de junho de 2013*. Regulamenta o disposto na Lei nº 12.815, de 05 de junho de 2013, e as demais disposições legais que regulam a exploração de portos organizados e de instalações portuárias. Brasília: Presidência da República, 2013. Disponível em: <http://www.planalto.gov.br/ccivil_03/_ato2011-2014/2013/Decreto/D8033.htm>. Acesso em: 10 fev. 2014.

BRASIL. *Decreto-Lei nº 1.578, de 11 de outubro de 1977*. Dispõe sobre o imposto sobre a exportação, e dá outras providências. Brasília: Presidência da República, 1977. Disponível em: <http://www.planalto.gov.br/ccivil_03/decreto-lei/del1578.htm>. Acesso em: 10 fev. 2014.

BRASIL. *Decreto-Lei nº 2.162, de 19 de setembro de 1984*. Altera o limite máximo para elevação das alíquotas da Tarifa Aduaneira no Brasil. Brasília: Presidência da República, 1984. Disponível em: <http://www.planalto.gov.br/ccivil_03/decreto-lei/Del2162.htm>. Acesso em: 10 fev. 2014.

BRASIL. *Decreto-Lei nº 63, de 21 de novembro de 1966*. Altera a Tarifa das Alfândegas que acompanha a Lei nº 3.244, de 14 de agosto de 1957, e dá outras providências. Brasília: Presidência da República, 1966. Disponível em: <http://www.planalto.gov.br/ccivil_03/decreto-lei/del0063.htm>. Acesso em: 10 fev. 2014.

BRASIL. *Lei Complementar nº 116, de 31 de julho de 2003*. Dispõe sobre o Imposto Sobre Serviços de Qualquer Natureza, de competência dos Municípios e do Distrito Federal, e dá outras providências. Brasília: Presidência da República, 2003. Disponível em: <http://www.planalto.gov.br/ccivil_03/leis/lcp/lcp116.htm>. Acesso em: 10 fev. 2014.

BRASIL. *Lei Complementar nº 70, de 30 de dezembro de 1991*. Institui contribuição para financiamento da Seguridade Social, eleva a alíquota da contribuição social sobre o lucro das instituições financeiras e dá outras providências. Brasília: Presidência da República, 1991. Disponível em: <http://www.planalto.gov.br/ccivil_03/leis/lcp/lcp70.htm>. Acesso em: 10 fev. 2014.

BRASIL. *Lei nº 10.233, de 05 de junho de 2001*. Dispõe sobre a reestruturação dos transportes aquaviário e terrestre, cria o Conselho Nacional de Integração de Políticas de Transporte, a Agência Nacional de Transportes Terrestres, a Agência Nacional de Transportes Aquaviários e o Departamento Nacional de Infra-Estrutura de Transportes, e dá outras providências. Brasília: Presidência da República, 2001. Disponível em: <http://www.planalto.gov.br/ccivil_03/leis/leis_2001/l10233.htm>. Acesso em: 10 fev. 2014.

BRASIL. *Lei nº 10.893, de 13 de julho de 2004*. Dispõe sobre o Adicional ao Frete para a Renovação da Marinha Mercante – AFRMM e o Fundo da Marinha Mercante – FMM, e dá outras providências. Brasília: Presidência da República, 2004. Disponível em: <http://www.planalto.gov.br/ccivil_03/_ato2004-2006/2004/lei/l10.893.htm>. Acesso em: 10 fev. 2014.

BRASIL. *Lei nº 12.815, de 05 de junho de 2013*. Dispõe sobre a exploração direta e indireta pela União de portos e instalações portuárias e sobre as atividades desempenhadas pelos operadores portuários; altera as Leis nºs 5.025, de 10 de junho de 1966, 10.233, de 5 de junho de 2001, 10.683, de 28 de maio de 2003, 9.719, de 27 de novembro de 1998, e 8.213, de 24 de julho de 1991; revoga as Leis nºs 8.630, de 25 de fevereiro de 1993, e 11.610, de 12 de dezembro de 2007, e dispositivos das Leis nºs 11.314, de 3 de julho de 2006, e 11.518, de 5 de setembro de 2007; e dá outras providências. Brasília: Presidência da República, 2013. Disponível em: <http://www.planalto.gov.br/ccivil_03/_ato2011-2014/2013/Lei/L12815.htm>. Acesso em: 10 fev. 2014.

BRASIL. *Lei nº 3.244, de 14 de agosto de 1957*. Dispõe sobre a reforma da tarifa das alfândegas, e dá outras providências. Brasília: Presidência da República, 1957. Disponível em: <http://www.planalto.gov.br/ccivil_03/leis/L3244.htm>. Acesso em: 10 fev. 2014.

BRASIL. *Lei nº 8.630, de 25 de fevereiro de 1993*. Dispõe sobre o regime jurídico da exploração dos portos organizados e das instalações portuárias e dá outras providências. (LEI DOS PORTOS). Brasília: Presidência da República, 1993. Disponível em: <http://www.planalto.gov.br/ccivil_03/leis/l8630.htm>. Acesso em: 10 fev. 2014.

BRASIL. *Lei nº 9.019, de 30 de março de 1995*. Dispõe sobre a aplicação dos direitos previstos no Acordo Antidumping e no Acordo de Subsídios e Direitos Compensatórios, e dá outras providências. Brasília: Presidência da República, 1995. Disponível em: <http://www.planalto.gov.br/ccivil_03/leis/L9019.htm>. Acesso em: 10 fev. 2014.

BRASIL. *Lei nº 9.537, de 11 de dezembro de 1997*. Dispõe sobre a segurança do tráfego aquaviário em águas sob jurisdição nacional e dá outras providências. Brasília: Presidência da República, 1997. Disponível em: <http://www.planalto.gov.br/ccivil_03/leis/l9537.htm>. Acesso em: 10 fev. 2014.

BRASIL. *Lei nº 9.611, de 19 de fevereiro de 1998*. Dispõe sobre o Transporte Multimodal de Cargas e dá outras providências. Brasil: Presidência da República, 1998. Disponível em: <http://www.planalto.gov.br/ccivil_03/Leis/L9611.htm>. Acesso em: 10 fev. 2014.

BRASIL. *Medida Provisória nº 2.158-35, de 24 de agosto de 2001*. Altera a legislação das Contribuições para a Seguridade Social – COFINS, para os Programas de Integração Social e de Formação do Patrimônio do Servidor Público – PIS/PASEP e do Imposto sobre a Renda, e dá outras providências. Brasília: Presidência da República, 2001. Disponível em: <http://www.receita.fazenda.gov.br/Legislacao/MPs/mp2158-35.htm>. Acesso em: 10 fev. 2014.

BRASIL. Ministério da Fazenda. Secretaria da Receita Federal do Brasil. Superintendências Regionais – 8ª Região Fiscal. Alfândega da Receita Federal do Brasil no Porto de Santos. *Portaria nº 200, de 13 de abril de 2011*. Determina que os procedimentos de autorização pela Autoridade Aduaneira para o ingresso, a permanência e a movimentação de pessoas e veículos, nos locais e recintos alfandegados, ou a bordo de embarcações de viagem internacional, em toda a área sob a jurisdição da Alfândega da Receita Federal do Brasil do Porto de Santos, sejam feitos por meio de sistemas eletrônicos. Brasília: Ministério da Fazenda, 2011. Disponível em: <www.portodesantos.com.br/down/isps/portaria13_11.pdf>. Acesso em: 10 fev. 2014.

BRASIL. Receita Federal. *Siscomex Exportação Web*: módulo comercial: funcionalidades para o exportador. Brasília: RF, [2014?]. Disponível em: <http://www.desenvolvimento.gov.br/arquivos/dwnl_1286802615.pdf>. Acesso em: 18 fev. 2013.

BRASIL. Secretaria Especial de Portos. *Sistema portuário nacional*. Brasília: SEP, 2012. Disponível em: <http://www.apsfs.sc.gov.br/isps/documentos/007-sistemaportuarionacional.pdf>. Acesso em: 10 fev. 2014.

BURMANN, C. R. N.; CAMPOS, V. B. G. A tecnologia de intercâmbio de dados na operação do transporte de carga. *Panorama Nacional da Pesquisa em Transportes 2000*, p. 361-372, 1999.

CONFEDERAÇÃO NACIONAL DO TRANSPORTE. *Pesquisa CNT do transporte marítimo 2012*. Brasília: CNT, 2012. Disponível em: <http://www.cnt.org.br/pesquisamaritima/files/pesquisa_maritima_2012.pdf>. Acesso em: 20 dez. 2012.

CONTENEDORES marítimos. *Guia Todologística 2003/2004*, p. 35, 2003.

DIAS, M. A. P. *Administração de materiais*: princípios, conceitos e gestão. 5. ed. São Paulo: Atlas, 2011.

FERNANDES, E. C. *Qualidade de vida no trabalho*: como medir para melhorar. 2. ed. Salvador: Casa da Qualidade, 1996.

FLEURY, P. F. et al. *Logística empresarial*: a perspectiva brasileira. São Paulo: Atlas, 2000. (Coleção Coppead).

FUNDAÇÃO DE APOIO À UNIVERSIDADE DE SÃO PAULO. *Site*. São Paulo: FUSP, 2012. Disponível em: <http://site.fusp.org.br/>. Acesso em: 18 fev. 2014.

GOES FILHO, H. *Notas de aula de operação portuária*. Rio de Janeiro: UFRJ, 2088. Curso de Especialização em Engenharia Portuária.

GS1 BRASIL. *Site*. São Paulo: GS1 Brasil, 2014. Disponível em: <http://www.gs1br.org/>. Acesso em: 18 fev. 2014.

HANDABAKA, A. R. *Gestão logística da distribuição física internacional*. São Paulo, Maltese, 1994.

HANNES, M. *The international container web page*. [S.l.]: Matt Hannes, 2014. Disponível em: <http://www.matts-place.com/intermodal/part1/sea_containers1.htm>. Acesso em: 19 fev. 2014.

HAUSMAN, W. *Introduction to supply chain management*. Stanford: [s.n.], 2000.

INSTITUTO DE CAPACITAÇÃO TÉCNICA PORTUÁRIA. *PROTEP*: programa de treinamento portuário: curso de capacitação para interpretação de planos de carga para navios: manual do aluno. Santos: INCATEP, 2004. Disponível em: <http://www.incatep.com.br/artigos/Study%20aids%20-%20PLANO%20DE%20 CARGA.pdf>. Acesso em: 22 jan. 2013.

JENSEN, K. *Coloured petri nets*: basic concepts, analysis methods and practical use. Berlin: Springler, 1992.

LAUDON, K.; LAUDON, J. P. Gerenciamento de sistemas de informação. 3. ed. Rio de Janeiro: LTC, 1999a.

LAUDON, K.; LAUDON, J. P. Sistemas de informação. 4. ed. Rio de Janeiro: LTC, 1999b.

LIKER, J. K.; FRANZ, J. K. *O modelo Toyota de melhoria contínua*: estratégia + experiência operacional = desempenho superior. Porto Alegre: Bookman, 2013.

PATRICIO, M.; BOTTER, R. C. *Evolução e uso da tecnologia da informação (T.I.) aplicada a terminais de contêineres no Brasil*. [S.l.: s.n., 20--?]. Disponível em: <http://www.ipen.org.br/downloads/XIX/CT5_PUERTOS_Y_OBRAS_PORTUARIAS/Marcelo%20Patricio%20_1_.pdf>. Acesso em: 14 jan. 2013.

REAL ACADEMIA GALEGA. *Carta partida*. A Coruña: Real Academia Galega, c2014.

RIOS, L. R.; MAÇADA, A. C. G. Modelo de decisão para o planejamento da capacidade nos terminais de containers. In: ENCONTRO NACIONAL DE ENGENHARIA DE PRODUÇÃO, 23., 2003, Ouro Preto. *Anais...*Ouro Preto: ABEPRO, 2003.

ROJAS, P. R. A. Fundamentos de logística, transporte e comércio exterior. *Cadernos Formare*, 2009.

UNITED NATIONS ECONOMIC COMISSION FOR EUROPE. *UN/EDIFACT*. [S.l.]: UNECE, [2013]. Disponível em: < http://www.unece.org/trade/untdid/welcome.html>. Acesso em: 17 fev. 2014.

VIANA, J. J. *Administração de materiais*: um enfoque prático. São Paulo: Atlas, 2000.

LEITURAS RECOMENDADAS

AGÊNCIA NACIONAL DE TRANSPORTE TERRESTRE. *Logística de transporte e o papel das ferrovias no Brasil*. Brasília: ANTT, 2006. Disponível em: <ftp://ftp.cefetes.br/cursos/transportes/CelioDavilla/Terminais/Ferrovias%20txtos/papel%20da%20ferrovia.pdf>. Acesso em: 14 jan. 2014.

AGÊNCIA NACIONAL DE TRANSPORTES AQUAVIÁRIOS. Superintendência de Portos. Gerência de Estudos e Desempenho Portuário. *Boletim informativo portuário*, p. 1-15, 1. trim. 2012. Disponível em: <http://www.antaq.gov.br/portal/pdf/BoletimPortuario/BoletimPortuarioPrimeiroTrimestre2012.pdf>. Acesso em: 07 jan. 2013.

AGÊNCIA NACIONAL DE TRANSPORTES AQUAVIÁRIOS. Superintendência de Portos. Gerência de Estudos e Desempenho Portuário. *Boletim informativo portuário*, p. 1-17, 2. trim. 2012. Disponível em: <http://www.antaq.gov.br/portal/pdf/BoletimPortuario/BoletimPortuarioSegundoTrimestre2012.pdf>. Acesso em: 07 jan. 2013.

AGÊNCIA NACIONAL DE TRANSPORTES AQUAVIÁRIOS. Superintendência de Portos. Gerência de Estudos e Desempenho Portuário. *Boletim informativo portuário*, p. 1-16, 3. trim. 2012. Disponível em: <http://www.antaq.gov.br/portal/pdf/BoletimPortuario/BoletimPortuarioTerceiroTrimestre2012.pdf>. Acesso em: 07 jan. 2013.

AGÊNCIA NACIONAL DO TRANSPORTE AQUAVIÁRIO. *Manual de recomendações do transporte seguro de cargas perigosas e atividades correlatas na área portuária*. Brasília: ANTAQ, c2010. Disponível em: <http://www.antaq.gov.br/portal/PDF/MeioAmbiente/ManualCargasPerigosasIMO.pd>. Acesso em: 14 jan. 2014.

ALMEIDA, B. Z. S. *Principais características e problemas dos portos do Brasil*. 2011. 86 f. Monografia (Graduação em Tecnologia em Construção Naval) – Universidade Estadual da Zona Oeste, Rio de Janeiro, 2011.

ALMEIDA, C. A. et al. Comparação entre as alternativas portuárias utilizadas na exportação da soja brasileira com destino à China. In: CONGRESSO BRASILEIRO DE ENGENHARIA DE PRODUÇÃO, 1., 2011, Ponta Grossa. *Anais…* Ponta Grossa: APREPRO, 2011.

ALVARENGA R. L. *WMS*: sistema de gerenciamento de armazém. [S.l.]: INPG Blog, 2010. Disponível em: <http://www.inpgblog.com.br/wms-%E2%80%93-sistema-de-gerenciamento-de-armazem/>. Acesso em: 14 jan. 2014.

ALVARENGA, A. C.; NOVAES, A. G. N. *Logística aplicada*: suprimento e distribuição física. 3. ed. São Paulo: Edgar Blücher, 2000.

ARNOLD, J. R. T. *Administração de materiais*: uma introdução. São Paulo: Atlas, 1999.

AROZO, R. Softwares de supply chain management: definições, principais funcionalidades e implantação por empresas brasileiras. In: FIGUEIREDO, K. F.; FLEURY, P. F.; WANKE, P. *Logística e gerenciamento da cadeia de suprimentos*: planejamento do fluxo de produtos e dos recursos. São Paulo: Atlas, 2003.

ARRUDA, G. *Administração de material*. Recife: Portal Prudente, 2002. v. 4. Apostila. Disponível em: <www.portalprudente.com.br/apostilas/Adm%2520de%2520Empresas/Admin_C04_Material_Arruda.doc+&cd=1&hl=pt-BR&ct=clnk&gl=br>. Acesso em: 14 jan. 2014.

ASSOCIAÇÃO BRASILEIRA DE NORMAS TÉCNICAS. *NR 11*: transporte, movimentação, armazenagem e manuseio de materiais. Rio de Janeiro: ABNT, 1978. Disponível em: <http://portal.mte.gov.br/data/files/FF8080812BE914E6012BEF1FA6256B00/nr_11.pdf>. Acesso em: 28 fev. 2013.

ASSOCIAÇÃO BRASILEIRA DE NORMAS TÉCNICAS. *NR 29*: norma regulamentadora de segurança e saúde no trabalho portuário. Rio de Janeiro: ABNT, 1997. Disponível em: <http://portal.mte.gov.br/data/files/8A7C816A4295EFDF0142E885024B6D53/NR-29%20%28atualizada%29%20-%202013.pdf>. Acesso em: 28 fev. 2013.

ASSOCIAÇÃO BRASILEIRA DE NORMAS TÉCNICAS. *NR 34*: condições e meio ambiente de trabalho na indústria da construção e reparação naval. Rio de Janeiro: ABNT, 2011. Disponível em: <http://portal.mte.gov.br/data/files/FF8080812DC10511012DC26BBE6F7D87/NR-34%20%28Atualizada%202011%29.pdf>. Acesso em: 28 fev. 2013.

ASSOCIAÇÃO BRASILEIRA DE NORMAS TÉCNICAS. *NR 36*: segurança e saúde no trabalho em empresas de abate de e processamento de carnes e derivados. Rio de Janeiro: ABNT, 2013. Disponível em: <http://portal.mte.gov.br/data/files/8A7C812D3DCADFC3013E237DCD6635C2/NR-36%20%28atualizada%202013%29.pdf >. Acesso em: 22 fev. 2013.

ASSOCIAÇÃO BRASILEIRA DE NORMAS TÉCNICAS. *NR-12*: segurança no trabalho em máquinas e equipamentos. Rio de Janeiro: ABNT, 1978. Disponível em: <http://portal.mte.gov.br/data/files/8A7C812D350AC6F801357BCD39D2456A/NR-12%20%28atualizada%202011%29%20II.pdf>. Acesso em: 28 fev. 2013.

ASSOCIAÇÃO BRASILEIRA DE NORMAS TÉCNICAS. *NR-18*: condições e meio ambiente de trabalho na indústria da construção. Rio de Janeiro: ABNT, 1978. Disponível em: <http://portal.mte.gov.br/data/files/FF8080814295F16D0142ED4E86CE4DCB/NR-18%20%28atualizada%202013%29%20%28sem%2024%20meses%29.pdf>. Acesso em: 28 fev. 2013.

ASSOCIAÇÃO BRASILEIRA DE NORMAS TÉCNICAS. *NR-35*: trabalho em altura. Rio de Janeiro: ABNT, 2012. Disponível em: <http://portal.mte.gov.br/data/files/8A7C816A38CF493C0139068E6387578E/NR-35%20(Trabalho%20em%20Altura).pdf>. Acesso em: 18 mar. 2013.

BALDEZ, L. H. T. Avaliação do impacto do valor da outorga nas tarifas portuárias. In: ENCONTRO DE LOGÍSTICA E TRANSPORTES, 7., 2012, São Paulo. *Anais…* São Paulo: VALEC, 2012.

BALLOU, R. H. *Logística empresarial*: transportes, administração de materiais e distribuição física. São Paulo: Atlas, 1998.

BARBOSA, M. M. R. C. *Infraestrutura de transportes no Brasil*: planejamento, implementações e desempenho. Joinville: ANTAQ, 2007.

BERTOLANI, A. D.; LEME, F. L. *Carregamento de contêineres em navios*. São Paulo: Mackenzie, [20--?]. Disponível em: <http://www.mackenzie.br/fileadmin/Graduacao/EE/Revista_on_line/carregamento_conteineres.pdf>. Acesso em: 14 jan. 2014.

BOLETIM PORTUÁRIO SEP. Curitiba, n. 1, nov. 2012. Disponível em: <http://www.youblisher.com/p/477635-BOLETIM-PORTUARIO-SEP-No-01/>. Acesso em: 22 fev. 2013.

BOWERSOX, D. *Logística empresarial*: o processo de integração da cadeia de suprimento. 5. ed. São Paulo: Atlas, 2011.

BRAGA, L. M.; PIMENTA, C. M.; VIEIRA, J. G. V. Gestão de armazenagem em um supermercado de pequeno porte. *Revista P&D em Engenharia de Produção*, n. 8, p. 57-77, 2008.

BRASIL. Banco do Brasil. *Termos internacionais de comércio (incoterms)*. [S.l.: s.n., 20--?]. Disponível em: <http://www.bb.com.br/docs/pub/dicex/dwn/IncotermsRevised.pdf>. Acesso em: 18 fev. 2013.

BRASIL. Ministério da Fazenda. *Manual do despacho aduaneiro de exportação*. Brasília: MF, 2013. Disponível em: <http://www.receita.fazenda.gov.br/manuaisweb/exportacao/default.htm>. Acesso em 18/02/2013.

BRASIL. Ministério da Marinha. Diretoria de Portos e Costas. *Curso básico de conferência de cargas marinha do Brasil*: sigla: CBCC. Rio de Janeiro: DPC, 2010. Disponível em: <https://www.dpc.mar.mil.br/epm/portuarios/Cursos/Sinopses_sum/cbcc.pdf>. Acesso em: 07 jan. 2013.

BRASIL. Ministério da Marinha. Diretoria de Portos e Costas. *Curso básico de conferência de cargas marinha do Brasil*: sigla: CBCC. Rio de Janeiro: DPC, 2010. Disponível em: <https://www.dpc.mar.mil.br/epm/portuarios/Cursos/Sinopses_sum/cbcc.pdf>. Acesso em: 07 jan. 2013.

BRASIL. Ministério do Desenvolvimento, Indústria e Comércio Exterior. Secretaria de Comércio e Serviços. Departamento de Políticas de Comércio e Serviços. Coordenação-Geral de Mercado Externo. *Como proceder para exportar serviços?* Quais os principais documentos emitidos na exportação de serviço? [S.l.: s.n.], 2010. Disponível em: <http://www.desenvolvimento.gov.br/arquivos/dwnl_1294259649.pdf>. Acesso em: 18 fev. 2013.

BRASIL. Ministério do Desenvolvimento, Indústria e Comércio Exterior. *Termos internacionais de comércio*: incoterms. Brasília: MDIC, [2010]. Disponível em: <http://www.mdic.gov.br/sistemas_web/aprendex/default/index/conteudo/id/23>. Acesso em: 18 fev. 2013.

BRASIL. Ministério do Trabalho e Emprego. *Manual do trabalho portuário e ementário*. Brasília: SIT, 2001. Disponível em: <http://www.prt7.mpt.gov.br/at_portuario/Manual_Portuario.pdf >. Acesso em: 09 jan. 2013.

BRASIL. Secretaria de Portos da Presidência da República. Departamento de Sistemas de Informações Portuárias da Subsecretaria. *Projeto de incentivo à cabotagem PIC*. [S.l.: s.n., 2010?]. Disponível em: <http://www.bancodedadoszonasul.com.br/htmlarea/midia/files/CABOTAGEM_2.pdf> Acesso em: 22 fev. 2013.

BRUSTELLO, A. C.; SALGADO, M. H. Elementos básicos de uma Cadeia de Suprimentos. In: SIMPÓSIO DE ENGENHARIA DE PRODUÇÃO, 8., 2006, Bauru. Anais... Bauru: SIMPEP, 2006. Disponível em: <http://www.simpep.feb.unesp.br/anais/anais_13/artigos/677.pdf>. Acesso em: 15 dez. 2012.

BUSTAMANTE, J. C. *Terminais de transporte de carga*. Vitória: UFES, NULT Logística e Transportes, [2011]. Apostila. Disponível em: <ftp://ftp.cefetes.br/cursos/transportes/EduardoCid/Terminais%20de%20Cargas/APOSTILA%20DE%20TERMINAIS/APOSTILA%20TERMINAIS.pdf>. Acesso em: 17 jan. 2013.

CAMPOS NETO, C. A. S. et al. *Gargalos e demandas da infraestrutura portuária e os investimentos do PAC*: mapeamento IPEA de obras portuárias. Brasília: IPEA, 2009.

CAMPOS NETO, C. A. S. et al. *Gargalos e demandas da infraestrutura portuária e os investimentos do PAC*: mapeamento IPEA de obras portuárias. Brasília: IPEA, 2009. (Texto para Discussão, 1423). Disponível em: <http://www.ipea.gov.br/portal/index.php?option=com_content&view=article&id=4979>. Acesso em: 11 jan. 2013.

CARLINI, N. *O mercado e a estimativa de custos do transporte no ramo do contêiner*. [S.l.: s.n.], 2009. 1 diapositivo.

CARVALHO, B. S.; SANTOS, R. M.; SEBASTIÃO, J. C. A implantação do processo de qualidade ISO 9001 em empresa de navegação. In: SIMPÓSIO INTERNACIONAL DE GESTÃO DE NEGÓCIOS EM AMBIENTE PORTUÁRIO, 5., 2008, Santos. Anais... Santos: Católica Unisantos, 2008.

CECATTO, C. *Introdução ao Supply Chain Management*: portal brasileiro de Supply Chain Management. [S.l.]: Suply Chain Online, [2000?]. Disponível em: <http://www.supplychainonline.com.br/modules.php?name=FAQ&myfaq=yes&id_cat=1&categories=Introdu%E7%E3o+ ao +Supp ly+Chain+Management>. Acesso em: 01 dez. 2012.

CHAVES, E. L. C.; PRADO, N.; MEIRELES FILHO, W. *Contrato de fretamento por viagem (VCP)*. [S.l.]: Portogente, 2009. Disponível em: <http://portogente.com.br/colunistas/eliane-octaviano/contrato-de-fretamento-por-viagem-25875>. Acesso em: 30 jan. 2013.

CHIAVENATO, I. *Iniciação a administração de materiais*. São Paulo: Makron, McGraw-Hill, 1991.

CHOPRA, S. M. P. *Gerenciamento da cadeia de suprimentos estratégia, planejamento e operação*. São Paulo: Prentice Hall, 2003.

COELHO, L. C. Gestão *da cadeia de suprimentos:* conceitos, tendências e ideias para melhoria. [S.l.]: Logística Descomplicada, 2010. Disponível em: <http://www.logisticadescomplicada.com/gestao-da-cadeia-de-suprimentos-%E2%80%93-conceitos-tendencias-e-ideias-para-melhoria/>. Acesso em: 01 dez. 2012.

COELHO, L. C. *Ranking de infraestrutura*: portos são grande gargalo. [S.l]: Logística Descomplicada, 2011. Disponível em: <http://www.logisticadescomplicada.com/ranking-de-infraestrutura-portos-sao-grande-gargalo/>. Acesso em: 15 dez. 2012.

COELHO, L. C. *RFID e seus impactos na logística*. [S.l]: Logística Descomplicada, 2010. Disponível em: <http://www.logisticadescomplicada.com/rfid-e-seus-impactos-na-logistica/>. Acesso em: 02 fev. 2013.

COMPANHIA DOCAS DO ESTADO DE SÃO PAULO. *Site*: informações sobre tarifas. São Paulo: CODESP, [2000?]. Disponível em: <http://www.portodesantos.com.br/>. Acesso em: 12 fev. 2013.

CONSELHO FEDERAL DE ENGENHARIA. *PROCESSO: CF-0407/2005*. Consulta sobre profissionais habilitados para elaboração de laudos técnicos de arqueação de granéis sólidos e líquidos. Brasília: COFEA, 2008. Disponível em: <http://normativos.confea.org.br/ementas/visualiza.asp?idEmenta=40047 &Numero=>. Acesso em: 15 jan. 2013.

CORREA, H. L.; GIANESI, I. G.; CAON, M. *Planejamento, programação e controle da produção MRPII/ERP. 4. ed. São Paulo: Atlas*, 2011.

CRISTINO, L. *Gestão dos portos brasileiros convenção do sistema CFA/CRAS de 2012*. Brasília: CFA, 2012. Disponível em: <www2.cfa.org.br/convencao2012/Palestra%201.pdf/at.../file>. Acesso em: 22 fev. 2013.

CUNHA, I. A.; VIEIRA, J. P.; MOHOR, M. M. Análise do trabalho portuário avulso sob a ótica da sustentabilidade: em foco o porto de São Sebastião. In: SIMPÓSIO INTERNACIONAL DE GESTÃO DE NEGÓCIOS EM AMBIENTE PORTUÁRIO, 5., 2008, Santos. *Anais...* Santos: Católica Unisantos, 2008.

CUNHA, M. *Quando é necessário o plano de rigging?* [S.l.]: Rigger, 2010. Disponível em: <http://www.rigger.com.br/?p=30>. Acesso em: 02 jan. 2013.

CURSOS NO CD. Estrutura Portuária. [S.l.]: Site Cursos no Cd, [2010?]. Disponível em: <http://www.cursosnocd.com.br/>. Acesso em: 09 jan. 2013.

CURSOS NO CD. Órgãos intervenientes (internacional e nacional) transporte marítimo. [S.l.]: Site Cursos no Cd, [2010?]. Disponível em: <http://www.cursosnocd.com.br/logistica/orgaos-intervenientes-internaci onal-e-nacional-transporte-maritimo.htm>. Acesso em: 31 jan. 2013.

DANTAS FILHO, P. L. *Análise de custos na geração de energia com bagaço de cana-de-açúcar:* um estudo de caso em quatro usinas de São Paulo. 2009. 175p. Dissertação (Mestrado em Energia) – Programa de Pós-Graduação em Energia da Universidade de São Paulo, São Paulo, 2009.

DAVID, R. M.; ALVES, T. C. Instrução operacional: armazenagem de contêineres de importação. In: SIMPÓSIO INTERNACIONAL DE CIÊNCIAS INTEGRADAS DA UNAERP CAMPUS GUARUJÁ, Guarujá, 2010. *Anais...* Guarujá: UNAERP, 2010.

DE PAULO, M. Investimento em logística aumenta competitividade do país. *Inovação Uniemp*, Campinas, v. 3, n. 4, jul./ago. 2007. Disponível em: <http://inovacao.scielo.br/scielo.php?script=sci_arttext&pid=S1808-23942007000400021&lng=pt&nrm=iso..>. Acesso em: 09 jan. 2013.

DIAS, M. A. P. *Administração de materiais*: uma abordagem logística. São Paulo: Atlas, 1997.

DIAS, S. R. *Estratégias e canais de distribuição*. São Paulo: Atlas, 1993.

ECCARD, G. *Cargas perigosas nos portos*. Brasília: ANTAQ, 2012. Disponível em: <http://www.antaq.gov.br/portal/pdf/palestras/GustavoEccardPortosSaudeMeioAmbiente07.pdf>. Acesso em: 13 jan. 2013.

EIDELCHTEIN, C. et al. *Manual prática de comércio exterior*. 3. ed. São Paulo: Atlas, 2010.

ESCOLA NACIONAL DE ADMINISTRAÇÃO PÚBLICA. *Casoteca de gestão pública*: sugestões para elaborar estudos de caso. [S.l.]: ENAP, 2013. Disponível em: <http://casoteca.enap.gov.br/index.php?option=com_content&view=article&id=27&Itemid=5>. Acesso: 16 jan. 2013.

EXPORTAÇÃO: documentos. Florianópolis: Sebrae-SC, [2013?]. Disponível em: <http://www.sebrae-sc.com.br/ideais/default.asp?vcdtexto=675&%5E%5E>. Acesso em: 18 fev. 2013.

EYRES, D. *Tipos de navios*. [S.l.: s.n, 20--?]. Disponível em: <https://dspace.ist.utl.pt/bitstream/2295/41874/1/Tipos%20de%20Navios.pdf>. Acesso em: 01 dez. 2012.

FEDERAÇÃO DAS INDÚSTRIAS DO ESTADO DE SÃO PAULO. *Modais de transporte*. São Paulo: FIESP, 2012. Disponível em: <http://www.fiesp.com.br/transporte-e-logistica/modais-de-transporte/>. Acesso em: 31 jan. 2013.

FERMINO, P. R.; BONDEZAN, G.; MANTOVANINI, L. *O papel do plano de carga de navios porta contêineres no fluxo logístico do comércio exterior*. Jaú: FATEC-JAHU, 2012. Disponível em: <http://www.fatecguaratingueta.edu.br/fateclog/artigos/Artigo_70.PDF>. Acesso em: 22 jan. 2013.

FLEURY, P. F.; MONTEIRO, F. J. R. C. *O desafio logístico do e-commerce*. Rio de Janeiro: COPPEAD UFRJ, 2001.

GAMA, J. N. B. Gestão logística dos portos brasileiros. In: SEMINÁRIO PORTUÁRIO ANUAL PÚBLICO PRIVADO LATINO AMERICANO, Viña del Mar, 2012. *Anais...* Viña del Mar, 2012.

GASNIER, D. *Gestão de materiais*: a finalidade dos estoques. [S.l.]: Portal Peg, [2003?]. Disponível em: <www.portalpeg.eb.mil.br/artigos/materiais.pdf>. Acesso em: 28 dez. 2012.

GMBH, G. P. T. *Há muito para movimentar*: a logística perfeita requer as soluções perfeitas. [S.l.: s.n., 20--?]. Disponível em: <http://ebookbrowse.com/bulk-handling-port-rz-pdf-d300683867>. Acesso em: 10 jan. 2013.

GOEBEL, D. *Hub ports e portos brasileiros*: uma comparação. Rio de Janeiro: UFRJ, 2002.

GOMES, T. S.; REHFELDT, M. J. H. *Um estudo teórico acerca da terminologia e das tarifas utilizadas na exportação de produtos refrigerados por meio de terminais portuários localizados na região sul do Brasil*. Revista Destaques Acadêmicos, Lageado, v. 4, n. 1, 2012. Disponível em: <http://www.univates.br/revistas/index.php/destaques/article/viewFile/288/231>. Acesso em: 21 fev. 2013.

GRASSI, V. J. *Estudo dos termos e condições do conhecimento de embarque marítimo*: bill of lading. Criciúma: UNESC, 2011. Disponível em: <http://repositorio.unesc.net/bitstream/handle/1/351/Victor%20Jos%c3%a9%20Grassi.pdf?sequence=1>. Acesso em: 28 jan. 2013.

GURGEL, F. C. A. *Administração do fluxo de materiais e produtos*. São Paulo: Atlas, 1996.

HOEFLICH, S. L. A importância da relação porto cidade diante do atual cenário econômico mundial. In: FÓRUM PORTO CIDADE DO RIO DE JANEIRO, Rio de Janeiro, 2011. *2º Painel*: a importância da relação Porto Cidade diante do atual cenário econômico mundial. Rio de Janeiro: Fórum Porto, 2011. Disponível em: <http://saberglobal.com.br/forumportocidadedoriodejaneiro/painel_2/SERGIO%20HOEFLICH.pdf>. Acesso em: 27 fev. 2013.

INSTITUTO DE CAPACITAÇÃO TÉCNICA PROFISSIONAL. *Simulador de equipamentos portuários*. São Francisco do Sul: INCATEP, [20--?]. Disponível em: <http://www.incatep.com.br/PDFs/simul.pdf>. Acesso em: 17 jan. 2013.

INSTITUTO DOS AUDITORES INDEPENDENTES DO BRASIL. NPC: Normas e procedimentos de contabilidade: NPC 2. *IBRACON, nº 2, de 30 abril de 1999*. [S.l.]: IBRACON, 1999. Disponível em: <*www.portaldecontabilidade.com.br/ibracon/npc2.htm*>. Acesso em: 28 dez. 2012.

INTERNATIONAL MARINE CONTRACTORS ASSOCIATION. *Orientações para operações de içamento*. [S.l.]: IMCA, 2006. Disponível em: <http://www.imca-int.com/media/81026/imcasel014-pt.pdf>. Acesso em: 15 jan. 2013.

JESUS, J. E. *Gestão de armazenagem*: sistemas de armazenagem. [S.l.]: ISEP, 2008a.

JESUS, J. E. *Introdução a gestão de armazenagem*. [S.l.]: ISEP, 2008b.

JORNAL PORTUÁRIO. *ANTAQ fará licitação dos novos portos e dos arrendamentos de terminais*. [Sl.]: Jornal Portuário, 2012. Disponível em: <https://www.jornalportuario.com.br/2012/12/10/antaq-fara-licitacao-dos-novos-portos-e-dos-arrendamentos-de-terminais/#.Uv_tE4UnvDs>. Acesso em: 10 jan. 2013.

JULIANO, P. A. P.; GIBBON, A. *Elementos de custos*. Rio Grande: FURG, 2005.

KAPPEL, R. F. *Portos brasileiros*: novo desafio para a sociedade. [S.l.]: Sociedade Brasileira para o Progresso da Ciência, 2010.

KEEDI, S.; MENDONÇA, P. C. C. *Transportes e seguros no comércio exterior*. 2. ed. São Paulo: Aduaneiras, 2000.

KUROSAWA, R. S. S. *Análise de sistemas de informação aplicados à gestão portuária*. 2004. 143 p. Dissertação (Mestrado em Engenharia Naval e Sistemas Oceânicos) – Escola Politécnica, Universidade de São Paulo, São Paulo, 2004. Disponível em: <http://www.teses.usp.br/teses/disponiveis/3/3135/tde-16082010-134739/publico/Dissertacao_Rosane_Santana_da_Silva_Kurosawa.pdf>. Acesso em: 10 fev. 2014.

LAMBDA, M. *Parâmetros de desempenho*: operacionais e financeiro. [S.l.: s.n., 20--?].

LAMBERT, D. M.; STOCK, J. *Administração estratégica da logística*. São Paulo: Vantine, 1999.

LEITE, S. P. *Avaliação da modernização portuária no desenvolvimento da cidade do rio de janeiro*. 2012. Dissertação (Mestrado em Engenharia Urbana) – Universidade Federal do Rio de Janeiro, Escola Politécnica, Programa de Engenharia Urbana, Rio de Janeiro, 2012. Disponível em: <http://dissertacoes.poli.ufrj.br/dissertacoes/dissertpoli204.pdf>. Acesso em: 27 de fev. 2013.

LIMA, T. P. A regulação do transporte aquaviário e da exploração da infraestrutura portuária. In: FÓRUM PORTOS BRASIL, 12, 2011. *Apresentação...* [Brasília]: ANTAQ, 2011. Disponível em: <http://www.antaq.gov.br/portal/pdf/palestras/12ForumPortosBrasilMaio2011.pdf>. Acesso em: 17 jan. 2013.

LIMA, T. P. *O sistema brasileiro de navegação e desempenho portuário*. Brasília: ANTAQ, 2012. Disponível em: <www.antaq.gov.br/portal/pdf/palestras/PalestraPreSal6jun2012.pdf>. Acesso em: 15 dez. 2012.

LOURENÇO, M. *Porto de Santos X Porto de São Sebastião*. [S.l.]: Logística Descomplicada, 2011. Disponível em: <http://www.logisticadescomplicada.com/porto-de-santos-x-porto-de-sao-sebastiao>. Acesso em: 15 dez. 2012.

MAGALHÃES, P. S. B. *Transporte marítimo, cargas, navios, portos e terminais*. São Paulo: Aduaneiras, 2011. Disponível em: <http://www.multieditoras.com.br/produto/PDF/500024.pdf>. Acesso em: 08 jan. 2013.

MARINS, F. A. S. *Tecnologia da informação aplicada à logística*. São Paulo: UNESP, 2011. Notas de Aula: Logística. Disponível em: <http://www.feg.unesp.br/dpd/cegp/2011/>. Acesso em: 13 fev. 2014.

MARQUES, V. *Utilizando o TMS (transportation management system) para uma gestão eficaz de transportes*. [S.l.]: ILOS, 2002. Disponível em: <http://www.ilos.com.br/web/index.php/index.php?option=com_content&task=view&id=1100&Itemid=74&lang=br>. Acesso em: 13 fev. 2014.

MARTINS, P. G. *Administração de materiais e recursos empresariais*. São Paulo: Saraiva, 2000.

MAZZEU, F. J. C.; DEMARCO, D. J.; KALIL, L. (Coord.). *Segurança e saúde no trabalho*. São Paulo: Unitrabalho; Brasília: Ministério da Educação, 2007 (Coleção Cadernos de EJA). Disponível em: <portal.mec.gov.br/secad/arquivos/pdf/10_cd_al.pdf>. Acesso em: 04 mar. 2013.

MOREIRA, D. A. *Introdução à administração da produção e operações*. São Paulo: Pioneira, 1998.

MOROZOWSKI, A. C. *Apostila de administração de recursos materiais e patrimoniais*. Curitiba: [s.n.], 2012.

MOURA, D. A.; BOTTER, R. C. O transporte por cabotagem no Brasil: potencialidade para a intermodalidade visando a melhoria do fluxo logístico. *Produção Online*, Florianópolis, v. 11, n. 2, p. 595-617, abr./jun., 2011. Disponível em: <http://producaoonline.org.br/rpo/article/view/897/798>. Acesso em: 13 fev. 2014.

MOURA, R. A. *Armazenamento e distribuição física*. São Paulo: IMAM, 1997.

MOURA, R. A. *Kanban*: a simplicidade do controle da produção. 6. ed. São Paulo: IMAM, 2003.

NAVARRO, A. F. *Manual de elaboração do plano de rigging para a movimentação segura das cargas*. Rio de Janeiro: UFF, 2011b.

NAVARRO, A. F. *Plano de rigging para a movimentação segura das cargas*: instruções gerais. Rio de Janeiro: UFF, 2011a.

NAZÁRIO, P. *A importância de sistemas de informação para a competitividade logística*. [S.l.]: Tecspace, [20--?]. Notas de Aula. Disponível em: <http://www.tecspace.com.br/paginas/aula/faccamp/TI/Texto04.pdf>. Acesso em: 27 fev. 2013.

NICOLETTI; J. R. *Custos variáveis em terminais portuários*. [S.l.]: Shvoong, 2008. Disponível em: <http://pt.shvoong.com/business-management/international-business/1823079-custos-vari%C3 %A1veis-em-terminais-portu%C3%A1rios/#ixzz2MUcLefbt>. Acesso em: 18 fev. 2013.

NOVAES, A. G. N. *Logística e gerenciamento da cadeia de distribuição estratégia, operação e avaliação*. Rio de Janeiro: Campus, 2001.

NOVAES, A. G. N.; ALVARENGA, A. C. *Logística aplicada*: suprimentos e distribuição física. São Paulo: Pioneira, 1994.

O AFRETAMENTO de navios. Rio de Janeiro: PUCRio, [20--?]. Disponível em: <www.maxwell.lambda.ele.puc-rio.br/12470/12470_3.PDF>. Acesso em: 28 jan. 2013.

OLIVEIRA, G. M.; AMORIM, T. O. *Análise do navio porta-contêiner*: principais características da embarcação, do terminal portuário e do mercado abrangente. [S.l.: s.n, 20--?].

OLIVEIRA, J. L. *Passo a passo do caminho da exportação*. [S.l.: s.n, 20--?].

OLIVEIRA, L. H. *Logística empresarial integrada*. São João da Boa Vista: UNIFAE, [20--?]. Notas de Aula para o 7º Semestre de Administração.

PAIVA, L. *A cadeia de suprimentos é maior que a logística*. [S.l.]: Logisticando, 2007. Disponível em: < http://ogerente.com/logisticando/2007/01/29/a-cadeia-de-suprimentos-e-maior-que-a-logistica/>. Acesso em: 01 dez. 2012.

PARENTE, J. *Varejo no Brasil*. São Paulo: Atlas, 2000.

PEDUZZI, P. *Governo pretende reduzir de 17 para dois dias tempo gasto por navios em portos*. [S.l.]: Blog Democracia e Política, 2012. Disponível em: <http://democraciapolitica.blogspot.com.br/2012/03/governo-atua-para-reduzir-de-17-para-2.html >. Acesso em: 22 fev. 2013.

PIRES, S. R. I. *Gestão da cadeia de suprimentos*. São Paulo: Atlas, 2004.

PORTAL NAVAL. *Reforma portuária e competitividade*. [S.l.]: Portal Naval, 2013. Disponível em: <http://www.portalnaval.com.br/noticia/35855/reforma-portuaria-e-competitividade >. Acesso em: 30 jan. 2013.

POZO, H. *Administração de recursos materiais e patrimoniais*: uma abordagem logística. São Paulo: Atlas, 2001.

PRATA, B. A. *Avaliação de desempenho operacional de terminais portuários de carga unitizada*: uma aplicação das redes de Petri coloridas. 93 f. 2006. Monografia (Graduação em Engenharia Civil) – Centro de Tecnologia, Universidade Federal do Ceará, Fortaleza, 2006. Disponível em: <http://paginas.fe.up.pt/~deg07002/MonoBAP.pdf>. Acesso em: 15 jan. 2013.

PREVIDELLI, A.; PRATES, M. *As soluções de Dilma para o gargalo dos portos brasileiros.* [S.l.]: Exame, 2012. Disponível em: <http://exame.abril.com.br/brasil/noticias/a-solucao-de-dilma-para-o-gargalo-dos-portos>. Acesso em: 10 jan. 2013.

RATTON, E. et. al. *Sistemas de transportes*: TT046. Curitiba: UFPR, 2012. Notas de Aula. Disponível em: <www.dtt.ufpr.br/Sistemas/Arquivos/AULA_sistemas03.pdf>. Acesso em: 08 jan. 2013.

RIQUET FILHO, L. F. *Um estudo do emprego do modelo da congruência de nadler-tushman na transformação organizacional do OGMO-RJ.* 2008. 81 f. Dissertação (Mestrado Executivo em Gestão Internacional) – Escola Brasileira de Administração Pública e de Empresas, Fundação Getúlio Vargas, Rio de Janeiro, 2008. Disponível em: <http://bibliotecadigital.fgv.br/dspace/bitstream/handle/10438/7731/Luciano%20Fabricio%20R.%20Filho.pdf?sequence=1>. Acesso em: 15 jan. 2013.

ROCHA, A.; MELLO, R. C. Como exportar serviços: características e desafios. [S.l.]: SEBRAE, 2013. (Fascículos SEBRAE). Disponível em: <http://goo.gl/msE83G>. Acesso em: 18 fev. 2013.

ROCHA, C. B.; MORATO, R. A. Gestão portuária: análise comparativa entre modelos internacionais e propostas ao modelo atual brasileiro. In: ENCONTRO NACIONAL DA ASSOCIAÇÃO BRASILEIRA DE ESTUDOS REGIONAIS E URBANOS, 10., 2012, Recife. *Anais...* [S.l.]: ABER, 2012. Disponível em: <http://aplicativos.fipe.org.br/enaber/pdf/66.pdf>. Acesso em: 17 jan. 2013.

SALGADO, M. *A imagem e a realidade do setor portuário.* [S.l.]: Valor Econômico, 2012. Disponível em: <http://agenciat1.com.br/a-imagem-e-a-realidade-do-setor-portuario-mauro-salgado/>. Acesso em: 19 fev. 2013.

SANTOS, C. A. *Princípios da exportação:* fundamentos para exportação. Caçador: Universidade do Contestado, [2012?]. Trabalho não publicado.

SANTOS, C. A. *Transporte.* Caçador: Universidade do Contestado, [2012?]. Trabalho não publicado.

SANTOS, M. C.; SANTOS JUNIOR, L. A. *Equipamentos de movimentação portuária.* [Praia Grande], nov. 2012. Palestra. 31 slides. Disponível em: <portosemmisterio.com.br/wp-content/uploads/2012/11/Palestra-Fatec-Praia-Grande-Equipamentos-de-Movimentação-Portuária.pdf>. Acesso em: 08 jan. 2013.

SCHUALM ASSESSORIA EM IMPORTAÇÃO E EXPORTAÇÃO. *Contratação de frete e seguro*: termos ou condições de venda *(incoterms)* e contratos de navegação. [S.l.]: Schualm, [20--?]. Disponível em: <http://www.schualm.com.br/9fipe.htm>. Acesso em: 31 jan. 2013.

SILVA, R. B. *Administração de material:* teoria e prática. Rio de Janeiro: Associação Brasileira de Administração de Material, 1981.

SILVA, S. D. *A utilização de jogos de empresa como instrumento pedagógico de apoio à formação profissional da área portuária.* 2010. 188 p. Dissertação (Mestrado em Ciências em Engenharia de Transporte) – Instituto Alberto Luiz Coimbra de Pós-Graduação e Pesquisa em Engenharia, Universidade Federal do Rio de Janeiro, Rio de Janeiro, 2010. Disponível em: <http://www.ltc.coppe.ufrj.br/index.php/producao/teses-dissertacoes/doc_download/7-a-utilizacao-de-jogos-de-empresa-como-instrumento-pedagogico-de-apoio-a-formacao-profissional-da-area-portuaria>. Acesso em: 25 jan. 2013.

SIMPÓSIO INTERNACIONAL EM GESTÃO EM AMBIENTE PORTUARIO, 5., Santos, 2008. *Anais...*Santos: Católica Unisantos, 2008.

SOARES, C. C. *A guerra silenciosa dos terminais portuários.* [S.l.]: Comexblog, 2012. Disponível em: <http://www.comexblog.com.br/logistica/a-guerra-silenciosa-dos-terminais-portuarios>. Acesso em: 09 jan. 2013.

SOUZA JUNIOR, S. L. *Noções básicas de almoxarifado, estoque, transporte de materiais.* [S.l.]: Artigonal, 2009. Disponível em: <http://www.artigonal.com/administracao-artigos/nocoes-basicas-de-almoxarifado-estoque-transporte-de-materiais-893215.html>. Acesso em: 28 dez. 2012

SPIEGEL, T. et al. Análise da movimentação de carga em uma operação portuária: um estudo de caso. In: CONGRESSO NACIONAL DE EXCELÊNCIA EM GESTÃO, 7., Rio de Janeiro, 2011. *Anais...* [S.l.: s.n.], 2011. Disponível em: <http://www.excelenciaemgestao.org/Portals/2/documents/cneg7/anais/T11_0385_1922.pdf>. Acesso em: 03 jan. 2013.

TEC LOG. *Movimentação e armazenagem de materiais*: aulas 37, 38 e 39. [S.l.]: Tec Log, 2010. Disponível em: <https://teclog2.wordpress.com/2010/10/29/aulas-37-38-e-39-%e2%80%93-mov-e-armaz-de-materiais/>. Acesso em: 10 jan. 2014.

TOVAR, A. C. A.; FERREIRA G. C. M. A infraestrutura portuária brasileira: o modelo atual e perspectivas para seu desenvolvimento sustentado. *Revista do BNDES*, Rio de janeiro, v. 13, n. 25, p. 209-230, jun. 2006. Disponível em: <http://www.bndes.gov.br/SiteBNDES/export/sites/default/bndes_pt/Galerias/Arquivos/conhecimento/revista/rev2508.pdf>. Acesso em: 09 jan. 2013.

UFG. *Administração de suprimentos*. [Goiânia]: UFG, [2009?]. Disponível em: <www.eee.ufg.br/~meof/documentos/UNIDADE09.doc>. Acesso em: 28 dez. 2012.

VALDIVIA, L. *Custos, preços e produtividade*. [S.l.]: Transpoamazonia, 2012. 33 Slides.

VENTURA, M. *Navios graneleiros*. [S.l.]: Centro de Engenharia e Tecnologia Naval, [20--?]. Disponível em: <http://www.mar.ist.utl.pt/mventura/Projecto-Navios-I/PT/1.4.3-Navios%20Graneleiros.pdf>. Acesso em: 02 jan. 2013.

VIDAL, A. L. P. (Coord.). *Apostila de manutenção mecânica e equipamentos portuários*. Rio de Janeiro: SENAI, 2011. (Projeto Educar CSN 2011). Trabalho não publicado.

VIDAL, L. P. *Introdução a portos e navegação*: Projeto Educar CSN 2011. Rio de Janeiro: SENAI, 2011.

VIEIRA, H. F. *Uma visão empresarial do processo de exportação de produtos conteinerizados catarinenses e análise do nível de serviço logístico*. 1996. Dissertação (Mestrado em Engenharia De Produção) – Universidade Federal de Santa Catarina, Florianópolis, 1996.

VIEIRA, R. L. O regime tarifário nos contratos de arrendamento para exploração de terminais portuários públicos. *Conteúdo Jurídico*, Brasília, dez. 2012. Disponível em: <http://www.conteudojuridico.com.br/?artigos&ver=2.41211&seo=1>. Acesso em: 21 fev. 2013.

WANKE, P. *O processo de previsão de vendas nas empresas*: aspectos organizacionais e tecnológicos. Rio de Janeiro: COPPEAD, [20--?].

WANKE, P. *Uma revisão dos programas de resposta rápida*: ECR, CRP, VMI, CPFR, JIT II. Rio de Janeiro: COPPEAD, [20--?].